Johannes Hünerfeld
Katja Hünerfeld

MIT DEM WOHNMOBIL INS BALTIKUM

Litauen • Lettland • Estland

Die Anleitung für einen Erlebnisurlaub

womo®
DER WOHNMOBIL-VERLAG
D-98634 Mittelsdorf/Rhön

Bibliografische Information der Deutschen Bibliothek

Die Deutsche Bibliothek verzeichnet diese Publikation in der Deutschen Nationalbibliografie.
Detaillierte bibliografische Daten sind im Internet über <http://dnb.ddb.de> abrufbar.

Titelbild: Kloster Pühtitsa in Kuremäe

2. komplett überarbeitete und erweiterte Auflage 2010

Druck:
Fuldaer Verlagsanstalt, 36037 Fulda

Vertrieb:
GeoCenter GmbH, 70565 Stuttgart

Herausgeber:
WOMO-Verlag, 98634 Mittelsdorf
Position: N 50° 36' 37.3" E 10° 7' 56.3"
Fon: 0049 (0) 36946-20691
Fax: 0049 (0) 36946-20692
eMail: verlag@womo.de
Internet: www.womo.de

Autoren-eMail: Huenerfeld@womo.de

ISBN 978-3-86903-682-3

EINLADUNG

Sie haben sich entschieden (oder überlegen noch?), in die drei Länder Estland, Lettland und Litauen zu fahren, in drei Länder also, die für lange Zeit „hinter dem Eisernen Vorhang" verschwunden waren?

Seien Sie gewiss: Sie haben eine gute Entscheidung getroffen! Vielleicht überzeugt Sie die Lektüre dieses Buches, dass die baltischen Staaten eine Reise wert sind. Die drei Länder bieten nahezu alles, was man sich für einen tollen, natur- und kulturverbundenen WOMO-Urlaub wünscht!

Unser Autorenpaar Katja und Johannes Hünerfeld führt Sie durch eine häufig noch unberührte Natur mit endlosen Wäldern - ganz ähnlich übrigens wie in Skandinavien. Hier konnte sich eine vielfältige Tierwelt erhalten, wie wir sie in Mitteleuropa kaum noch kennen. Für Badefreunde gibt es schier endlose Sandstrände und im Binnenland unzählige traumhafte Seen. Kultursuchende finden geschichtsträchtige Städte mit faszinierenden Kontrasten zwischen moderner Lebensweise und alter Bebauung, aber auch zahllose hübsche Dörfer, Weiler und Gehöfte.

Überall dort leben offene, gastfreundliche Leute, die Sie kennenlernen sollten. Da und dort wurden die Autoren auf einen Kaffee, ja sogar ganz spontan zu einer Geburtstagsfeier auf einem Schiff auf dem Kaunasser Meer oder zum Grillen am Badesee eingeladen.

Wussten sie nicht weiter oder die Speisekarte in Landessprache war nicht verständlich - immer fand sich jemand, der half. Die Sprachbarriere fiel notfalls unter Zuhilfenahme von Händen und Füßen oder deutsch sprechender Bekannter der Gastgeber. Zudem gaben diese Tipps für schöne Wanderungen und Besichtigungsziele, von denen nun auch Sie profitieren dürfen.

Die Menschen der baltischen Länder feiern gerne fröhlich. Dazu gehören viel Musik, Singen, Lachen und Ausgelassenheit. Lassen Sie sich nicht stören sondern feiern Sie einfach mit! Schließlich haben die Menschen im Baltikum ihre Heimat und die Freiheit in einer „Singenden Revolution" friedlich zurück erobert.

Die Grenzen sind nun längst gefallen. So können Sie an dieser Freiheit und der Schönheit des Baltikum teilhaben. Einem unvergessliches Urlaubserlebnis mit dem Wohnmobil im Baltikum steht nichts mehr entgegen! Gute Reise!

Ihre

Waltraud Roth-Schulz

Sehr geehrter Leser, lieber WOMO-Freund!

Reiseführer sind für einen gelungenen Urlaub unverzichtbar – das beweisen Sie mit dem Kauf dieses Buches. Aber aktuelle Informationen altern schnell, und ein veralteter Reiseführer macht wenig Freude.
Sie können helfen, Aktualität und Qualität dieses Buches zu verbessern, indem Sie uns nach Ihrer Reise mitteilen, welchen unserer Empfehlungen Sie gefolgt sind (freie Stellplätze, Campingplätze, Wanderungen, Gaststätten usw.) und uns darüber berichten (auch wenn sich gegenüber unseren Beschreibungen nichts geändert hat).
Bitte füllen Sie schon während Ihrer Reise das Info-Blatt am Buchende aus und schreiben Sie evtl. Korrekturen auch in unser Forum unter: www.forum.womoverlag.de
Dafür gewähren wir Ihnen bei Buchbestellungen direkt beim Verlag (mit beigefügtem, vollständig ausgefülltem Info-Blatt oder entsprechender eMail) ein Info-Honorar von 10%.
Aktuelle Korrekturen finden Sie unter: www.forum.womoverlag.de

Um die freien Übernachtungs- und Campingplätze auf einen Blick erfassen zu können, haben wir diese im Text in einem Kasten nochmals farbig hervorgehoben und, wie auf den Karten, fortlaufend durchnummeriert. Wir nennen dabei wichtige Ausstattungsmerkmale und geben Ihnen eine kurze Zufahrtsbeschreibung. "Max. WOMOs" soll dabei andeuten, wie viele WOMOs dieser Platz maximal verträgt und nicht, wie viele auf ihn passen würden (schließlich gibt es auch Einwohner und andere Urlauber)!
Übernachtungsplätze mit **B**ademöglichkeit sind mit hellblauer Farbe unterlegt. **W**anderparkplätze sind grün gekennzeichnet. **P**icknickplätze erkennen sie an der violetten Farbe. Auf Schlafplätzchen, denen die gerade genannten Merkmale fehlen – also auf einfache **S**tellplätze – weist die Farbe gelb hin. Empfehlenswerte **C**ampingplätze haben olivgrüne Kästchen. Wanderungen, die wir Ihnen besonders ans Herz legen möchten, haben wir ebenfalls grün unterlegt. Bei helloliv unterlegten WOMO-Gaststätten sind Sie nach der Einkehr auch über Nacht willkommen.

Und hier kommt das Kleingedruckte:
Jede Tour und jeder Stellplatz sind von uns meist mehrfach überprüft worden, wir können jedoch inhaltliche Fehler nie ganz ausschließen. Bitte achten Sie selbst auf Hochwasser, Brandgefahr, Steinschlag und Erdrutsch!
Verlag und Autoren übernehmen keine Verantwortung für die Legalität der veröffentlichten Stellplätze und aller anderen Angaben. Unsere Haftung ist, soweit ein Schaden nicht an Leben, Körper oder Gesundheit eingetreten ist, ausgeschlossen, es sei denn unsere Verantwortung beruht auf Vorsatz oder grober Fahrlässigkeit.

INHALTSVERZEICHNIS

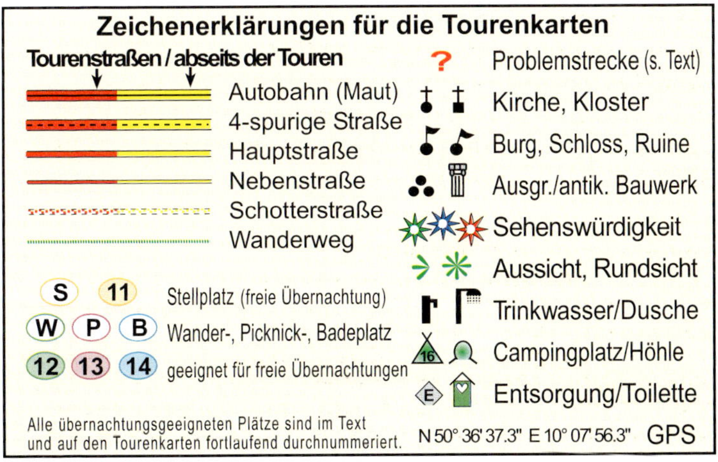

Gebrauchsanleitung

Sicher sind Sie schon gefragt worden, weshalb Sie Ihren Urlaub so weit im Osten Europas verbringen möchten, in die eher wenig bekannten Länder des Baltikum fahren, die vor wenigen Jahren hinter dem „Eisernen Vorhang“ lagen. Da und dort werden Sie auch auf Sicherheitsrisiken hingewiesen oder haben selbst schon über alte Klischees diesbezüglich gegrübelt.

Lassen Sie uns vorausschicken, dass diese sich längst überholt haben. Sie sollten auch hier nicht mehr - aber auch nicht weniger - Bedenken haben, als anderswo in bekannteren, oft überlaufenen und touristisch bestens erschlossenen Ländern Europas. Beherzigen Sie die Grundregeln fürs Reisen und Ihre Sicherheit im Wohnmobil, wie Sie es auch in anderen Reiseländern tun. Damit meinen wir die Regeln, auf die in zahlreichen WOMO-Büchern schon immer hingewiesen wurde und die - eigentlich - für jedermann selbstverständlich sind (oder sein sollten). Dann braucht Ihnen mit Blick auf die Schönheit des Reiseziels, Ihre Erholung wie auch auf Ihre Sicherheit nicht bange zu sein.

Sie reisen - aus geografischer Sicht - ins Herz Europas, haben allerdings auch eine ordentliche Anreise vor sich. Dafür erwartet Sie eine herzliche Gastfreundschaft der Litauer, Letten und Esten. Auf ihre vor wenigen Jahren gewonnene Eigenständigkeit sind die Leute - zu Recht - stolz. Damit dies und die Gastfreundschaft auch für spätere Reisen noch lange erhalten bleibt, sollten Sie unsere Hinweise beachten.

Die baltischen Länder Litauen, Lettland und Estland und die dort lebenden Menschen beschreiben wir gerne und getrost als sehr WOMO-freundlich. Sie sind mit dem WOMO ebenso gern gesehen, wie andere Reisende auch.

Lassen Sie uns zunächst die Stellplatzsituation beleuchten. Schon immer zeichnen sich die Stellplatztipps in den Büchern der WOMO-Reihe durch eine prägnante Beschreibung der Ausstattung und der Zufahrt aus. Für Nutzer moderner Navigationssysteme ergänzen wir diese Tipps mit exakten GPS-Koordinaten und nummerieren sie fortlaufend. All das dient der besseren Übersicht und soll Ihnen unnötiges Suchen ersparen. Schließlich haben Sie sich Ihren Urlaub verdient und sollen ihn genießen.

Es ist im Baltikum selten ein Problem, freie Stellplätze zu finden. Die meisten in unseren Tourenvorschlägen beschriebenen Plätze befinden sich in einer reizvollen, gegenüber Mitteleuropa nahezu unberührten Naturlandschaft, häufig bei Gaststätten oder in Dörfern, manche auch in Städten.

Zur leichteren Orientierung finden Sie im hinteren Umschlag

eine Tourenübersicht, auf den Seiten davor ein ausführliches Stichwortverzeichnis sowie zahlreiche Tipps von A-Z. Vielleicht sollten Sie die Lektüre dieses Büchleins deshalb hinten beginnen.

Unseren Tourenvorschlägen ist jeweils eine übersichtliche Kartenskizze und ein kurzer Überblick über den Tourverlauf in Stichworten vorangestellt. Das Ganze ist mit zahlreichen Farbfotos illustriert, die unsere persönlichen Reiseerlebnisse mit dem WOMO dokumentieren. Dieses Buch ist also unser Vorschlag aus eigener Praxis für Ihren Urlaub. Gleichzeitig möchten wir Ihnen jedoch genug Raum lassen für Ihre eigenen schönen Entdeckungen im Baltikum.

Wie in den Büchern der WOMO-Reihe üblich, haben wir die Stellplatztipps in Abhängigkeit von der Ausstattung farbig hinterlegt. Diese „Stellplatzkästen“ sind vor dem Inhaltsverzeichnis bereits schon kurz erklärt, doch möchten wir noch etwas detaillierter beschreiben, wie die Stellplatztipps zu verstehen sind. All diese Plätze weisen die nachfolgend beschriebene Ausstattung auf und sind allesamt mit einem gängigen Wohnmobil erreichbar. Wir haben die Plätze selbst mit unserem WOMO der 6-Meter-Klasse „erfahren“ und dort geparkt oder übernachtet. Hatten wir Bedenken, dass Sie mit größeren Fahrzeugen Probleme auf den Zufahrten bekommen könnten, weisen wir im Text bzw. in der Zufahrtbeschreibung darauf hin.

Im pinkfarbenen Kasten beschreiben wir WOMO-Picknickplätze. Diese sind meist ausgestattet mit Tisch, Bank und häufig einer Feuer- oder Grillstelle. Der hellblau hinterlegte Text beschreibt einen WOMO-Badeplatz am Meer, an Flüssen oder Binnenseen, ist also mit einer Bademöglichkeit verbunden. Der grün hinterlegte WOMO-Wanderparkplatz ist mit einer Wandermöglichkeit verbunden. Die dort beginnende Wandertour verläuft im Baltikum - mangels hoher Berge und tiefer Täler - meist auf einfachen, bequemen Wegen und ist in der Regel weder anstrengend noch schwierig oder lange. WOMO-Gaststätten im hell-oliven Stellplatzkasten bieten die Gelegenheit, nach der Einkehr und in Absprache mit den Inhabern auf dem hauseigenen Parkplatz im WOMO zu nächtigen. So steht einem Bierchen oder Glas Wein zum Abschluss des Urlaubstages nichts im Wege. Die übrigen WOMO-Stellplätze bieten Ihnen eine ebene Parkfläche, die nicht über die beschriebene Ausstattung verfügt. Doch selbstverständlich haben wir auch darauf geachtet, dass auch diese Plätze in einer attraktiven Umgebung liegen oder Ausgangspunkte für schöne Urlaubserlebnisse sind.

Nicht jedes WOMO verfügt über große Wasservorräte. Besonders kleinere Fahrzeuge und ausgebaute Kastenwagen haben häufig keine Toilette an Bord. Deshalb weisen wir oft auf

Einrichtungen wie Brunnen oder Toiletten etc. hin. Insgesamt ist die Infrastruktur fürs Wohnmobil noch nicht so weit, wie in den „klassischen“ WOMO-Ländern gewohnt. Stellen Sie sich darauf frühzeitig ein, dann werden Sie auch bei der Stellplatzsuche und beim Thema Ver- und Entsorgung keinen Schiffbruch erleiden. Natürlich weisen wir auch auf gut ausgestattete WOMO-Campingplätze hin, wenn uns diese bei unseren Recherchen zusagten und zu unseren Tourenvorschlägen passen.

Gehen Sie davon aus, dass die beschriebenen Stell- und Campingplätze in Zahl und Ausstattung in näherer Zukunft einem kräftigen Wandel unterworfen sind. Ob dieser mit Blick auf zahlreiche freie Stellplätze im positiven Sinne der WOMO-Reisenden verlaufen wird, liegt ganz wesentlich an uns allen, die wir im Wohnmobil ins Baltikum fahren!

Dazu gehört, sich auf freien Stellplätzen so zu verhalten, wie man es selbst von Nachbarn erwarten würde. Mit „freier Übernachtung meinen wir dabei kein „Campingverhalten“ - das gehört auf Campingplätze! Vor allem aber ist es wichtig, die unberührte Natur in ihrem Zustand zu belassen. Müll und andere Hinterlassenschaften gehören nicht dorthin. Nehmen Sie all das wieder mit und entsorgen es ordnungsgemäß. Dass es auch im Baltikum einzelne schwarze Schafe gibt, denen offensichtlich gutes Benehmen unbekannt ist, bedauern wir sehr. Doch sollten gerade wir WOMO-Touristen mit gutem Beispiel vorausgehen, keinen Müll liegen lassen oder ins Feuer werfen, Krach und Belästigungen Dritter vermeiden und die Hecke hinter dem Parkplatz nicht einfach als Freiluft-Klo benutzen. Geben Sie keinesfalls Anlass dazu, dass das Baltikum bald mit Nachtparkverboten, 2-Meter-Balken usw. übersät wird. Schließlich kommen unter dieser Höhenbegrenzung (wie andernorts) nur noch diejenigen auf die Parkplätze durch, die weder Toilette noch Müllbehälter bei sich haben - nämlich die PKWs.

Beherzigen Sie bitte auch die Gewohnheiten der Einheimischen. Dazu gehört, dass diese auf Zelt- und Campingplätzen an Wochenenden und Feiertagen schon mal herzlich und kräftig feiern. Da kann es schon mal etwas laut werden. Ein Beispiel aus unserer Reisepraxis: Kaum auf dem Stellplatz angekommen, glaubten wir, eine Horde wilder Autofans mache den Parkplatz zur Partymeile und der eine oder andere PS-strotzende Bolide müsse mal zeigen, wie die Maschine unter der Haube klingt. Da kommt schon mal ein flaues Gefühl auf, wenn man sich nicht als völlig abgebrüht bezeichnet. Doch die Gruppe verzog sich aufs nahe Gelände eines Freilichtmuseums und feierte fast die Nacht durch. Uns und die übrigen WOMOs auf dem Parkplatz ließ man unbehelligt. Kein Müll, keine Zerstörung oder sonstige Hinterlassenschaften blieben auf dem Gelände zurück. Die Verwaltung des Museums, von uns auf das nächtliche „Programm“ angesprochen, merkte an, man wisse wohl um immer korrekte Regeln in Deutschland. Doch habe man lange unter harter Reglementierung gelitten und lasse jungen Leuten deshalb den Freiraum, den man früher allzu sehr vermisste. Verstehen Sie auch diese Sichtweise, wenn es mal etwas hoch hergeht, sofern es selbstverständlich in vernünftigen Grenzen bleibt und niemand zu Schaden kommt.

Natürlich gilt es, noch vieles zu beherzigen, was im Baltikum anders sein mag, als zu Hause gewohnt. Dazu gehören zahlreiche Schotterstraßen. Schimpfen Sie nicht mit uns, wenn Sie ihr WOMO kräftig einstauben (schönes Wetter) oder einsauen (Regen). So gesehen, wünschen wir Ihnen also eher den Staub... Natürlich können Sie manche Staubstrecken unter Inkaufnahme von Umwegen vermeiden. Doch viele sehr schöne Plätze bleiben Ihnen auf großen, asphaltierten, im übrigen meist guten Straßen, aber verborgen.

Zu den Besonderheiten einer WOMO-Reise ins Baltikum gehört, dass Sie auf chemische Zusätze für Ihre WOMO-Toilette verzichten sollten. Die Frischwasserversorgung ist ebenso mit etwas mehr Aufwand verbunden. Denn die einschlägigen Einrichtungen sind in den drei Reiseländern (noch) nicht bzw. kaum vorhanden. Lesen Sie also bitte unsere Hinweise dazu und zu anderen Themen in den Tipps von A-Z aufmerksam. Sie werden sehen: Mit den richtigen Informationen und geeigneten Vorbereitungen steht Ihrer Reise „Mit dem Wohnmobil ins Baltikum“ nichts im Wege.

Wir möchten, dass die vielen schönen Plätze und Ziele im Baltikum, all unsere schönen Erfahrungen keine Eintagsfliege bleiben. Wir freuen uns, bei unseren Nachrecherchen festzustellen, dass sich nichts zum Schlechteren, vieles aber zum Besseren verändert haben wird. Damit wir Ihnen auch künftig ein gutes WOMO-Buch und damit Urlaubsfreude bieten können, freuen wir uns, wenn Sie uns positive Eindrücke bestätigen und uns, aber auch ihren Freunden und Bekannten davon berichten. Ebenso liegt es auf der Hand, dass sich hier, wie überall, Veränderungen ergeben. Auch dazu freuen wir uns über Ihre Mitteilung. Notieren Sie Ihre Anmerkungen oder Ergänzungen auf dem Fragebogen am Ende dieses Buches und schicken diesen an den WOMO-Verlag. Oder senden Sie uns eine eMail an huenerfeld@womo.de. Das hilft uns bei unseren Nachrecherchen und Ihnen, wenn wir auch künftig gute Informationen liefern, wie Sie es von WOMO-Büchern gewohnt sind.

Danken möchten wir an dieser Stelle zahlreichen Lesern für Hinweise und Ergänzungen zur Auflage 1 sowie Familie Schabe für die Überlassung der mit „TPS“ gekennzeichneten Fotos.

Anreisewege ins Baltikum

Sie dachten, das Baltikum liege äußerst weit im Nordosten unseres Kontinents? Weit gefehlt!
Fahren Sie nämlich nach Litauen, das südlichste der drei baltischen Staaten, gelangen Sie ins (geografische) Zentrum Europas. Dieses liegt nach neuesten Messungen etwas nördlich der litauischen Hauptstadt Vilnius.
Dennoch sollten Sie nicht verkennen, dass die meisten unserer Leser eine recht weite Anreise vor sich haben. Wer im Nordosten Deutschlands lebt und ohne lange Anreise zu einer der Hafenstädte an der Ostsee gelangt, reist mit einer Fähre zügig und ohne „Kilometerfresserei" ins Baltikum. Alle anderen sollten sich gut mit der Anreise befassen. Denn es erfordert etwas Vorbereitung, soll Ihr wohlverdienter Urlaub nicht mit Reisestress beginnen.

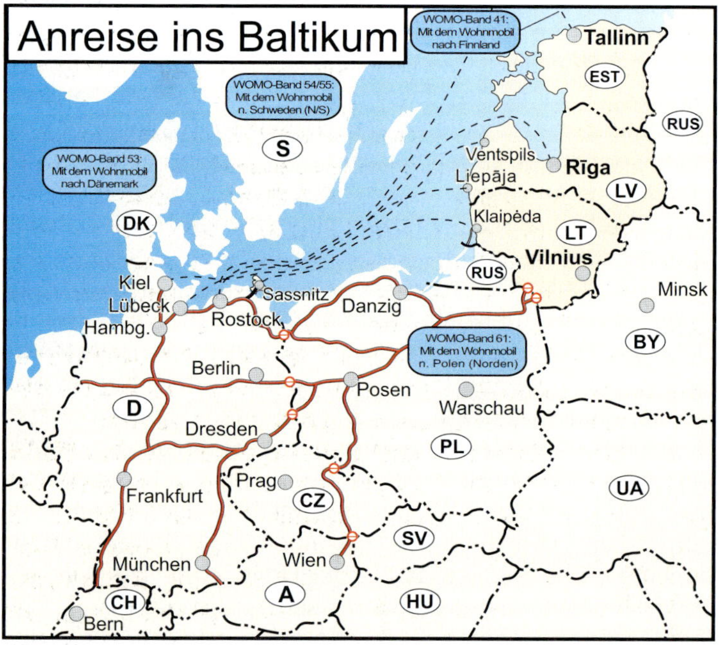

Entscheiden Sie zunächst: Soll es über Land gehen oder - zumindest einen Teil der Anreise - mit der Fähre? Sie sollten auf alle Fälle die Fährverbindungen gut studieren und mit den Fahrstrecken durch Polen vergleichen, denn es kann - je nach Strecke - Zeit raubend werden, durch Polen zu fahren.

Auch wenn die EU-Subventionen einen atemberaubend zügigen Ausbau ermöglichen, sind die Autobahnen und Fernstraßen in Polen (mit Ausnahme der mautpflichtigen Strecke Posen-Warschau) den unseren noch kaum vergleichbar. Das Foto vom Sommer 2009 von einer Fernstraße in den Masuren mag Ihnen dies veranschaulichen. Kalkulieren Sie für die Fahrt durch Polen einen Schnitt von nicht mehr als 60 km/h und zumindest 2-3 Tage Reisezeit.

... Vorsicht! Vorausschauend fahren!
Bild: TPS

Berücksichtigen Sie auch, dass die Fahrweise einiger Verkehrsteilnehmer in Polen (da und dortübrigens auch in den baltischen Ländern) - gelinde gesagt - riskant und unvorsichtig sein kann. Da wird ab und zu schon mal „in dritter Reihe" überholt. Darüber hinaus ist immer mit Fußgängern, ja sogar mit Verkaufsständen für Pilze, Beeren etc., landwirtschaftlichen Maschinen und (wenn auch inzwischen sehr selten) mit Pferdefuhrwerken zu rechnen. All das erfordert jederzeit Ihre volle Aufmerksamkeit und Reaktionsschnelligkeit.

Haben Sie sich dennoch für den Landweg durch Polen entschieden, legen wir Ihnen den **WOMO-Band 61 Mit dem Wohnmobil nach Polen - Teil 1/Der Norden** ans Herz. Dort finden Sie zahlreiche Stellplatz- und Ausflugstipps für unterwegs. Betrachten Sie es als Vorgeschmack auf die unglaublich schöne Natur und die vielfältige Kultur des Baltikums.

Knotenpunkt der Anreiserouten ist das sehenswerte **Poznań (Posen)**, wo Sie in zentraler Lage freie Stellplätze sowie einen empfehlenswerten Campingplatz finden werden.

Aus der Nordhälfte Deutschlands gelangen Sie über **Berlin** nach **Poznań/Posen**. Wer die Küstenländer seine Heimat nennt, gondelt von **Szczecin (Stettin)** entweder nördlich an Posen vorbei Richtung **Bydgoszcz (Bromberg)**, um auf unsere Anreiseroute zu gelangen. Oder die Reise führt Sie entlang der Ostseeküste über **Gdańsk (Danzig)** und **Elblag (Elbing)** nach **Olsztyn (Allenstein)**.

Einkehr auf dem Rathausplatz in Posen

Nun geht es weiter auf der Hauptstraße Nr. 16 durch die **Masurische Seenplatte** und über **Augustów** zur litauischen Grenze in der Nähe des Städtchens **Sejny**.

Ein dunkles Kapitel deutscher Geschichte...

Möchten Sie die geschichtsträchtigen Stätten des ehemaligen „Führerhauptquartiers" und der Hauptquartiere des Heeres und der Deutschen Wehrmacht besuchen, fahren Sie nach **Olstzyn (Allenstein)** auf der 16 bis **Mrągowo (Sensburg)** Es geht weiter auf der 591 nordwärts bis **Kętrzyn (Rastenburg)**, in dessen Nähe sich das ehemalige Führerhauptquartier, die „Wolfsschanze" befindet, das man besichtigen kann (siehe Stellplatztipp). Weiter nordöstlich geht es über das Hauptquartier des Heeres zur Nordspitze des Sees, wo wir einen netten Badeplatz für eine Nacht als Quartier wählen. Über **Węgorzewo (Angerburg)** geht es am östlichen Seeufer auf der 63 südwärts. In **Pozezdrze** findet sich – etwas unscheinbar – ein Parkplatz, von dem aus man noch ein Stück weit in Richtung der „Schwarzschanze" fahren (evtl. übernachten) kann. Ob man die Übernachtung an einem dieser Plätze des rabenschwarzen Kapitels deutscher Geschichte mag, muss man selbst entscheiden. Der Badeplatz ist eine tolle Alternative.

Die Reise nach Litauen führt dann jedenfalls ab **Giżycko (Lötzen)** auf der 655 über **Olecko (Treuburg)** und **Suwałki (Sudauen)** ostwärts, bis sich die Routen in **Sejny** treffen. Eine Fahrt nach Kaliningrad (Königsberg) im ehemaligen Ostpreussen währe sehr aufwändig (Visum).

Als Alternative zum Landweg bevorzugen wir – obwohl aus dem Süden kommend - die Fähre. Nach unserer Erfahrung bieten die Routen **Kiel-Klaipėda** (22 Std.), **Sassnitz-Klaipėda** (19 Std., beide **DFDS Lisco**), **Rostock-Ventspils** (27 Std./ **Scandlines**), **Rostock-Helsinki-Tallinn** (24+2,5 Std./ **Tallink**) und **Travemünde-Liepāja** (Ave Line/25 Std.) das optimale Verhältnis zwischen Zeit und Kosten. Etwas länger (ca. 32Std.) braucht **DFDS Lisco** für die Überfahrt **Lübeck-Rīga**.

Mit Scandlines auf See von Warnemünde nach Ventspils

Wir haben uns auf den Schiffen von **Scandlines und Lisco Baltic Service** hinsichtlich Qualität und Sicherheit gut aufgehoben gefühlt. Fähren, Personal und Sicherheitstechnik machen einen guten Eindruck. Den Kabinenstandard betreffend sollte man sich auf einzelnen Linien/Schiffen allerdings im Vorfeld genau erkundigen, besonders wenn ein Haustier mitreist. Welche Linie Sie auswählen, liegt an Ihren Anforderungen und Reisezielen. Einen Überblick über die Fährangebote erhalten Sie auf der Internet-Seite des Baltischen Fremdenverkehrsamtes (www.gobaltic.de).

Vorteil der Fähren ist, dass Sie entspannt und ausgeruht das Ziel erreichen und in die Vielfalt des Baltikums starten können. Wir haben unsere Touren so gestaltet, dass Sie von allen in Frage kommenden Fährorten problemlos in unsere Touren einsteigen können.

Abendlicher Start mit Lisco Baltic in Klaipeda

Darüber hinaus könnte es sein, dass Ihre Reise in die baltischen Länder mit einer Überfahrt aus oder nach **Finnland** (via Helsinki), einem Besuch in **Schweden** oder **Dänemark** verbunden wird. All das sind beliebte WOMO-Reiseländer. Für diesen Fall möchten wir Ihnen die **WOMO-Bücher über die genannten Länder** empfehlen.

Die gleichen Überlegungen stellen sich für die Rückreise. Machen Sie sich also rechtzeitig mit den Alternativen vertraut und buchen die Fähre zeitig. Denn neue Mautgebühren in Polen und Litauen veranlassen mehr und mehr Brummifahrer, die Fähren zu nutzen. Da kann es in der Saison schon mal eng an Bord werden.

Der Übersichtlichkeit wegen haben wir die An- /Rückreisetipps in der Übersichtskarte zu diesem Kapitel und zudem nachfolgend in einer kurzen Zusammenfassung skizziert. Entnehmen Sie einige Stellplatztipps mit GPS-Daten folgender Aufstellung, noch besser aber **WOMO-Band 61 (Nord-Polen)**.

Stellplatzvorschläge für unterwegs:

Mit '*' gekennzeichnete Plätze siehe WOMO Band 61 Nord-Polen

A001 - WOMO-Stellplatz Travemünde (für Fährpassage Lübeck-Rīga) – **GPS** N53° 57' 40.0" E10° 52' 37.3", max. 10 WOMOs. Im Ort am Fuß des alten Leuchtturms, Nähe zum Sandstrand im Schatten des Hotelklotzes Maritim. (Parkgebühr). Das Skandinavienkai liegt (gut ausgeschildert) südlich am Weg nach Lübeck.

A002 - WOMO-Stellplatz Park Sacrow (westlich Berlin) – **GPS** N 52° 25' 36.7" E13° 05' 14.9", max. 4-5 WOMOs (Mülleimer, außerorts, eben, ruhig. Spaziergang durch den Park an der Havel bis zur Heilandskirche, Blick auf die Glienicker Brücke. **Zufahrt:** Autobahn Ausf. Potsdam Nord, dann links ab, gut 2 km später wieder links Richtung Fahrland (Marquarder Straße). Weiter zur B2, dort links ab Richtung Spandau. Nach 1 km rechts der Lehnitzsee, hier rechts ab und 4,3 km zum Schlosspark Sacrow fahren.

A004: Stellplatz in Görlitz

A003 - WOMO-Stellplatz Görlitz (Parkplatz Altstadt/Nikolaiturm ausgeschildert) **GPS**: N51° 09' 27.1" E14° 59' 12.5". **Zufahrt:** Von der Autobahn Richtung Zentrum ausgeschildert/Rothenburger Straße.

A004 WOMO-Stellplatz Nielubia GPS N51° 38' 07.1" E15° 59' 51.7" (Parkplatz beim Sportplatz, Einkaufsmarkt, Ortsrand).

A005 Campingplatz Malta Posen/ Poznań*: GPS N52° 24' 2.2" E16° 59' 02.0".

A006 WOMO-Stellplatz Posen/Poznań - Malta See*: GPS N52° 24' 03.7" E16° 59' 23.7".

A007 WOMO-Stellplatz Posen /Poznań - Zoo*: GPS N52° 24' 10.3" E16° 59' 22.2" (alle ortsnah mit ÖPNV-Anschluss, vom Zentrum der Beschilderung Zoo/Camping folgen).

A008 Stellpaltz Lednica-See

A008 WOMO-Stellplatz Lednica-See (bei Gnesen): GPS: N52° 31' 28.2" E17° 23' 08.1" (westlich von Gnesen - benachbartes Freilichtmuseum).

A009 WOMO-Stellplatz Bydgoszcz (Bromberg)*: GPS N53° 07' 27.8" E17° 59' 55.7" (im Ort Nähe Opernhaus)

A010 WOMO-Stellplatz Grudziądz (Graudenz)*: GPS N53° 29' 30.8" E18° 44' 49.8" (Wiesengelände an der Weichsel/im Ort. Von B55 kommend nach Bahnübergang links halten, am Weichselufer weiterfahren).

A011 WOMO-Stellplatz Wolfschanze*: GPS N54° 04' 46.7" E21° 29' 39.4" (außerorts, kostenpflichtiger Parkplatz, Besuch der Gedenkstätte (Eintritt).

A012 WOMO-Badeplatz Jezioro Mamry*: GPS N54° 12' 47.6" E21° 38' 59.5" – Schöner Badesee – von der Wolfschanze kommend auf teils sehr schlechter Kopfsteinpflasterpiste über Pilwa die Abzweigung nach Sztynort (Steinort) rechts liegen lassen. Man passiert die Gedenkstätte mit den Bunkern des Hauptquartiers der Wehrmacht (Parkplatz gebührenpflichtig, stellplatztauglich).

A013: Camping Giżycko/Lötzen

A013 WOMO-Campingplatz Giżycko (Lötzen)*: GPS N54° 01" 16.4" E21° 48' 31.9" – Große Wiese mit Baumbestand am Badesee - von Lötzen Richtung Suwalki halten - 800 m nach Ortsausgang rechts ab.

Lässt man den Abstecher zur Wolfschanze aus, folgt man der Hauptstraße 16 bis **Augustów** und fährt zur Grenze östlich von **Sejny** weiter.

TOUR 1 (ca. 360 km / 2-4 Tage)

Druskininkai - Merkinė - Birštonas - Kaunas

Freie Übernachtung: Grūtas Park und See, Naujasodė Skulpturenpark, Lateženis, Marcinkonys, Puvočiai, Merkinė, Liškiava, Birštonas, Prienai, Grabuciškes, Rumšiškis.

Campingplätze: Druskininkai, Kaunas City Camping, Jachtclub Žalgiris, Šilininkai.

Ver-/Entsorgung: Beschr. Campingplätze, Jachtclub Žalgiris.

Baden: Avirio ezers, Druskininkai, Veisejis Niedus, Grūtas See, Lateženis, Marcinkonys, Merkinė, Birštonas, Kaunas, Grabuciškes.

Besichtigen: Forstmuseum Druskininkai, Grūtas Park, Naujasodė Skulpturenpark, Merkinė Gedenkstätte, Kirche Liškiava, Altstadt und IX. Fort Kaunas, Kloster Pašaislis, Freilichtmuseum Rumšiškis.

Wandern: Viečiūnai zur Memel.

Essen: Mühlenrestaurant Kavinė vido malunas in Druskininkai, Seklytele in Birštonas, Senagiria.

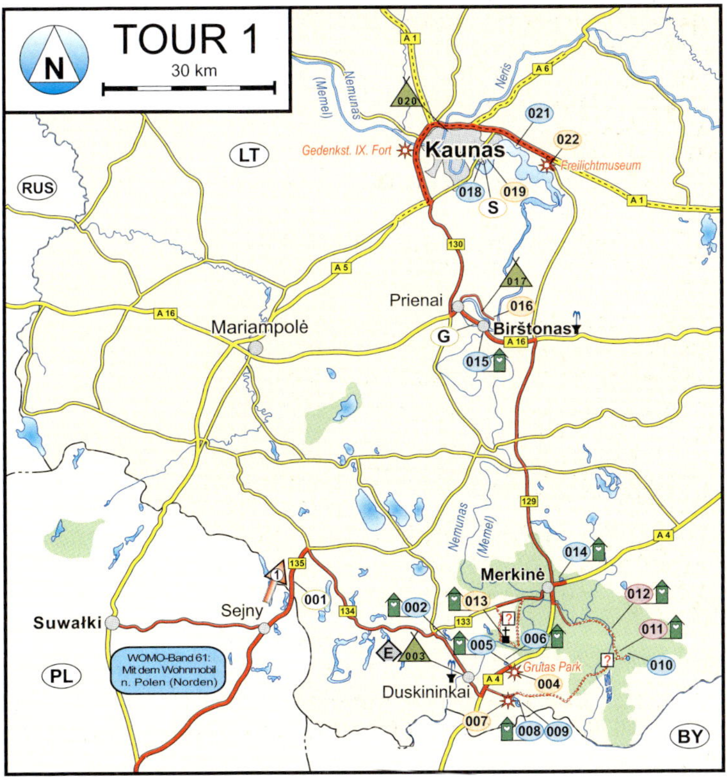

Willkommen in Litauen! Doch Moment mal! War da gerade eine Grenze? Stünden hier nicht noch die alten Gebäude der Zollanlage, wir hätten das - dem Schengen-Abkommen sei Dank - kaum bemerkt. Auch Sie hatten hoffentlich eine gute und schöne Anreise durch Polen? Die breit ausgebaute Straße 135 führt uns nun vom Grenzübergang Richtung **Lazdijai**. Bald fällt rechts ein Schild mit Brunnensymbol auf – willkommene Gelegenheit, nötigenfalls den Wasservorrat zu füllen (Kanister!). Der Brunnen ist rechts, etwas unterhalb über einen Pfad erreichbar, eingefasst (**GPS 001:** N54° 12' 55.0" E23° 30' 07.9").
In der Gaststätte auf der anderen Straßenseite tauschen wir die ersten Litas in Kaffee und Kuchen um. Man serviert auch kleine Gerichte, doch für ein ausgiebiges Essen oder eine Übernachtung ist es uns noch zu früh. Der Parkplatz wäre allerdings nach der Einkehr durchaus ein passabler Stellplatz für die Nacht (nach Einkehr gegebenenfalls anfragen). So geht es also weiter auf der 135 bis **Lazdijai**, wo wir auf die 134 wechseln und uns in südöstlicher in Richtung des Badeortes Druskininkai halten. Bevor wir aber dorthin gelangen, besteht zum ersten Mal die Gelegenheit, die Fluten eines der vielen litauischen Seen zu testen. Wenn Ihnen das gefällt, können Sie Ihre erste Übernachtung in Litauen auf dem im Mai 2009 neu eingerichteten, als vergleichsweise einfach ausgestatteten Campingplatz verbinden, dessen Beschreibung als Badeplatz wir treffender finden.

(002) WOMO-Badeplatz: Poilsiavietė Prie Avirio Ežero

GPS: N54° 04' 22.7" E23° 54" 52.5"; Straße 180; **max. WOMOs:** <10.

Ausstattung/Lage: Wiesenfläche mit schönem Badestrand. Überdachte Picknickbänke, Grillstellen, Dixi-Toilette, Beachvolleyball, Badesteg.
Zufahrt: An der 180 ausgeschildert als Campingplatz; Gebühr.

Wenig später, in **Druskininkai**, möchten wir etwas Zeit verbringen. Genießen Sie den Bummel an der Kurpromenade am See, besichtigen Sie die schöne Kirche und die alten Holzhäuser zwischen Nemunas (Memel) und dem Druskinis See. Oder lassen Sie sich und Ihre Gesundheit in einem der modernisierten Heilbäder verwöhnen.
Nicht nur das salzhaltige Mineralwasser, Fangopackungen und das milde Klima haben Druskininkai seit dem 17. Jh. bekannt

gemacht. Heute setzt man zudem auf sportliche Aktivitäten wie Rad fahren (zahlreiche Touren ausgeschildert), Wandern, Wellness und Kultur. Am Druskinis See ist Baden verboten. Doch wir beschreiben vor und nach Druskininkai ja zahlreiche Alternativen für den Fall, dass Sie dies einem „richtigen" Schwimmbad oder einem der „Wellnesstempel" im Ort vorziehen. Da es sich lohnt, hier etwas zu bleiben und sich dem Umland widmen, möchten wir noch die Übernachtungsfrage klären. Wir haben hier den örtlichen Campingplatz gewählt:

(003) WOMO-Campingplatz: Camping Druskininkai

GPS: N54° 00' 35.2" E23° 58' 38.4" (Gardino gatvė) **Öffnungsz.:** Ganzjährig.
Ausstattung/Lage: Moderner Platz nahe dem Zentrum, WOMO Ver-/Entsorgung, Tourist Information und Restaurant. www.druskininkai.lt
Zufahrt: Ab Ortsmitte ausgeschildert
Sonstiges: Da auch der Magen nicht zu kurz kommen darf, suchen wir uns in Fußwegnähe das romantisch gelegene Mühlenrestaurant Kavine vido malunas aus, wo man auf der Terrasse am rauschenden Bach gemütlich seine ersten Schritte auf den kulinarischen Streifzügen durch Litauen genießen kann.

Die Tourist-Information beim Campingplatz hält im Übrigen zahlreiche Infos über die touristischen Höhepunkte, aktuelle Veranstaltungen und die Gastronomie bereit.

Neben all dem, was ein Badeort zu bieten hat, gilt es noch auf ein paar andere interessante Höhepunkte hinzuweisen. Der vielleicht originellste davon dürfte das Forsthausmuseum sein:

Forsthaus Girios Aidas (Forstecho)

Das Haus wurde vom Förster Algirdas Valavitschus entworfen und auf einem uralten Eichenstamm errichtet, der im Inneren trotz der Brandschäden von 1992 und dem anschließenden Wiederaufbau gut zu sehen ist. Eine reichhaltige Sammlung von Pflanzen und Tieren sowie Fachliteratur informieren über die vielfältige Natur Litauens und den nahen Dzūkija Nationalpark, dessen endlose Wälder, Flora und Fanua. Beachten Sie die kleinen Höhlen im alten Eichenstamm, der so manche unheimliche Überraschung für Sie bereithält.

Zur Abrundung empfiehlt sich ein ausgiebiger Spaziergang durch den mit Skulpturen des Künstlers Balys Dabruskas reich verzierten Kiefernwald. Am Ende Ihres Besuchs mögen auch Sie die Bedeutung intakter Wälder für das Befinden von Mensch und Tier erkennen. Wenn das gelingt, ist das Ziel des Museums erreicht.

Verlassen Sie mit uns Druskininkai vom Campingplatz aus, an der großen Tankstelle vorbei in südöstlicher Richtung zur A4. Im Umland finden wir Besichtigungsziele, die auch Sie sich nicht entgehen lassen sollten. Zunächst geht es nordöstlich Richtung **Grūtas**. Dort erwartet Sie ein außergewöhnlicher Skulpturenpark. Ihr WOMO steht derweil auf dem belebten Parkplatz. Sie können hier auch übernachten, wenn Sie das möchten und der Betrieb Sie nicht stört:

(004) WOMO-Stellplatz: Grūtas Park

GPS: N54° 01' 29.7" E24° 04' 44.5" (Parko gatvė). **max. WOMOs:** 1-2.
Ausstattung/Lage: Asphaltierte Parkfläche, WC, Kiosk, Picknickbänke, Mülleimer, Gebühr/bewacht (**beim Wachpersonal melden**)/Ortsrand.
Zufahrt: An der Autobahn ausgeschildert (rechts ab).
Sonstiges: Grūtas Park 300 m entfernt, im Park Einkehrmöglichkeit.

Der Grūtas Park

Teils wurden die Lehren der Herren auf dem Foto oben missbraucht, teils waren sie selbst auf mehr oder weniger grausame Art die Verantwortlichen für den Missbrauch.

Im weitläufigen Gelände des Parks hat der Geschäftsmann Viliumas Malinauskas sowjetische Monumente zusammengetragen, welche früher öffentliche Plätze im ganzen Land „verziert“ hatten und nun seit 2001 besucht werden können. Triebfeder seiner Idee zur Einrichtung des Parks war das Leid, welches das Sowjetregime seiner Familie zugefügt hatte. Die Nachwelt soll das schwere Erbe der Sowjetbesatzung nicht vergessen. Lassen Sie das Ganze auf sich wirken - Sie werden verstehen, weshalb die Litauer den Schrecken des Sowjetregimes mit dem des NS-Regimes vergleichen (siehe Bild). Öffnung tägl. 9-20 h, www.grutoparkas.lt – Eintritt!).

Für die kleinen Gäste gibt es einen Spielplatz und einen kleinen Zoo.

Wenn Sie dem zumindest tagsüber belebten, rund um die Uhr bewachten Parkplatz am Grūtas Park einen ruhigen Badeplatz vorziehen, ist es nicht weit:

(005) WOMO-Badeplatz: Grūtas 1

GPS: N54° 02' 09.6" E24° 04' 25.6" (kein Straßenn.). **max. WOMOs:** 2-3.
Ausstattung/Lage: Außerorts. Mülleimer, Sitzbänke, Kieferbestand bis an den Strand, kleiner Seezugang, Vorsicht bei langem Radüberhang (in der Zufahrt Bodenwellen).
Zufahrt: An der A4 gegenüber dem Grūtas Park ein Stück Richtung Viečiūnai; nach 300 m etwas unebene Zufahrt zum See rechts ab.

(006) WOMO-Badeplatz: Grūtas 2

GPS: N54° 02' 13.2" E24° 04' 57.5" (Ilgio gatvė). **max. WOMOs:** 1-2.

Ausstattung/Lage: Außerorts. Zugang zum See, Badeplatz ca. 150–200 m Fußweg entfernt, Liegewiese, Volleyball, Spielplatz, Umkleidehütte, Picknickhütte und Sitzbänke, direkter Zugang zum Wasser, Trockentoilette.

Zufahrt: Auf der A4 150 m nach Abfahrt Grūtas links ab auf die alte Strecke.

Wandertipp: Zum Nemunas im Dzūkija Nationalpark

Fahren Sie nach Viečiūnai und lassen Ihr WOMO dort stehen. Man wandert auf holprigem Fahrweg (an der Gabelung nach der Fabrik links halten) über Wiesen- und Waldflächen, vorbei an einer kleinen, verträumten Bauernsiedlung. Die Nationalparkgrenze ist nach 2 km erreicht. Ab dem Bauerndorf geht es auf einem Feldweg hinab zur Memel. Dort genießt man einen tollen Blick hinauf zum **Kloster Liškiava** (siehe Bild), das wir später noch besuchen werden. Ein Weg 2,5 km.

Auf der A4 fahren wir 5 km zurück Richtung Druskininkai, bis ein Schild links nach **Latežeris** weist. Dem folgen wir ebenso wie 300 m später dem Schild „Drozinių Ekspožiaja" rechts ab.

(007) WOMO-Stellplatz: Naujasodė Skulpturenpark

GPS: N53° 59' 29.8" E24° 02' 13.3" (kein Straßenn.). **max. WOMOs:** 1-2.
Ausstattung/Lage: Kleiner Parkplatz außerorts nahe dem Skulpturenpark, Mülltonne und Trockentoilette.
Zufahrt: An der A4 von Grūtas kommend links Richtung „Drozinių Ekspožiaja" fahren. Nach 300 m schräg rechts auf die Schotterstraße. Nach weiteren 900 m zieht man den Schlüssel auf dem Parkplatz.

Der Naujasodė Skulpturenpark

Antanas Česulnis hat hier eine Windmühle errichtet, die gar nicht wirklich eine ist. Vielmehr beherbergt sie in vier Stockwerken kunstvoll geschnitzte Figuren (Eintritt!).
Im Außenbereich setzt sich die Ausstellung im liebevoll angelegten Park fort, welcher zahlreiche weitere Skulpturen beherbergt – in unseren Augen ein Muss für jede Litauenreise!
Ein Freund des Künstlers bezeichnet Antanas Česulnis im Gespräch mit uns als „Leonardo da Vinci" von Litauen. Er sei nicht nur ein begnadeter Künstler, sondern beherrsche auch technische Dinge, verstehe viel von Physik und Chemie und habe zudem die Begabung, aus allem etwas Schönes oder Interessantes für Gäste und Freunde zu machen.

Wieder zurück an der Durchgangsstraße orientieren wir uns Richtung **Latežeris**, das nach 5 km erreicht ist. Die nette Skulpturengruppe an der Abzweigung können Sie nicht übersehen. Biegen Sie von dort zu einem naturverbundenen Bade- und Picknickplatz rechts ab.

(008) WOMO-Badeplatz: Latežeris

GPS: N53° 59' 03.4" E24° 06' 21.2" (kein Straßenn.). **max. WOMOs:** 1-3.
Ausstattung/Lage: Außerorts im Wald, Zugang zum See mit Badesteg, Tisch & Bank (teils überdacht), Feuerstelle.
Zufahrt: In Latežeris bei den Skulpturen schräg rechts ab, nach 700 m rechts unterhalb des Schotterweges.
Sonstiges/Stellplatzalternative: Folgt man dem (meist schmalen) Schotterweg 600 m weiter, liegt rechts unterhalb am See eine schöne Wiese, von der man ebenso Zugang zum Wasser hat (Badesteg).
GPS 009: N53° 58' 53.0" E24° 06' 33.0". Der Schotterweg führt jedoch weiter ins Grenzgebiet nach Weißrussland – Weiterfahrt also sinnlos!
Wandertipp: Der Schotterweg, der uns als Zufahrt dient, ist gleichzeitig auch ein netter Wanderweg. Doch wie gesagt – Vorsicht – Grenzgebiet!

Da diese Nebenstrecke nach Weißrussland führt, müssen wir **zurück bis Latežeris**. Dort geht es rechts ab zum größten Nationalpark Litauens, dem **Dzūkija Nationalpark** mit seinen endlosen Wäldern, Wiesen und Mooren.

Der Dzūkija Nationalpark

Es handelt sich um den größten litauischen Nationalpark, von dem 80% bewaldet sind. Er umfasst eine abwechslungsreiche Landschaft mit einer beeindruckenden Flora und Fauna. Er wird im Westen vom Nemunas (Memel) begrenzt und ist Heimat für 4.300 Einwohner.

Das Nationalparkzentrum befindet sich in Marcinkonys, wo man geführte Touren in die tiefen Wälder anbietet (Anmeldung über Tourist-Information in der Ortsmitte). Auf eigene Faust ist der Zugang zumindest in den ausgewiesenen Reservaten nicht bzw. nur eingeschränkt erlaubt.

Erwähnenswert ist das kleine ethnografische Museum im Ort (Bild), das in einem schmucken Bauernhaus untergebracht ist (gegenüber Poststelle/Rathaus, Einkehrmöglichkeit etwas weiter im Ort).

Möchten Sie etwas hier bleiben, evtl. eine Tour ins Čepkelių Reservat unternehmen, haben wir einen netten Stellplatz für Sie gefunden:

(010) WOMO-Badeplatz: Marcinkonys

GPS: N54° 03' 33.7" E24° 25' 23.8" (kein Straßenn.). **max. WOMOs:** 2-3.

Ausstattung/Lage: Außerorts, Picknickbänke, teilweise überdacht, direkter Zugang zum See, Mülleimer, Beachvolleyball.

Zufahrt: Vom Ort Richtung Bahnhof, nach dem Bahnübergang links Richtung Lyneženis (rechts ab die Zufahrt zur Rangerstation, wo Touren ins Reservat angeboten werden, Tel: +370/8 310 31 695, **GPS:** N54°02' 46,7" E24° 24' 15,5"). 200 m nach dem Ortsausfahrtsschild gelangt man auf holperiger Zufahrt (Schotter) zum Picknickplatz, ausgewiesen als Zeltwiese/Camping Marcinkonys.

Sonstiges/Alternative: Auf der Weiterfahrt 1,7 km nördlich von Marcinkonys Picknick Gruda-Brücke - **GPS 011:** N54° 05' 33.6" E24° 22' 35,6".

Lage/Ausstattung: max. 1–2 WOMOs/außerorts, Picknickbank überdacht, Trockentoilette und Infotafel über Tier-/Pflanzenwelt.

Bevor wir von Marcinkonys Richtung Merkinė starten (kurz nach der Kirche rechts, dann links ab), schenken wir der schmucken, gelben Holzkirche und dem Kreuzweg im Kirchenhof unsere Aufmerksamkeit. Später passieren wir den Picknickplatz (oben genannte Übernachtungsalternative) und erreichen 5,4 km danach **Puvočiai**, das wiederum eine tolle Stellplatzmöglichkeit bietet:

(012) WOMO-Picknickplatz: Puvočiai

GPS: N54° 07' 16.0" E24° 18' 23.9" (kein Straßenn.). **max. WOMOs:** 4-5.

Ausstattung/Lage: Feuerstellen, Picknickbänke, Bolzplatz, Beachvolleyball, Trockentoiletten, Kanuanlegestelle, Feuerstellen auf weitläufigem Wiesengelände am Waldrand, ausgewiesen als Camping Puvočiai. Wandern/Spaziergänge in den Naturpark möglich/Außerorts/Gebühr.

Zufahrt: In Puvočiai rechts ab – Zufahrt 1 km Schotterweg (stellenweise eng).

Auf der Fahrt Richtung **Merkinė** passieren wir die Flüsse Skroblus und Merkys. In Merkinė fällt die orthodoxe Kirche im Zentrum auf. Heute beherbergt sie das Dorfmuseum. Doch bietet der Ort noch mehr: Um die jüdische Gedenkstätte zu finden, fährt man zwischen Rathaus links und Cento-Einkaufsmarkt hinunter. Ist das WOMO eher eins der größeren, sollte man vielleicht besser gehen und einen Spaziergang draus machen, denn der Parkplatz am Waldrand ist klein und schmal. Im Ort weist darüber hinaus kein Hinweisschild darauf hin. Erst am Parkplatz steht dann ein Schild: 500 m zum Holocausto.

Merkinė – Ort des Gedenkens

Merkinė bietet 7 Friedhöfe – nicht das, was man gemeinhin als Ausflugsziel versteht. Doch der jüdische Friedhof, auf dem die Opfer der SS-Greuel ihre letzte Ruhe gefunden haben, sowie ein deutscher und ein russischer Soldatenfriedhof bieten die Gelegenheit zum Innehalten und Nachdenken.

Zur Gedenkstätte für den Judenmord der Nazis gelangen Sie auf einem ausgedehnten Spaziergang. Fahren Sie mit dem WOMO beim Rathaus links hinab, über den Bach und durch die Gardino gatvė bis zum blauen Parkplatzschild. Die Hinweistafel Massinių Žudiniu Vokiškosios Okupacijos Metais Vieta weist auf die Gedenkstätte hin. Nun liegen 10-15 Minuten Fußweg durch den Kiefernwald zur Gedenkstätte vor Ihnen, wo 3000 Juden auf grauenhafte Weise den Tod fanden. Die Ehrfurcht vor dem Leid der Opfer gebietet uns, den Parkplatz nicht als Stellplatz zu nutzen.

Auf dem Weg zurück zum Ortszentrum nehmen wir noch die Gelegenheit wahr, die neobarocke Pfarrkirche zu besichtigen, die innen wie auch außen mit ihrer Schönheit besticht.

Nun kommen wir auf unsere kleine Wanderung durch die Wiesen bei Viečiūnai zurück, als wir am Ufer der Memel stehend hinauf zur barocken **Klosterkirche von Liškiava** geschaut hatten. Das Wetter ist schön, es verspricht eine interessante Besichtigung zu werden - also auf, folgen Sie uns auf einen kleinen Abstecher dorthin.

Abstecher nach Liškiava

In **Merkinė** fahren wir hinab in die Flussniederung, überqueren den Nemunas und folgen der 130 ein gutes Stück westwärts Richtung Leipalingis und Druskininkai. Doch verpassen Sie nach etwa 12 km die Abzweigung links ab nach Liskiava nicht, das über eine gut ausgebaute Schotterstraße erreicht wird.

Im Ort führt die Straße unübersehbar an der Kirche vorbei und dann talwärts, bis linker Hand ein Parkplatz am Fuß des Burgberges zum Halt einlädt. Nutzen auch Sie die Gelegenheit zum Spaziergang hinauf zum Hügel, der sich für eine mittelalterliche Burg geradezu aufgedrängt haben muss. Unübertrefflich ist der Blick flussaufwärts und hinab. Vor allem aber beeindruckt die grandiose Aussicht auf die Barockkirche. Ist das ein Stellplatz für Sie?

X (013) WOMO-Stellplatz: Liškiava

GPS: N 54° 04' 53.2" E24° 03' 01.8" (kein Straßenname). **max. WOMOs:** 1-2.
Ausstattung/Lage: Geschotterter Parkplatz. Mülltonne, Trockentoilette etwas unterhalb am Zugang zur Memel (Flussufer zu Fuß erreichbar), Sitzbank auf dem Burgberg, Einkaufs- und Einkehrmöglichkeit nahe der Kirche/Ortsrand.
Zufahrt: Auf der Ortsdurchfahrt an der Kirche vorbei talwärts, über die Brücke und dann links zum Parkplatz am Fuß des „Pilniakalnis".

Der gut mit Trittstufen angelegte Fußpfad führt in wenigen Minuten hinauf zum Aussichtspunkt, der früher einmal die Burg beherbergt hatte. Hat man den Ausblick (Foto nächste Seite oben) ausführlich genossen, ist natürlich klar, dass die im 17. Jh. im Barockstil erbaute Dreifaltigkeitskirche besichtigt werden will.

Am Kirchenbauwerk waren von 1990-97 die wichtigsten Reparaturarbeiten vorgenommen worden. Es gilt als eines der meistbesuchten Ziele der Region, ja ganz Litauens. Zahlreiche Wandmalereien und sieben Rokokoaltäre machen das Gotteshaus zum Schmuckstück.

Doch eine aufwändige Restauration wäre dringend erforderlich. Das Gotteshaus war über allzu lange Zeit dem Bröckeln der Stuckverzierungen und anderer Bauschäden preisgegeben.
Nachdem der Jakobinerorden das Grundstück von Jurgis Kosyla erhalten hatte mit der Auflage, eine Klosterkirche zu errichten, war hier ein

prunkvoller Wallfahrtsort entstanden. Doch das Klosterleben endete dann schon 1813 mit dem Tod des letzten Mönches. Das Kloster ging dann in die weltliche Verwaltung über, was zu Sowjetzeiten nicht unbedingt der Erhaltung dienlich war. Dennoch ist es natürlich einen Besuch wert, denn aus den verkommenen Klostergebäuden hat man zuletzt ein Kulturzentrum geschaffen und so den Erhalt der Gesamtanlage gesichert.
Öffnungszeit: Täglich (außer Mo) 10-12 und 14-16 Uhr. http://www.liskiava.lt/apie_en.htm

Ob mit oder ohne Abstecher nach Liškiava - nun fahren wir von **Merkinė** aus Richtung Autobahn A4. Nicht weit von der Kreuzung der Straßen 129/133 mit der ostwärts abknickenden A4 weist ein Schild auf die Stellplatzgelegenheit hin:

(014) WOMO-Badeplatz: Merkinė

GPS: N54° 10' 33.2" E024° 13' 25.8" (kein Straßenn.). **max. WOMOs:** 3-4.

Ausstattung/Lage: Überdachte Picknickstelle, Wiese am Seeufer, Feuerstelle, Mülleimer, Trockentoilette, ausgewiesen als Merkinė Camping/außerorts.

Zufahrt: An der Einmündung in die A4 etwa 750 m Richtung Vilnius, dann links ab auf einem Schotterweg zum See. Bereits nach 200 m Stellmöglichkeit. Fährt man weiter, folgt 400 m später eine Gabelung. Dort links halten und zum zweiten See weiterfahren bis zur Picknickstelle.

An der A4 zurück, halten wir uns zunächst Richtung Alytus. Die nächsten 50 km bringen wir zügig hinter uns und folgen dem Lauf des Nemunas. Wir tun es dem längsten Fluss der Litauer gleich und orientieren uns nach Westen. Wenn Sie einen weiteren Heilkurort genießen möchten, sind Sie in **Birštonas** richtig. Der Kurort mit 3.500 Einwohnern ist einer der ältesten in Litauen und zeichnet sich – wie Druskininkai – durch salzhaltige Quellen aus, die für Bade- und Trinkkuren genutzt werden. Zwei Museen (Stadtmuseum und sakrales Museum) runden das Angebot ab. Informationen erhalten Sie Tourist Information im Zentrum (ausgeschildert – www.turizmas@birstonas.lt): Wenn Sie möchten, können Sie auf dem Verknė oder dem Nemunas paddeln, in den Wäldern am Fluss Rad fahren (mehrere Touren ausgeschildert) oder einen (vielleicht auch mehrere?) Wellnesstag einlegen. Einen Badeplatz (alternativ auch eine Einkehrmöglichkeit) haben wir deshalb für Sie gesucht und gefunden, damit die Übernachtungsfrage gleich geklärt ist:

(015) WOMO-Badeplatz: Birštonas

GPS: N54° 36' 35.6" E24° 00' 48.6" (kein Straßenname). **max. WOMOs:** 2-3.
Ausstattung/Lage: Kleiner See mit schönem Badeufer/-wiese/-steg, Dixi-Toilette, Mülltrenncontainer, Liegewiese vom Parkplatz aus nach etwa 150-250 m Fußweg/Ortsrand.

Zufahrt: Von der A16 nach Birštonas abbiegen, dann gleich links ab (Badeplatz ausgeschildert) und auf dem Schotterweg zum Parkplatz fahren.
Alternative: Restaurant Selklytele (**GPS:** N54° 36' 20.0" E24° 00' 29.6" - Prienų gatvė, Parkplatz **max. WOMOs:** 1-2). Sie finden den Parkplatz außerorts, vom Stellplatz ca. 100 m Fußweg bergauf zum Restaurant.
Zufahrt: Von der Ortsausfahrt Birštonas „Restaurant 1.200 m" ausgeschildert. An der ersten Wendestelle nach 1.2 km (ja, stimmt wirklich!) auf der Autobahn Fahrtrichtung wechseln und dann dem Schild in Schiffsform rechts ab folgen.

Das Wetter könnte natürlich auch mal nicht ganz zum Baden einladen oder Sie haben auf den nicht allzu großen Parkplätzen einfach keinen Platz gefunden - kein Problem! Sie finden auch auf der anderen Seite des Nemunas eine nette Alternative:

(016) WOMO-Stellplatz: Prienai - Fähre Birštonas

GPS: N54° 35' 58.8" E24° 02' 23.6" (Turistų gatvė) **max. WOMOs:** 1-2.
Ausstattung/Lage: Ortsrand, asphaltierte Parkfläche am Fähranleger; auffälliger Findling an einer Geländeterrasse (Personenfähre nach Birštonas).
Zufahrt: Weiterfahrt bis Prienai, über die Nemunasbrücke, dann der abknickenden Vorfahrt folgen. Wo die Straße links abknickt, geradeaus fahren, am Friedhof vorbei, rechts ein Soldatenfriedhof, dann dem Nemunasufer folgen. 4 km nach Ortsausfahrtsschild Stellplatz.

Sonstiges: An der Zufahrt **Campingplatz BNV, GPS 017:** N54° 36' 13.9" E24° 02' 30.5" – Ferienanlage Birštonas Nemuno Vingis, bietet auf Anfrage auch Stellplätze an/Gebühr).

Von Prienai führt die Reise auf der Straße 130 nordwärts, der „geheimen Hauptstadt Litauens" **Kaunas** entgegen. Nun ist wichtig zu wissen, wie wir die sehenswerte Altstadt finden, aber auch die Übernachtungsfrage ist zu klären. Dazu später mehr. Im Vorort Garliava folgen wir der Ausschilderung „Kaunas". Bald fällt die orangene Stahlbrücke über den Nemunas auf, wo sich die Altstadtsilhouette zeigt. Um die Altstadt zu erreichen, orientieren Sie sich an der Burg Kaunas (Kauno pilis). Kurz davor liegt ein großer Parkplatz (Gebühr). Von hier haben Sie einen netten Altstadtspaziergang vor sich.

Rundgang durch Kaunas

Kaunas war von alters her ein wichtiger Verkehrs- und Handelsplatz. Während der staatlichen Souveränität Litauens in den 20er Jahren war es sogar Hauptstadt. Denn Vilnius war polnisch besetzt.
Der glanzvollen Geschichte entsprechend schön sind viele Altstadthäuser und Gassen gestaltet. Oder sie wurden wieder nach und nach restauriert, auch wenn es da und dort noch den zweifelhaften „Glanz des Sozialismus" zu sehen gibt. Natürlich zeigt die benachbarte Kaunasser Festung deutlich, dass es früher einiges zu verteidigen gab (Besichtigung der Burg ist möglich. Sie beherbergt übrigens eine Außenstelle der Tourist Information. Da bietet es sich an, sich mit Infomaterial einzudecken).

Besonders zu erwähnen sind das Rathaus, im Volksmund „Weißer Schwan" genannt, und die doppeltürmige Jesuitenkirche mit dem großen, belebten Vorplatz, der zum Verweilen einlädt.
Die ehedem erste Fußgängerzone des Sowjetreiches endet an der imposanten Erzengel Michael Kirche mit ihren glänzenden Zwiebeltürmen.

Tipp: Besuchen Sie dort das „Labyrinth der Dunkelheit". Einer Idee findiger Studenten ist es zu verdanken, dass Sie sich in verwinkelten Gängen in absoluter Dunkelheit eine Vorstellung machen können, mit welchen Problemen Sehbehinderte und Blinde jeden Tag zu kämpfen haben, wenn beispielsweise umtriebige Einzelhändler ihre Werbetafeln mitten auf Gehwegen platzieren...
Eine (wenn auch kleine) Standseilbahn erinnert an die „Verwandten" in den Alpen. Kaunas bietet außerdem Europas einziges Teufelsmuseum. Natürlich möchten wir auch den Zoo von Kaunas nicht vergessen. Schließlich gibt es nur diesen in Litauen. **Zufahrt:** Vom Parkplatz bei der Burg über die Gertrudos gatvė in den Savanorių Prospekt, dann schräg rechts in die Teikos gatvė. An der ersten Abzweigung rechts ab (Basanaviclaus gatvė), dann gleich wieder links (Radvilenų gatvė) – schon ist der Zoo erreicht. Ein auch für WOMOs ausreichender Parkplatz findet sich beim Eingang. Gegenüber lädt der ausgedehnte und schöne Ažuolynas Park zum ausgedehnten Spaziergang ein.
Eine große Zahl von Sehenswürdigkeiten zeichnet die Stadt als lohnendes Reiseziel aus. Es bietet sich also an, sich mindestens einen Tag für Kaunas zu reservieren.

Für die Nacht haben wir natürlich Stellplatztipps für Sie parat, damit Sie getrost etwas Zeit in Kaunas verbringen können. WOMO-Touristen, die einen einigermaßen ruhigen Platz suchen, sollten Richtung **Kaunasser Meer** starten. Einem Campingplatz nahe kommt der Kauno Žalgirio Jachtklubas (Žalgiris Jachtclub). An der Zufahrt dorthin finden wir zudem einen Badeplatz und ein imposantes Kloster zum besichtigen. Die zugehörigen Parkplätze allerdings sind abends, besonders an Wochenenden schon recht belebt:

(018) WOMO-Badeplatz: Kaunas

GPS: N54° 52' 35.3" E24° 00' 55.4" (T. Masiulio gatvė). **max. WOMOs:** 1-2.
Ausstattung/Lage: Kleiner Sandstrand am Kaunasser Meer, Schatten durch lichten Kiefernwald, Tisch & Bank, Imbissstand. Abends geht es auf dem asphaltierten Parkplatz häufig unruhig zu (viele Jugendliche)/Ortsrand.
Zufahrt: Vom Zoo 1,3 km talwärts zur 4-spurigen Tunelio gatvė. Dort 300 m rechts ab, an der Wendestelle die Fahrtrichtung wechseln. Am Kreisverkehr nach 2 km Richtung Ergalantos gatvė, beim nächsten Kreisel Richtung Alytus/Marijampolė halten (Masiulio gatvė). Die Endstation der Trolleybusse und die Lukoil Tankstelle passieren und dann beim Damm des Kaunasser Meeres (Hauptverkehrsstraße knickt rechts ab) geradeaus. Straße führt Richtung Pažaislis/Žalgiris Jachtclub, Parkplatz 200 m vor dem Kloster.

Die sehenswerte Klosterkirche Pažaislis ist einer der beeindruckendsten Sakralbauten Litauens, ja Nordeuropas. Die mächtige Kirche war von italienischen Baumeistern im Stil des italienischen Barock erbaut worden. Einen Spaziergang wert ist übrigens auch die weitläufige Parkanlage unterhalb der Klosteranlage hinab zum Ufer des Nemunas.

(019) WOMO-Stellplatz: Žalgiris Jachtclub

GPS: N54° 53' 12.6" E24° 01' 29.2" (T. Masiulio gatvė). **max. WOMOs:** <10.
Ausstattung/Lage: Auf dem Gelände des Jachtclubs. Ruhige Stellplätze auf dem Damm hinüber zur kleinen (Halb-)Insel. Gutes Restaurant, Ver-/Entsorgungsmöglichkeit (an Hotelrezeption bzw. beim Hafenmeister erfragen, vergleichsweise hohe Gebühr)/außerorts.
Zufahrt: Vom Kloster Pažaislis 2 km bis die Straße am Jachtclub endet.

Sollte es Sie schon Richtung Ostsee ziehen, bietet sich auch der **Kaunas City Camping (GPS 020:** N54° 56' 03.1" E23° 55' 04.6"/ Jonavos gatvė) nahe dem Autobahnring an. Zwar ist die Lage nicht allzu einladend und dem Verkehrslärm ausgesetzt. Doch die Ausstattung ist perfekt (V/E-Anlage, Stromanschluss etc.) und Sie haben mit Stadtbussen Verbindung in die Altstadt von Kaunas. Für Ihren etwas längeren Aufenthalt in Kaunas ist also mit den erwähnten Stellplatztipps gesorgt.
Bevor auch wir dem Nemunas Richtung Ostsee folgen, machen wir noch einen Ausflug flussaufwärts. Am Kaunasser Meer wartet ein imposantes Freilichtmuseum auf Sie. In einem Aufwasch bietet dieser Abstecher noch zwei Stellplätze:

(021) WOMO-Badeplatz: Grabuciškes

GPS: N54° 53' 33.1" E24° 08' 52.6" (kein Straßenname). **max. WOMOs:** 4.
Ausstattung/Lage: Großer asphaltierter Parkplatz am Ufer des Kaunasser Meeres, kleiner Sandstrand, Liegewiese, Feuerstelle/Picknickbank und Mülltonne/außerorts.
Zufahrt: Auf der A1 Richtung Vilnius Ausfahrt Grabuciškes rechts ab.

(022) WOMO-Stellplatz: Museum Rumšiškės

GPS: N54° 51' 58.1" E24° 12' 06.4" (L. Lekavičiaus g.). **max. WOMOs:** 4-5.
Ausstattung/Lage: Asphaltierte Parkfläche beim Museum. Mülleimer, WC im Museum. Parkgebühr (Platzwart kassiert morgens)/außerorts.
Zufahrt: Von Kaunas auf die A1/E85 Richtung Vilnius bis Ausfahrt Rumšiškės, Ausschilderung zum Museum bereits an der Autobahn.
Sonstiges: Restaurant Ilanka Kavinė Baras ca. 500 m entfernt. Dort weitere Stellplatzmöglichkeit für 1-2 WOMOs nach Einkehr und auf Anfrage beim Personal (**GPS:** N54° 51' 46.7" E24° 11' 02.8"). Nett eingerichtetes Restaurant, regionale Fisch- und Fleischgerichte.

Das Freilichtmuseum Rumšiškės

Die von Mitte April bis Ende Oktober täglich außer montags geöffnete, weitläufige Museumsanlage gibt einen Überblick über sämtliche Regionen Litauens (Aukštaitija, Žemaitija, Suvalkija und Dzūkija). Traditionelle

Bauernhäuser, ja ein ganzer Dorfplatz und eine Windmühle wurden abgetragen und auf dem 176 ha großen Areal wieder aufgebaut. Wo können Sie sonst „ganz Litauen“ in wenigen Stunden besuchen?

In den Häusern rund um den Marktplatz befinden sich allerlei Handwerksläden. Dort kann man ein nach alter Tradition hergestelltes Mitbringsel erstehen, und das wesentlich günstiger als an den belebten Strandpromenaden von Palanga oder Klaipėda. Jonas Aliulis zeigt Ihnen gerne seine Fingerfertigkeit, mit der er schöne Bernstein- oder Elfenbeinstücke (vom Mammut aus Sibirien) kunstvoll herstellt. An Wochenenden und feiertags gibt es darüber hinaus folkloristische Darbietungen. Der Größe des Museumsgeländes entsprechend bietet sich auch das Fahrrad für den Besuch an - Vermietung wird angeboten.
Info: Tel. +370/346/47237, Mail: renginiai@llbm.lt.

Auf der Autobahn passieren wir Kaunas. Im Westen der Stadt, wir sind zunächst ein Stück Richtung Marijampolė gefahren, macht uns eine dunkle, schwere Wolke auf die an der Autobahn ausgeschilderte Gedenkstätte im IX. Fort aufmerksam. Das passt gut zum düstersten Kapitel deutscher, aber auch sowjetischer Geschichte.

Die Gedenkstätte IX. Fort

In einer Kaserne der zaristischen Stadtbefestigung richteten sowohl Hitlers als auch Stalins Schergen ein Arbeits- und Konzentrationslager ein, in dem Tausende Menschen, darunter 30.000 Juden, starben.

Zunächst ein sowjetisches Gefängnis, wurde die Anlage zu Zeiten des 3. Reiches als Konzentrationslager genutzt. Wie bereits in den Jahren 1940/41 führte die Sowjetunion nach dem Krieg die menschenverachtende Tradition der Nationalsozialisten unter dem Deckmantel der Entnazifizierung ungeniert fort.
Die Gedenkstätte ist beiden Phasen gewidmet – ein Mahnmal, um uns zu zeigen, wohin dumpfe, polemisierende Parolen der politischen Extreme führen können. Wie das künftig verhindert wird, liegt an uns allen!
Die Außenanlage wird beherrscht von der dreiteiligen Skulptur auf einem Hügel. Die am Boden liegenden Monumente stellen das Leid und die unterdrückte Freiheit dar. Doch beides wird überragt von der Hoffnung der Menschen auf eine bessere Welt.

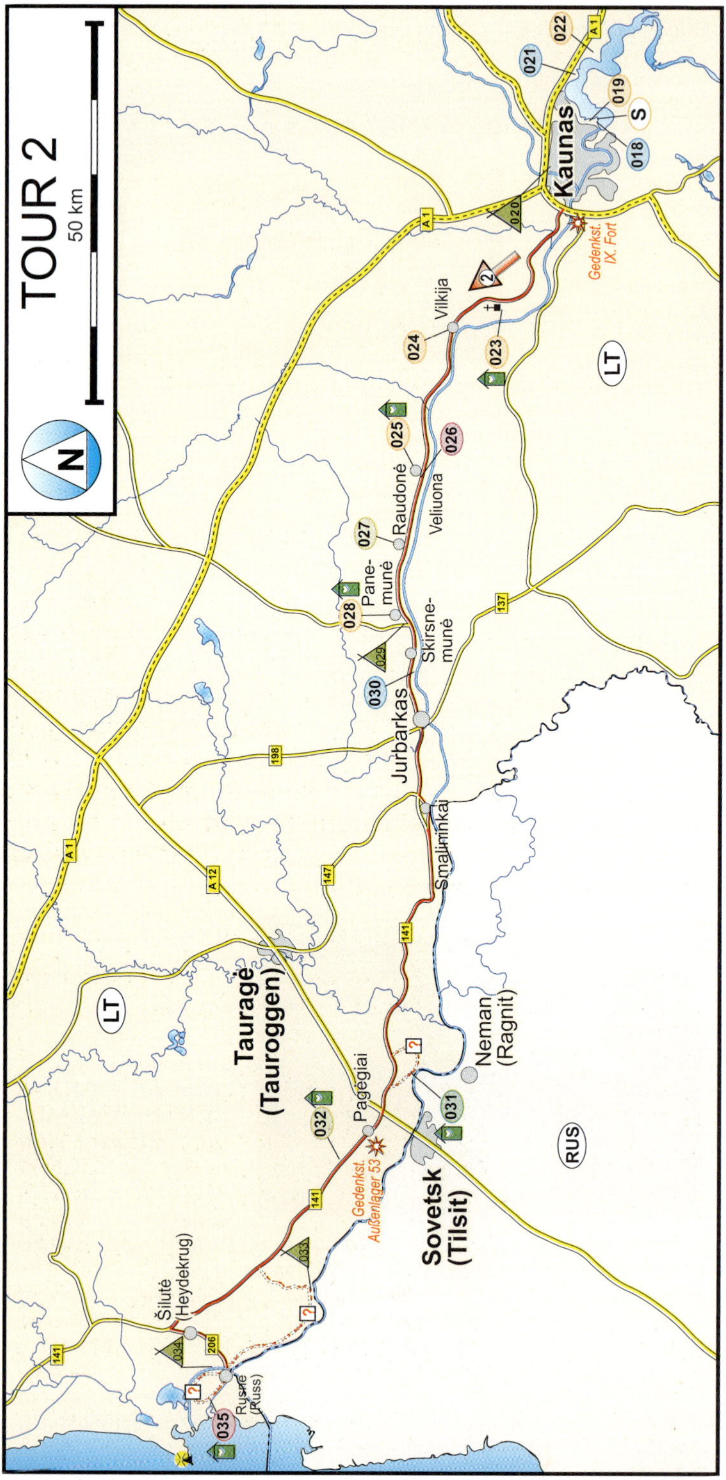
TOUR 2
50 km
N
Kaunas
S
018
019
020
021
022
A1
Gedenkst. IX. Fort
Vilkija
024
023
LT
025
026
Raudonė
Veliuona
027
Pane-munė
028
Skirsne-munė
029
030
137
Jurbarkas
198
Smalininkai
A 12
147
141
A1
Tauragė (Tauroggen)
LT
Neman (Ragnit)
Pagėgiai
031
032
RUS
Sovetsk (Tilsit)
Gedenkst. Außenlager 53
033
Šilutė (Heydekrug)
206
034
Rusnė (Russ)
035

TOUR 2 (ca. 200 km / 4-6 Tage)

Kaunas - Vilkija - Jurbarkas - Pagegiai - Rusnė

Freie Übernachtung:	Bubiai, Vilkija, Veliuona, Panemunė, Rambynas.
Campingplätze:	Medaus senis (Skirsnemunė), Pakalnė.
Ver-/Entsorgung:	Campingplatz Medaus slėnis.
Baden:	Skirsnemunė.
Besichtigen:	Raudonė, Panemunė, Smalininkai Technikmuseum, ethnografisches Museum Rusnė.
Wandern:	Rambynas.
Essen:	Senagiria.

Wir suchen nun von Kaunas kommend in Kürze das ehemals deutsche **Memelland** auf. Dazu folgen wir dem Nemunas am rechten Ufer auf der Straße 141 Richtung Jurbarkas. Das sehenswerte Schloss **Raudondvaris** lassen wir rechts liegen und folgen nach knapp 4 km dem Schild **Bubiai**. Dort findet sich eine moderne Klosteranlage. Es handelt sich um ein „offenes Kloster", in dem man sich gerne (natürlich auf Anmeldung) für eine Besinnungswoche einschreiben, aber auch einfach nach der Besichtigung der sehenswerten modernen Klosterkirche fragen kann. Gegenüber liegt ein alter Friedhof mit kleiner Holzkirche. Zu unserer Freude ist der dazwischen liegende Parkplatz ein passabler Stellplatz:

(023) WOMO-Stellplatz: Bubiai/Tolivardžiai

GPS: N54° 59' 05.2" E23° 36' 29.4" (kein Straßenname). **max. WOMOs:** 1-2.
Ausstattung/Lage: Geschotterter Parkplatz zwischen Kloster und Friedhof, Trockentoilette/außerorts.

Zufahrt: Von der Straße 141 in südlicher Richtung 2 km dem Schild „Bubiai" folgen (teils Schotterstraße).
Tipp: Ein ausgedehnter Spaziergang auf dem Schotterweg geradeaus weiter führt hinab zum Nemunas (gut 1 km). An dessen Ufer warten ein paar einsame Bauernhöfe auf wieder bessere Zeiten, nachdem Litauen in Europa „angekommen" ist.

Übrigens steht natürlich auch einem ausgedehnten Spaziergang durch den kühlen Wald oder über die Schotterstraße hinab zum Nemunas nichts im Wege. Anschließend heißt es dann auf gleichem Weg zurück zur 141 zu fahren. Wieder sind es nur 4 km zu fahren, bis das Städtchen **Vilkija** erreicht ist, wo eine Fähre über den Fluss führt. Doch nicht diese ist unser Ziel, sondern der Parkplatz mit Bilderbuchblick auf den Nemunas direkt am Fähranleger.

(024) WOMO-Stellplatz: Vilkija

GPS: N55° 02' 20.5" E23° 34' 36.3" (Vydūno alėja) **max. WOMOs:** 1-2.

Ausstattung/ Lage: Parkplatz mit Mülleimer, Sitzbänke, schöner Blick auf den Nemunas, kleine Wiese. Der Fähre wegen bedingt übernachtungstauglich/ Ortsrand.

Sonstiges: Heimatmuseum und Kavine im Ort.

Zufahrt: Von der Durchgangsstraße über ein kurzes Stück mit grobem Kopfsteinpflaster links ab.

Das 10 km flussabwärts gelegene **Schloss Belvedère** muss wohl noch etwas auf bessere Zeiten warten. Es befindet sich in einem baulich erbärmlichen Zustand.

Doch 6 km weiter westlich wartet mit **Veliuona** ein nettes Örtchen auf Sie. Das Dorf liegt auf dem sonnigen Höhenrücken

und bietet vom **Vytautas-Denkmal** einen herrlichen Blick über das Land. Mit etwas Glück treffen auch Sie auf den netten Küster der sehenswerten Kirche, der mit seinem handlichen Schlüsselbund die Tür öffnet, Sie mit auf den Turm nimmt (und natürlich für einen kleinen Obolus dankbar ist). Oben ist die Aussicht prächtig. Doch auch der Kirchenschatz ist sehenswert, ebenso wie auch das Heimatmuseum im Schloss an der Ortseinfahrt. All das liegt in Fußwegentfernung vom Stellplatz:

(025) WOMO-Stellplatz: Veliuona/Ort

GPS: N55° 04' 45.1" E23° 16' 30.2" (Draugustės gatvė). **max. WOMOs:** 1-2.
Ausstattung/Lage: Parkplatz mit Mülleimer, Trockentoilette; 200 m ins Ortszentrum mit Einkehrmöglichkeit und Aussicht auf den Nemunas/im Ort.
Zufahrt: Von der Durchgangsstraße Ausschilderung P. Zvirkos Moz. 2 (also 2 km) bergauf (Kopfsteinpflaster, Schotterstraße).
Sonstiges: Ortsmuseum, Post, Einkaufsmöglichkeit und Kavine im Ort. Ein Storchennest am Parkplatz gibt es als Unterhaltung gratis dazu.
In der Gaststätte oben im Ort erhalten wir nicht nur einen Kaffee, sondern können (mit Kanister) unser Frischwasser füllen.

Unten am Nemunas (gegenüber der Bushaltestelle ist die Einfahrt zu finden) hat man darüber hinaus einen gemütlichen Picknickplatz eingerichtet: Ein zünftiges Vesper oder sogar Grillen sind möglich oder gar eine durch die Nähe zur Straße mehr oder weniger ruhige Übernachtung:

(026) WOMO-Picknickplatz: Veliuona/Nemunas

GPS: N55° 04' 32.7" E23° 16'49.5" (unterh. der 141). **max. WOMOs:** 1-2.
Ausstattung/Lage: Badestelle am Nemunas, Picknickbank (teils überdacht), Infotafel, Mülltonne, Bootsanleger/Ortsrand.

Zufahrt: Direkt unterhalb der 141/gegenüber der Bushaltestelle am Nemunas. **Achtung** - Einfahrt an der Rampe von der Straße steil.
Sonstiges: Spaziergang hinauf nach Veliuona (Fußpfad hinter der Bushaltestelle).

Nun führt uns unsere Reise weiter westwärts nach **Raudonė**. Dort, nach 11 km, liegt - wieder auf dem Höhenrücken rechts des Nemunas - ein sehenswertes Schloss. Es beherbergt eine Schule und ist so weit ganz ordentlich renoviert, auch wenn noch viel zu tun bleibt. Auch hier genießt man vom Turm den Blick über das Nemunastal. Gegen eine geringe Gebühr kann man den Turm besteigen (bitte im Sekretariat der Schule anmelden. Fragen Sie nach Lilia Lekervitinė, die deutsch spricht). Eine Einkaufsmöglichkeit und Kavine (Café) finden Sie im Ort. Sollte gleich noch eine Übernachtung fällig sein, können Sie einen Versuch bei der WOMO-Gaststätte Kaimo Turismo Sodyba starten:

(027) WOMO-Gaststätte: Gaststätte Kaimo Turismo Sodyba

GPS: N55° 05' 55.9" E23° 07' 42.2" (Kaštonų gatvė). **max. WOMOs:** 1.
Ausstattung/Lage: Beherbergung mit Familienanschluss, parken Sie Ihr WOMO in der Einfahrt des Hauses Katonu 5. Bewirtung auf Anfrage, Tel. +370/8/676-28552)/im Ort.
Zufahrt: Raudonės pilis 0,5 km im Nemunastal rechts ab ausgeschildert. Im Ort beim grünen Haus Parko gatvė 1 etwas weiter links.

Nachdem wir uns sehr über die herzliche Gastfreundschaft gefreut haben, erwartet uns gut 9 km weiter westlich **Schloss Panemunė**. Hier ist ein Museum der Akademie für bildende Künste in Vilnius untergebracht. Da sage einer, uns würde hier keine Abwechslung geboten. Selbstredend gibt es einen Stellplatz dazu:

(028) WOMO-Stellplatz: Schloss Panemunė

GPS: N55° 05' 58.1" E22° 59' 07.5" (Pilis). **max. WOMOs:** 1-2.

Ausstattung/Lage: Mülleimer, Trockentoilette; 100 m zum Schloss, in den Ort 300 m mit Einkehr- und Einkaufsmöglichkeit/außerorts.
Zufahrt: Von der Durchgangsstraße Ausschilderung Panemunės pilis 1 km (rechts ab, bergauf. Beim Lebensmittelladen links ab).

Schloss Panemunė

Das Schloss wurde im 17. Jh. erbaut und wechselte mehrfach die Besitzer, bevor es langsam verwahrloste, weil sich kein neuer Gutsherr fand. Erst 1867 wurde mit Stanislaw Poslowski ein neuer Eigner

gefunden. 1925 jedoch wurde das Gut vom Staat enteignet und gelangte so unter die Verwaltung des Kultusministeriums, wurde teilweise restauriert und gehört nun seit 1961 zu den Kulturdenkmälern Litauens. Neben dem Besuch im Kunstmuseum der Akademie der Künste von Vilnius sollten Sie die Besteigung des Nordwestturmes einplanen. Der schönen Aussicht auf die 5 Schlossteiche und weit in die Flusslandschaft hinein wegen lohnt sich die Mühe des Treppensteigens!

Zurück in der Niederung des **Nemunas,** geht es weiter Richtung Westen. Wir passieren das **Informationszentrum** des Regionalparks Panemunė (kleines Museum) und nehmen die Abzweigung nach Raseiniai (Straße 146). Kaum beginnt die Straße etwas anzusteigen, finden diejenigen ein richtig schönes Ziel, die jetzt Bedarf an einem Campingplatz haben:

(029) WOMO-Campingplatz-Tipp: Medaus Slėnis

GPS: N55° 05'30.0" E22° 57'49.5" (unterh. der 146). **Offen:** Ganzjährig.
Ausstattung/Lage: Schönes Wiesengelände mit viel Blumen und Bäumen, Badeteich. Der Name „Honigtal" gibt über des Besitzers Haupterwerb Auskunft. Er ist Imker. Tel. +370 640 32128. Ver- und Entsorgung, Spielplatz, Stromanschluss; zum Ort: ca. 500 m/außerorts.
Zufahrt: Auf der 141 rechts ab auf die 146 Richtung Raseiniai, dann ausgeschildert.

Etwas hier zu verweilen, könnte für all diejenigen von Interesse sein, die ein Fahrrad dabei haben. Denn in der Region Jurbarkas wurde ein schöner Radwanderweg entlang dem Nemunasufer angelegt.

Auf der Weiterfahrt gelangen wir nach **Skirsnemunė**. Kurz nach der Ortsausfahrt freuen wir uns über einen herrlichen Badeplatz am Ufer des Nemunas:

(030) WOMO-Badeplatz: Skirsnemunė

GPS: N55° 05' 25.5" E22° 52' 50.8" (an der 141). **max.WOMOs:** 1-2.

Ausstattung/ Lage: Asphaltierte Parkfläche (leider manchmal etwas unordentlich), Mülleimer, kleiner Sandstrand am Nemunas. Unterhalb der nahen Häusergruppe ein weiterer, angelegter Badeplatz mit Liegewiese/außerorts.

Zufahrt: 300 m nach Ortsausfahrt links ab (Ausschilderung Picknickplatz).

Der nächste größere Ort ist die Kreisstadt **Jurbarkas**, gegründet 1259 am Zusammenfluss von Mituva, Imsrė und Nemunas. Die Stadt bietet zwei sehenswerte Kirchen: Die zweitürmige Dreifaltigkeitskirche entstand 1907. Die orthodoxe

Kirche (Bild) beherbergt das Orts- und Regionalmuseum (Zufahrt: Bei der Kreuzung am Ortsausgang rechts, nach 200 m links ab, an der Schule vorbei). Radfahrer interessiert in westlicher Richtung parallel zur Straße der Radweg entlang des Nemunas – eine von mehreren Radwegalternativen im Ort (die auch zum Wandern taugen). Der **Burghügel Piliakalnis** ist eines der Ziele der Touren. Am Zusammenfluss von Nemunas und Mituva gibt es zudem einen Badeplatz nebst Parkplatz. Doch folgen Sie uns kurz nach der Abzweigung nach Taurogė (Tauroggen), nach **Smalininkai** (Schmalleninken), dem „Östlichen Tor zum Memelland“, wie der frühere deutsche Grenzort sich einmal nannte.

Abstecher nach Smalininkai (Schmalleninken)

Am Ufer des Nemunas findet sich der älteste **Pegelmesspunkt** des Flusses (Parkplatz, ausgeschildert, benachbart Lebensmittelladen und Gaststätte). Der ehemals deutsche Grenzbahnhof der Schmalspurbahn von Tilsit her ist ebenfalls noch zu sehen.

Uns aber lockt das **Technische Museum** an. Es sucht Seinesgleichen! Man könnte es Sammelsucht eines Mannes nennen. Wir jedoch betrachten es als Leidenschaft für gute alte Technik, die es der Nachwelt zu bewahren gilt. Wir sind begeistert von den zahllosen Gegenständen, die Justinas Stonys in seinem Haus und Garten mit viel Herzblut zu einem 'wohlgeordneten Chaos' zusammengetragen hat. Vieles hat bereits lang vor dem Kriege in diesem Landstrich Dienste geleistet, vom Fotoapparat bis zu landwirtschaftlichen Maschinen. Manches trägt bekannte deutsche Namen. Aber auch Maschinen aus sowjetischen Zeiten sind zu sehen. Machen Sie sich die Mühe, das Museum zu finden (Liepų gatvė 2, Tel. +370447-56239 - ausgeschildert mit Museumssymbol) und vergessen Sie nicht, den Herrn mit einer angemessenen ‚Spende' zu bedenken.

Smalininkai verlässt man durch eine beeindruckende **Eichenallee**, bestehend aus mehr als 300 Jahre alten Bäumen, über die man zur Straße 141 zurück gelangt.

Wir bringen 42 km auf der 141 durch das Memelland bis **Lumpėnai** hinter uns. Dort geht es links Richtung **Bitėnai**. Unser nächstes Ziel ist der Aussichtspunkt **Rambynas**.

Der Opferberg Rambynas

Der Sage nach handelt es sich um einen alten Opferplatz, auf dem der Riese Rambynas einen heiligen Stein aufgestellt haben soll. Uns ist jedoch wichtig, dass es sich heute um einen sehenswerten Aussichtspunkt handelt, der durch den tollen Übernachtungsplatz noch interessanter ist.

(031) WOMO-Wanderparkplatz: Rambynas

GPS: N55° 05' 18.9" E22° 01' 29.6" (kein Straßenname) **max. WOMOs:** 1-2.
Ausstattung/Lage: Infotafel, Mülltonne und Dixi-Toilette. Picknickbank und Feuerstelle sind etwa 200 m entfernt am Waldrand mit Blick vom lichten Kiefer- und Birkenwald auf ein weitläufiges Wiesengelände und ein Gehöft/außerorts im Regionalpark.

Zufahrt: In Lumpėnai links ab Richtung Bitėnai, nach 900 m auf enger Schotterstraße in den Wald, am Friedhof und Regionalparkzentrum vorbei bis zum Picknickplatz, der nach 4,3 km erreicht ist. Kurz vor dem Parkplatz am Aussichtspunkt 150 m Fußweg rechts ab zu einem großen Picknickplatz am Waldrand, kurz danach der Parkplatz.

Wandertipp: Zum Aussichtspunkt Rambynas

Vom Parkplatz gelangt man in kurzer Zeit zum mystischen Berg Rambynas. Von dort klettert man auf einer Holztreppe hinab zum Nemunas (und später wieder kräftig schnaufend hinauf). Herrlicher Blick auf den Nemunas und in die russische Exklave **Kaliningrad** (Königsberg) im ehemaligen Ostpreussen (Bild vorige Seite unten).
Radtourentipp: Ein Rundkurs führt vom WOMO-Stellplatz entlang des Nemunasufers über Bitėnai und Šereitlaukis (Schreitlaugken), dort in nördlicher Richtung dem Jūra aufwärts folgend, bis links ein Sträßchen nach Bitėnai zurück führt. (Informationstafel am Parkplatz Rambynas).

Die kleine Straße führt vom Parkplatz geradeaus auf Schotterbelag zurück zur 141, der wir in westlicher Richtung nach **Pagėgiai** (Pogegen) folgen. Dort treffen wir mit dem **Außenlager 53 des KZ Buchenwald** erneut auf eine traurige Hinterlassenschaft des Nationalsozialismus (im Ort links ab ausgeschildert „Karo Belaisvių Stovykla Oflager 53", 3,3 km von der Durchgangsstraße). Die Ehrfurcht vor den Opfern dieser Stätte gebietet es uns, den Parkplatz nicht als Stellplatz zu nutzen. 6 km nordwestlich findet sich dann eine WOMO-Gaststätte.

(032) WOMO-Gaststätte: Senagiria

GPS: N55° 10' 30.4" E21° 49' 50.5" (an der 141). **max. WOMOs:** 1-3.
Ausstattung/Lage: Wiesen etwas abseits der Straße/außerorts.
Zufahrt: Von der 141 100 m über holprigen Schotterweg zum geschotterten, großen Parkplatz, von dort 50 m zum Restaurant zu Fuß.

Auf der Fahrt Richtung **Šilutė** (Heydekrug) bleiben wir bis 8 km nach Usėnai auf der 141. Lassen Sie sich von hier ins Mündungsdelta des Nemunas entführen und folgen dem Schild links ab Richtung **Šilininkai**.

Abstecher über Šilininkai und Insel Rusnė (Russ)

Nach 4 km gelangt man in den **Nemunas Delta Regionalpark**, wo sich eine verwunschene Flusslandschaft mit artenreicher Vogelwelt erschließt. Sie können das von einer kleinen, staubigen Schotterpiste aus und wenn Sie möchten auch mit einer Übernachtung auf einem Campingplatz genießen. In diesem Fall folgen Sie der Ausschilderung an der Straße 141 zum Campingplatz, der allerdings noch einer der „alten Art" und zumindest für größere WOMOs nur bedingt geeignet ist. Das letzte Stück der Zufahrt ist sehr eng und der eine oder andere überhängende Ast könnte an Ihrem „heilix Blechle" entglangquietschen:
WOMO-Campingplatz Šilininkai - GPS 033: N55° 12' 08.3" E21° 33' 05.0" (offen Mai-Sept., Lage unmittelbar an einem Flusslauf im Delta. Imbisshütte, einfach ausgestattet, Blockhütten, Sauna, Boot- und Fahrradverleih. Stellplätze im lichten Birken-/Kiefernwald, keine Chemietoilettenleerung! Tel. +370/8682-18065.
1 km vor dem Campingplatz können Sie wie wir dem Schild **Rusnė (Russ)** in nordwestlicher Richtung folgen. Unser WOMO wirbelt eine

dicke Staubwolke auf. Doch wir genießen die Ruhe der fast menschenleeren Landschaft, die von Wiesen, Buschland und Wäldern geprägt ist. Die zahlreichen Flussarme bieten unzähligen Wasservögeln geeignete Brut- und Rastplätze. Für naturverbundene Gäste ist es das sicherlich wert, über Schotter zu holpern und sich das WOMO einzustauben.
Eine gute Alternative wäre übrigens eine Rad-, Wander- oder Paddeltour. Doch Vorsicht – Sie befinden sich nahe an der (streng bewachten) russischen Grenze! Infos bzw. eine gute Wegekarte sollten Sie beim Campingplatz oder Tourist Informationen einholen.

Wenn Sie sich die stellenweise waschbrettartige Schotterpiste durchs Mündungsgebiet eher sparen möchten, bleiben Sie bis **Šilutė** (Heydekrug) einfach auf der 141 und machen den (lohnenswerten!) Ausflug nach **Rusnė** von dort aus. In Silutė **ist Rusnė** dann ausgeschildert (über die auffällige Stahlbrücke).

Rusnė ist Litauens einzige größere Insel. Sie liegt im Mündungsgebiet des Nemunas, der sich weit verzweigt ins Kurische Haff ergießt. Bereits vor der Brücke über den Flussarm Atmath findet sich am Nemunas nach 1,8 km holpriger Schotterzufahrt der **Campingplatz Žvejų̧sodyba** (**GPS 034:** N55°19'07.5" E21°23'17.6") mit Teich, Basketballfeld, Schaukel, Mülleimer, Picknickbank (Tel.: +370 686 86 599 Tel: 698 7 888 7).

Ist man über die Brücke hinweggefahren, befindet man sich also auf der größten Insel Litauens. An erster Stelle der Sehenswürdigkeiten in Rusnė steht die unvergleichliche Natur. 169 Vogelarten wurden gezählt. Hauptsaison für die Beobachtung ist neben der Brutzeit die Zeit des Vogelzugs im Frühling und Herbst, wenn abertausende Zugvögel hier rasten.

Doch auch der Ort ist interessant, besonders die Kirche (seit 1994 wieder als solche genutzt, zu Sowjetzeiten Turnhalle und Heizungshaus!) mit dem Friedhof und idyllischen Holzhäusern rundherum. Dort finden sich noch Spuren deutscher Vergangenheit, welche die Sowjetzeiten überstanden haben. Der Ortsteil Skirvytė mit alten Fischerkaten ist auf alle Fälle auch einen Besuch wert. Eines der ältesten Gebäude beherbergt das **ethnografische Bauernhofmuseum**,

das sich mit der wechselvollen Geschichte des Ortes befasst und gern von ehemaligen Bewohnern der Region aus Deutschland besucht wird, wie wir den zahllosen Visitenkarten entnehmen. Lassen Sie sich das im Ort gut ausgeschilderte Museum nicht entgehen.

Vom Ortseingang starten wir eine Inselrundfahrt von 17 km, gelangen Richtung Nordwesten in den Weiler **Pakalnė (Pokallna)** und dort nach 2 km zum Naturparkzentrum, wo ein kleiner Zeltplatz eingerichtet ist.

(035) WOMO-Picknickplatz: Pakalnė

GPS: N55° 18' 58.1" E21° 18' 34.3" (Pakalnė) **Öffnungszeiten:** Mai-Sept. **Ausstattung/Lage:** ToiToi-WC, Lage in wunderschöner Naturlandschaft. Feuerstelle und Picknickbänke für jeden Stellplatz. Bei einem Gehöft/Naturpark Informationszentrum im Backsteingebäude (Rückseite) Gebühr. Wenn nicht besetzt, in der Wohnung klingeln/außerorts.

Zufahrt: Am Fischerhafen vorbei auf dem Deich nach ca. 150 m.
Besonderheit: Vogelbeobachtung, Wandern. Fahrradtouren um die Insel.

Die Rückfahrt verläuft am Nordufer der Insel **Rusnė** über **Uostadvaris** (teils Schotterbelag) zurück zur Eisenbrücke, wo wir uns Richtung **Šilutė (Heydekrug)** halten und uns dem Kurischen Haff bzw. der Nehrung widmen.

TOUR 3 (ca. 275 km / 2-5 Tage)

Šilutė - Ventė - Klaipėda - Kurische Nehrung (Smyltinė - Juodkrantė - Nida) - Palanga

Freie Übernachtung:	Ventė, Smyltinė, Melnragė, Palanga.
Campingplätze:	Ventė, Nida, Klaipėda, Žiogelis/Karklė, Palanga.
Ver-/Entsorgung:	Campingplatz Ventė, Nida und Klaipėda.
Baden:	Smiltynės Miškas, Kurische Nehrung, Klaipėda/Melnragė, Palanga.
Besichtigen:	Vogelbeobachtung Ventė, Klaipėda, Nida/Th.-Mann-Museum, Palanga/Bernsteinmuseum.
Wandern:	Žalgiriai Wald, Aukštumala Moor, Kur. Nehrung.
Essen:	Ventė, Juodrantė, Nida.

Achten Sie an der gut ausgebauten, asphaltierten Strecke von Rusnė nach Šilutė auf die Ausschilderung zu einem Wanderparkplatz (rechts).

Wandertipp: In den Žalgiriai Wald

Der Wanderpfad führt durch Wald- und Moorgebiet, durch eine urtümliche Pflanzen- und Tierwelt (u. a. Seeadler, Uhu). Länge des Weges auf Holzplanken: 1,8 km = 30 Min. Gehzeit mit Informationstafeln (ein Weg). Angesichts der reichen Tier- und Pflanzenwelt sollten Sie auf alle Fälle genug Zeit zum Genießen der Natur, vielleicht einen Feldstecher und natürlich die Fotoausrüstung greifbar haben.
Allerdings fehlt es leider an einem ordentlichen Parkplatz und der Einstieg in den Wanderpfad ist schlecht zu finden (nach einem kurzen Stück auf dem Fahrweg rechts ab). So müssen Sie entweder ein Stück zu Fuß gehen und den Wagen etwas abseits am Straßenrand parken. Oder - auch hier wieder von Vorteil - Sie haben ein Fahrrad dabei, um den Weg schneller hinter sich zu bringen. Die Wanderung selbst allerdings empfiehlt sich nur zu Fuß. Auf Holzbohlen macht sich ein Fahrrad nicht gerade gut.

Šilutė (Heydekrug) ist nicht (mehr) sonderlich sehenswert. Krieg und Sowjetzeit haben ihre Spuren hinterlassen. An einem Gebäude im Zentrum stellen wir fest, dass es Zeit war für die Wende: Der Putz bröckelte, darunter zeigte sich der Schriftzug „Klaipėda/Memel - Silutė/Heydekrug" – Erinnerung an die deutsche Vergangenheit (Bild). Diese Vergangenheit wird jetzt nicht mehr übertüncht, sondern die Schriftzüge restauriert - zu Sowjetzeiten kaum denkbar! Doch wenden wir uns der Natur zu.

Informieren Sie sich in der Tourist-Information über den Verleih von Paddelbooten. Der Fluss Minija bietet sich für eine gemütliche Tour an. Oder haben Sie ein eigenes Boot? Natürlich empfehlen wir auch Fahrrad- und Wandertouren. Hier sind einige Routen ausgeschildert. Der Prospekt „Radroute Nemunas im Bezirk Šilutė" ist bei der Tourist-Information erhältlich.

Wir halten uns in Šilutė vor der gelben Brücke auf der 141 Richtung Klaipėda, steuern unser WOMO aber bald links ab auf Schotter Richtung **Kintai**. Von dort folgt ein Abstecher auf die Halbinsel von **Ventė** (Windenburg) mit seinem Leuchtturm und der Vogelwarte. Zuvor können Sie eine Wanderung ins Moorgebiet Aukštumala einlegen:

WOMO-Wandertipp: Aukštumala Moorgebiet

Nordöstlich der Lagune Krokų Lanka startet ein 1,7 km langer Holzbohlenweg durchs Moorgebiet zu einem Vogelbeobachtungsturm, der eine tolle Aussicht übers Moorgebiet ermöglicht (Bild).
Einen Parkplatz gibt es wiederum nicht - wir parken das WOMO an einer Feldwegeinfahrt neben der Schotterpiste - tun sie das auch - aber so, dass der Bauer noch ungehindert aufs Feld fahren kann. Das mit Seen, Tümpeln und Wassergräben durchsetzte Moor bietet eine Vielfalt seltener Pflanzen- und Tierarten (Schlangen, Biber, Vögel usw.), worüber uns am Wegrand immer wieder Informationstafeln Auskunft geben. Der Schlangen wegen empfehlen wir Ihnen feste, hohe Schuhe!

Unser nächstes Ziel mit Naturbezug ist die Vogelwarte Ventė. Der Weg führt über die **Minija**. Etwas südlich von Kintai wechselt die Fahrtrichtung nach Süden. Suchen Sie ein gutes Restaurant, dann folgen Sie dem Schild nach **Minija** (beim Restaurant wird gerne auf Nachfrage auch die Übernachtung im WOMO erlaubt). Wir halten uns zunächst Richtung **Ventė**. Kurz nach der Abzweigung können Sie einen guten Campingplatz nutzen, in dessen Nachbarschaft sich übrigens ein weiteres gutes Restaurant befindet.

(036) WOMO-Campingplatz-Tipp: Ventainė

GPS: N55° 31' 21.2" E21° 12' 18.2". **Öffnungszeiten:** Ganzjährig.
Ausstattung/Lage: Wiesengelände mit eigenem Strand/Bootsanleger, gute Sanitärausstattung, V/E-Möglichkeit, Strom/Wasseranschluss, Sauna, Hundeverbot. Auf dem Campingplatz ebenfalls ein gutes Restaurant (Spezialität: Fischgerichte!).Tel. +370/441/68525, www.ventaine.lt
Zufahrt: Von Šilutė zunächst Richtung Kintai, dann nach Ventė halten.
Ausflugstipp: Neben der nachfolgend beschriebenen Wanderung bietet sich auf Anfrage auch die Gelegenheit, eine Bootstour hinüber nach Nida zu machen. Abfahrt ist morgens, und am Abend gondelt man gemütlich zurück übers Haff. Die Campingrezeption gibt Auskunft über Abfahrtszeiten und Preise. Dies ist zwar auch nicht billig - aber angesichts des Fährpreises, des Eintritts in den Naturpark und der Campinggebühr in Nida eine gute Alternative.

WOMO-Wander- oder Radtourentipp

Auf einer kleinen Tour entlang der Uferlinie des Kurischen Haffs zum Leuchtturm genießt man die würzige Seeluft, den Anblick schmucker Bauernhäuser, das Kreischen der Seevögel und die frische Brise, die um die Nase pfeift. Jenseits des Haffs zeigen sich deutlich die weißen Dünen um **Nida (Nidden)** - siehe Bild nächste Seite.
Nach gut 30 Minuten Gehzeit steht man vor dem alten Leuchtturm und kann das kleine Naturmuseum besuchen, um sich über die vielfältige Flora und Fauna zu informieren.
Während des Vogelzugs bitte die Tiere nicht unnötig bei ihrer Rast stören! Fahrradfreunde können die Küste entlang auf gut markierten, oft von der Straße getrennten Radwegen radeln.

Nimmt man den Weg mit dem WOMO auf sich, findet sich kurz vor dem Fahrverbotsschild nahe der Vogelstation und dem Leuchtturm links ein großer asphaltierter Parkplatz. Im kleinen Kiosk/Café gibt es leckeren Räucherfisch zu kaufen (Schild: Zuvis). Gönnen Sie sich diesen preisgünstigen Genuss.

Und wenn Sie diesen Platz einer Nacht auf dem Campingplatz vorziehen, sind Sie auf Anfrage ebenfalls willkommen und können es mit einem gepflegten Viertele oder Bierchen am Abend auf der Sitzgruppe beim Laden gemütlich machen.

(037) WOMO-Stellplatz: Ventė

GPS: N 55° 20' 42.4" E21° 11' 38.6" (kein Name) **max. WOMOs:** 2-3.
Ausstattung/Lage: Gepflasterter Parkplatz mit Kiosk (sehr guter Räucherfisch!) und Ausschank/kleine Gerichte. Dixi-Toilette, Aussichtsturm auf anderer Straßenseite mit Blick auf Kurische Nehrung und hinüber auf die Dünen von Nida (siehe Foto unten).
Zufahrt: Am Campingplatz vorbei Richtung Leuchtturm (südliche Richtung) bis zum Fahrverbot fahren - dort links der Parkplatz.

In nördlicher Richtung fahren wir durch **Kintai**, passieren **Priekulė** und den **Klaipėda-Kanal** (ehemals Kaiser-Wilhelm-Kanal) und finden uns bald in **Klaipėda (Memel)** wieder. Das Randgebiet sieht aus, wie Industrie- und Hafenstädte halt so aussehen. Schließlich sind wir an Litauens größtem Überseehafen. Doch aller Zerstörung im 2. Weltkrieg zum Trotz ist hier seit der Wende eine nette Altstadt entstanden.

Vielleicht sind Sie auch mit der Fähre nach Litauen gereist und steigen jetzt mit uns von **Klaipėda** aus in die weiteren Touren ein. In diesem Fall haben Sie zur Altstadt ein Stück zu fahren. Das **Überseefährterminal** liegt nämlich weit außerhalb, ein gutes Stück südlich (**GPS:** N55° 39' 03.9" E21° 008' 58.4"). Biegen Sie nicht gleich links ab, sondern fahren geradeaus zum parallel Richtung Innenstadt verlaufenden **Taikos Prospektas**. Dort können Sie gleich Ihren ersten Großeinkauf in der Shopping Mall „Akropolis" machen (riesiger Parkplatz!) - und gleich mal über die Größe und Vielfalt der Geschäfte staunen.

Nun steht für uns die Besichtigung der mit frischen Farben herausgeputzten Stadt auf dem Programm. Wenn Sie das Gefühl haben, Ihr WOMO stehe während der Abwesenheit besser auf einem bewachten, allerdings ziemlich engen Parkplatz, finden Sie diesen nahe der alten Personenfähre übers Haff nach **Smyltinė** (**GPS:** N55° 42' 26.9" E21° 07' 44.6", Žvejų gatvė). Sie können nach Rücksprache mit dem Parkwächter auch übernachten. Unser Geschmack ist das des Umfeldes wegen aber nicht. Doch für die Besichtigung der Stadt empfiehlt sich die Investition von ein paar Litas auf alle Fälle.

Rundgang durch Klaipėda (Memel)

Zunächst entdecken Sie den großen Brunnen vor dem Hotel Europa Royale, wo Sie nach rechts gehen und nach wenigen Metern die bekannteste Dame der Stadt kennen lernen: Simon Dach´s Herzensdame Ännchen von Tharau steht mit geneigtem Haupt auf dem Brunnensockel vor dem Theater. Auf dem Vorplatz finden auch Sie Ihr Bernsteinsouvenir. Der Restaurantbesuch kann vielleicht noch etwas warten, obwohl das Angebot hier ansprechend ist.

Die Tourist-Information befindet sich in der wenige Schritte entfernten Turgaus gatvė 7, also mitten in der überschaubaren Altstadt. Es ist erstaunlich, wie nach den zerstörerischen Zeiten des Krieges, aber auch der Sowjetzeit, die ehemalige Grenzstadt Memel einen neuen alten Charme entwickeln konnte. Es finden sich fachwerkverzierte Speicherhäuser, dann wieder prunkvollere Häuser aus der Jugendstilzeit. Die Windjammer Meridianas liegt in der Danė. Das in Finnland gebaute Schiff dient heute als (übrigens gutes) Restaurant. Für Ihren Einkauf, seien es Lebensmittel oder Souvenirs (Bernstein), ist in Klaipėda ohnehin gesorgt (siehe Hinweis oben).

Klaipėda blickt auf eine wechselvolle Geschichte zurück. Die Stadt geht auf die alte „Memelburg“ des Deutschordens aus dem 13. Jh. zurück,

Die Meridianas - nur eines der empfehlenswerten Restaurants.

die an diesem strategisch günstigen Ort erbaut worden war. Im Lauf der Jahrhunderte „bediente" sich jeder, der meinte, gute Truppen zu haben, der Stadt und des Memelgebietes. So war die Gegend mal russisch, mal schwedisch, polnisch, lange Zeit auch deutsch und übrigens nach Napoleons kurzer französischer Besetzung auch mal ein Jahr lang preußische Hauptstadt.
Heute aber ist hier der wichtige litauische Handelshafen auch Anlaufstelle für die Fähren unter anderem aus Deutschland und ist nicht nur deshalb auch aus touristischen Aspekten von Bedeutung.
An Museen bietet Klaipėda unter anderem das Burgmuseum in der Burgstraße (Pilies g. gleich beim alten Fähranleger), das Schmiedemuseum am alten Markt, das einzige Uhrenmuseum im Baltikum und das Litauische Kunstmuseum (beide in der Liepų gatvė nördlich der Danė). Wer es lieber naturverbunden mag, besucht den botanischen Garten (Kretingos gatvė).
Tipp für Radfahrfans: Holen Sie sich in der Tourist Information die Radtourenkarte im Maßstab 1:25.000. Sie zeigt vielfältige Touren auf, teils in der Stadt, teils an den Stränden und durch die Wälder nördlich oder auf der Kurischen Nehrung.

Nun sind wir von **Klaipėda** aus natürlich auch gleich auf dem Sprung hinüber auf die **Kurische Nehrung**.

Hinweise für Ihren Ausflug auf die Kurische Nehrung

Wenn Sie sich mit einem Kurzbesuch auf der Nehrung begnügen, bietet sich von Klaipėda die preisgünstige alte Personenfähre an. Der Wagen (zumindest kleinere WOMOs < 6 m Länge) bleibt auf dem Festland auf dem schon erwähnten bewachten oder einem anderen geeigneten Parkplatz.

Fahrt mit dem WOMO übers Kurische Haff

Das Boot bringt Sie von der Altstadt für ein paar Litas schnell auf die Nehrung hinüber. Vergessen Sie aber keinesfalls Ihre Badesachen.
Wenn Sie gern mal in die Pedale treten, dann sollten Sie auch Fahrräder mitnehmen. Denn

auch damit lässt sich die Nehrung bestens und gemütlich „erfahren“. Ist dagegen Ihr WOMO das Verkehrsmittel Ihrer Wahl für die Tour auf die Kurische Nehrung, dann fahren Sie mit uns zum Fährterminal übers Kurische Haff (GPS: N55° 41' 16.6" E21° 08' 24.1"/Varnenu gatvė). Doch halten Sie den Geldbeutel bereit - die Überfahrt ist zwar kurz, aber nicht ganz billig. Dafür bringen die Schiffe ihre Fahrgäste den ganzen Tag über in kurzer Taktfrequenz ans Ziel (und später natürlich auch wieder zurück). Mit dem Fährpreis haben Sie übrigens auch gleich die Hin- und Rückfahrt zusammen bezahlt. Insofern lohnt sich das also schon. Doch planen Sie auch gleich mit ein, dass der „Eintrittspreis“ für den Nationalpark mit noch einmal knapp EUR 20,00 zu Buche schlägt. Der Campingplatz in Nida ist zwar ein moderner Vertreter seiner Art, aber nicht eben billig. Reservieren Sie also aus Ihrem Urlaubsetat für zwei Tage also schon dafür gut EUR 100,00 - ein für litauische Verhältnisse recht hoher Betrag. Aber das ist einfach der hohen Nachfrage sowie den fehlenden Stellplatzalternativen geschuldet. Darüber hinaus wissen wir, dass gerade die Nehrung eines der wichtigsten Ausflugsziele Litauens ist, mit großer Wahrscheinlichkeit auch für Sie.

Prüfen Sie also genau, ob eine Bootstour von Ventė aus (siehe Campingplatztipp dort) nicht eine gute Alternative wäre.

Ob Sie nun mit oder ohne WOMO übergesetzt sind - wir haben das Ganze natürlich mit dem WOMO für Sie erkundet und beginnen unsere Fahrt über die beeindruckende Kurische Nehrung an deren Nordpitze in **Smiltynė.** Vom Fähranleger führt eine Zufahrt zur Verbindungsstraße, welche die gesamte Dünenlandschaft bis hinab an die russische Grenze verbindet. Hier sind wir zunächst rechts abgebogen und kurven bis zum großen Parkplatz beim **Litauische Meeresmuseum** und **Delphinarium**. Sofern die Zeit gerade passt, können Sie auf dem dortigen übernachtungstauglichen Parkplatz auch etwas länger bleiben. Sind Sie mit der „kleinen Fähre“ übergesetzt, können Sie entweder gemütlich entlang der Promenade zum Ziel gelangen oder sich mit einer der Pferdekutschen vorbei an den ausgestellten alten Fischerbooten zum Ziel bringen lassen.

(038) WOMO-Stellplatz: Smiltynė - Meeresmuseum

GPS: N55° 43' 02.3" E21° 06' 05.3"; Smiltynės gatvė.
max. WOMOs: 2-3.
Ausstattung/Lage: Asphaltierter Parkplatz direkt vor den Toren des Meeresmuseums und des Delfinariums, deren Besuch jeweils ein guter Tipp besonders beim Besuch mit Kindern ist.
Zufahrt: Vom Fähranleger auf der Stichstraße bis zur Einmündung in die Smiltynės gatvė, dann rechts ab bis ganz ans Ende fahren.

Ein Besuch beider Attraktionen lohnt sich, wobei wir allerdings dem in der Festung untergebrachten Meeresmuseum Priorität geben. Bei gutem Wetter sollten Sie unbedingt zügig die Ostseeseite aufsuchen. Genießen Sie dort den schier endlosen, weißen Traumstrand und schauen den Ozeanriesen beim Ein- und Auslaufen zu.

Folgen Sie uns also zurück bis zur Einmündung der Stichstraße vom Fähranleger her und biegen dort rechts ab. Die Zufahrt endet auf einem geräumigen Parkplatz direkt hinter den Sanddünen. Hat man diese überquert, verliert sich das Blau des Meeres in der Ferne und bietet einen herrlichen Kontrast zum blendend weißen, endlosen Sandstrand. Das nennen wir einen Traumstrand! Für einen schönen Strandtag, vielleicht aber auch für eine Nacht im Schutz der Dünen dient der folgende Badeplatz:

(039) WOMO-Badeplatz: Smiltynės Miškas

GPS: N55° 40' 38.8" E21° 06' 16.0" (Smiltynės gatvė). **max. WOMOs:** 2-3.

Ausstattung/Lage: Sandstrand, WC am Parkplatz, in der Hauptsaison Souvenirverkauf und Imbiss; außerorts. Männer-/Frauen und FKK-Bereich.

Zufahrt: Vom Fähranleger Richtung Nida halten, an der abknickenden Vorfahrt geradeaus auf den Parkplatz fahren; von Smyltine kommend entsprechend an der Zufahrt zur Fähre rechts ab.

Die Dünen **Hageno kalnas** (36 m hoch, etwas südlich des Anlegers der neuen Fähre) und **Neringos kalnas** (31 m hoch, noch etwas weiter südlich an der Nationalparkgrenze auf einem guten Weg zu erreichen) sind der Aussicht wegen ein willkommenes Wander- oder Radtourziel.

Die Straße nach Nida führt zunächst durch leider niedergebrannte Kieferwälder, wobei die Brandspuren gottlob nach und nach einem sanften Grün weichen. Es folgt die Mautstelle für den Nationalpark, wo ca. EUR 20,00 zu entrichten sind, bevor sich der Schlagbaum öffnet.

Das Fischerdorf **Juodkrantė (Schwarzort)** hat einen liebenswerten Charme über die Zeit gerettet. Nehmen Sie sich etwas Zeit für einen Aufenthalt. Uns gefällt der Ort fast besser als das südlicher gelegene, weitaus bekanntere Nida (Nidden). Die hölzernen Fischerkaten, die Backsteinkirche, die gepflegten Restaurants und nicht zuletzt der sehr gute Fisch, der für vergleichsweise wenige Litas auf unseren Teller wandert (oder geräuchert in die Tüte), haben es uns einfach angetan. All das und die weitläufige Strandpromenade lassen schnell Urlaubsgefühle aufkeimen, während das WOMO auf

dem großen Parkplatz an der südlichen Ortsausfahrt mit Blick auf ein Segelschiff (Restaurants!) wartet (GPS: N 55° 32' 01.0" E 21° 07' 03.3").

Die Orte **Pervalka** und **Preila** liegen etwas abseits auf der windgeschützten Haffseite hinter dem Elchwald (hier sollen zahlreiche Tiere leben, die wir aber nicht zu Gesicht bekamen). Ein Besuch lohnt sich, allein der Atmosphäre wegen, doch sind beide Orte für einen Aufenthalt mit dem WOMO eher nicht geeignet. Nach gut 45 km ist **Nida (Nidden)** erreicht, wo Sie ein komfortabler Campingplatz mit westlichem Standard erwartet.

(040) WOMO-Campingplatz-Tipp: Nida (Nidden)

GPS: N55° 17' 55.4" E20° 58' 58.8" (Kopų gatvė). **Öffnungszeiten:** Mai-Sept.

Ausstattung/Lage: Moderner Campingplatz, Restaurant, WOMO-Ent- und versorgung. Hunde erlaubt (Leinenpflicht)/außerorts.
In der Hauptsaison häufig sehr stark frequentiert. Deshalb entweder rechtzeitig reservieren. Doch können Sie nicht immer gewiss sein, einen schönen Stellplatz zu ergattern. **In diesem Fall**, so deutete man uns in der Tourist Information an, wird eine Übernachtung im WOMO ausnahmsweise auch einmal an einem der örtlichen Strandparkplätze (P1) geduldet. Aber bitte - beschränken Sie sich auf eine Nacht und vermeiden „Campingverhalten" - das gehört wie immer auf den Campingplatz.
Zufahrt: An der zweiten Ortszufahrt nach rechts ausgeschildert.

Auch Nida ist mit seinen hölzernen Fischerhäusern mit den typischen blauen Randbalken und Fenstereinfassungen alleine schon eine Reise wert. Nicht umsonst hat **Thomas Mann** seine Sommerfrische hier gesucht. Wo er Muße und Erholung suchte, ist heute ein sehenswertes **Museum** eingerichtet worden (Bild unten), das mit einem bunten kulturellen Programm aufwartet,

das Lesungen aus seinen Werken, Kunstwerke verschiedener Stilrichtungen und thematische Ausstellungen beinhaltet. (Infos im Internet: www.mann.lt - Tel. +370/469 552260).

Wenn Sie nach dem Museumsbesuch über die ausgedehnte Strandpromenade zurück in den Ort spazieren, achten Sie nicht nur auf die gemütlichen Häuser und das pulsierende Ferientreiben, sondern genießen auch einen Blick auf das Haff. Früher fuhren die Fischer mit den typischen Kurenkähnen hinaus, die mit Kurenwimpeln Auskunft über den Besitzer und seine Familie gaben. Heute sieht man die hölzernen Zeichen eher an Land und an der Promenade, wo der gemütliche Herr die Besucher mit seiner Musik zu unterhalten scheint.

Ein unbedingtes Muss in Nida ist zweifelsohne die **Parnidžoi Düne**. Sie ist vom Campingplatz oder vom Ort her in 30 bis 45 Minuten Gehzeit auf bequemen Pfaden zu erreichen. Ein Mountainbike ist auch hier eine gute Alternative. Die Aussichtsplattform bietet einen überwältigenden Blick auf die Dünen und Wälder der Nehrung, auf das Haff, im Westen auf die Ostsee und nach Süden hin über die stark bewachte russische Grenze in den zum Bezirk Kaliningrad (Königsberg) gehörenden Südteil der Nehrung.

Tipp für Radfahrfreunde

Den Fahrradfreunden unter Ihnen sei gesagt, dass man auf der Kurischen Nehrung besonders an Sie gedacht hat: Vom Parkplatz am Maritimen Museum in Smyltinė bis hinab nach Nida verläuft - fast durchweg abseits der Autostraße - ein gut ausgebauter Fahrradweg. Haben Sie Ihren Drahtesel dabei, haben Sie vielleicht das beste Verkehrsmittel, um die einzigartige Ruhe und Natur der Kurischen Nehrung zu erleben. Eine informative Radwegkarte halten die Tourist Informationsbüros in allen beschriebenen Orten für Sie bereit.

Südlich von Nida dürfte für die allermeisten von uns Endstation sein (zumindest solange Russland das Reisen nach Königsberg und ins ehemalige Ostpreußen mit restriktiven Einreisebestimmungen erschwert). So bleibt für die Rückfahrt nur der bekannte Weg bis **Klaipėda**. Wer aufmerksam bis Nida gefahren ist, hat immer wieder Parkplätze registriert (teils gebührenpflichtig). Von ihnen gelangt man auf die Ostseeseite und genießt dort den 50 km fast durchgehenden Sandstrand…

Sollte der Wettergott Ihnen mal nicht so gewogen sein, trösten Sie sich mit einem Fischmenü in einem Restaurant, suchen das Bernstein- oder Geschichtsmuseum in Nida auf, das Fischermuseum oder, wie schon erwähnt, das Thomas-Mann-Haus. Langeweile jedenfalls sollte nicht aufkommen. Wenn doch, sind Sie in einer knappen Stunde wieder in Smyltinė auf der Fähre und setzen übers Haff wieder über nach **Klaipėda**.

Da wir die Stadt schon besucht haben, fahren wir nach Norden aus Klaipėda heraus. Man passiert einen deutschen Soldatenfriedhof und biegt dort links ab. Schon nach 800 m geht es wieder rechts ab zum auch bei den Einheimischen sehr beliebten und gut besuchten Badestrand **Klaipėda/Melnragė**.

(041) WOMO-Badeplatz: Klaipėda/Melnragė

GPS: N55° 45' 43.1" E21° 05' 07.4" (Pamario gatvė). **max. WOMOs:** 4-5.

Ausstattung/Lage: Sandstrand, Tisch & Bank, Imbissbuden, am Strand Hundeverbot, kein Zelten und kein Feuer machen. Hinter dem vorderen, großen Parkplatz liegt ein hufeisenförmiger Parkstreifen, der etwas ruhiger ist. Parkgebühr/Ortsrand.

Zufahrt: In der Stadt Richtung Palanga fahren, am Soldatenfriedhof links und 800 m später rechts ab auf die Pamario gatvė – mehrere Parkplätze ausgeschildert. (Es folgen weitere, teils mit Picknickstellen versehene Parkplätze mit Strandzugang).

Wer eher einen Campingplatz sucht, wird in Giruliai, etwas weiter nördlich, fündig. Dort hat man 2009 den früheren Zeltplatz frisch angelegt. So kann jetzt auch **Klaipėda** mit einem angemessenen Angebot diesbezüglich dienen:

(042) WOMO-Campingplatz-Tipp: Pajūrio kempingas

GPS: N 55° 45' 57.6" E 21° 05' 33.3" (Šlaito gatvė)
offen: Ganzjährig.
Ausstattung/Lage: Schöne Lage im lichten Kiefernwald auf der Düne. V/E-Station, Wasser- und Stromanschluss an jedem der 15 WOMO-Stellplätze, Sauna, Internetzugang. Leider etwas unruhig durch die nahe Bahnlinie, auf der dann und wann auch Güterzüge durchrattern. 8 km ins Zentrum von Klaipėda.
Zufahrt: An der Straße nahe den Badeplätzen ausgeschildert.

Weiter Richtung Palanga folgen weitere Alternativen. Dort kann man als Tagesgast auch die Parkgelegenheit außerhalb der Campinganlagen nutzen oder sich länger einnisten:

(043) WOMO-Campingplatz: Žiogelis/Karklė

GPS: N55° 48' 27.5" E21° 04' 18.5" (Karklė) **Öffnungszeiten:** Mai-August.
Ausstattung/Lage: Einfacher aber preisgünstiger Campingplatz mit Picknickbänken, teilweise überdacht, in Strandnähe, dort wie so oft herrlicher Sandstrand, Gaststätte/außerorts.
Zufahrt: Von Klaipėda her bereits ausgeschildert, 900 m nach Ortsschild Karklė.

(044) WOMO-Campingplatz: Turistinė Nemirseta Stovyklavietė

GPS: N55° 52' 43.7" E21° 03' 49.4" (Klaipėdos plentas).
Öffnungszeiten: Mai-Aug. **Ausstattung/Lage:** Einfacher, aber preisgünstiger Campingplatz auf großer Wiese mit Picknickbänken, Strandnähe (200 m). Ver-/Entsorgung, Stromanschluss/außerorts.
Zufahrt: Von Klaipėda über Karklė auf die 4-spurige Straße Richtung Palanga, Richtung Nemirseta halten und der Ausschilderung folgen.

Wenig später befinden wir uns in **Palanga**, wo uns ein bewachter Parkplatz (kurz nach Ortseingang in der Vytauto gatvė mit Strandzugang ausgeschildert, Übernachtung möglich) erwartet. Palanga war schon zur Zarenzeit und unter sowjetischer Flagge ein beliebter, in der Hauptsaison aber überlaufener Sommerbadeort. Ohne Zweifel hat das Seebad seinen Charme. Nutzen Sie die ausgeschilderten Parkmöglichkeiten (wir parken beim Busbahnhof/mit Gebühr und bewacht), um sich ausreichend Zeit für die unvergesslichen Höhepunkte zu nehmen.

Palanga – Sommerfrische an der Ostsee

Allem voran ist zu erwähnen, dass hier mitunter das größte Angebot an Souvenirs aus vorgeschichtlich altem Harz zu erstehen ist: An zahllosen Ständen im Schatten der sehenswerten Maria-Himmelfahrt-Kirche wird Schmuck aus Bernstein feilgeboten. Wobei wir uns angesichts großer Preisunterschiede der Seriosität nicht immer ganz sicher sind. Doch das gehört vermutlich in solchen Touristenorten dazu. Und natürlich machten endlose, strahlend weiße Sandstrände die Stadt berühmt. Von der Stadt (an der genannten Kirche) spazieren Sie in südlicher Richtung am Sliupas-Museum vorbei und durch den herrlichen, weitläufigen botanischen Garten bis zum Bernsteinmuseum. Der Park geht auf das 19. Jh. zurück und wurde vom Franzosen Edouard François André angelegt, dem man eine Gedenktafel gewidmet hat.

Vor dem Bernsteinmuseum im Schloss der Grafen Tiskiewicz steht die Kopie der von den Sowjets zerstörten Christusskulptur (siehe Bild). Gönnen Sie sich den Besuch des Museums, denn hier gibt es Interessantes über den Bernstein und was man daraus machen kann, zu entdecken (www. pgm.lt, Mo. geschl.).

Vom Schloss oder dem botanischen Garten gelangen Sie Richtung Strand und können auch dort zur Stadt zurück schlendern, um das vom Frühjahr bis weit in den Herbst hinein pulsierende Urlaubsleben bei einem gemütlichen Kaffee oder der Einkehr in einem der zahlreichen Restaurants zu genießen. Vergessen Sie dabei nicht die Promenade hinaus zur weit ins Meer hinausragenden Landungsbrücke.

Für die Nacht haben wir uns einen etwas ruhigeren Stellplatz vorgestellt. Sie vielleicht auch! Folgen Sie uns auf der Vytautas gatvė nordwärts zu einem Traumstrand, wo man den Zündschlüssel ziehen, nach dem Stadttag einen gemütlichen Abendspaziergang auf dem weichen, weißen Sand machen und die würzige Seeluft tief in die Lungen saugen kann.

(045) WOMO-Badeplatz: Palanga/Nord

GPS: N55° 58' 44.0" E21° 04' 23.9" (Užkanavės gatvė). **max. WOMOs:** 1-2.
Ausstattung/Lage: Wenige Meter zum Sandstrand, Trockentoilette, Mülltonne. Radtouren entlang der Küste durch lichten Wald/außerorts.

Zufahrt: 2,5 km nördlich des Zentrums knickt die Straße links ab und führt auf Schotter an einem See entlang. Danach links abbiegen (knapp 7 km nach dem Zentrum).
Stellplatzalternativen:
Badesee südlich des Flugplatzes – **GPS 046**: N55° 57' 19.3" E21° 05' 20.8" (Liepojos plentas nahe der A13), Trockentoilette, Kiesstrand. Oder Sie besuchen die Kavinė Barbū an der Zufahrt mit Zeltmöglichkeit. Auf Anfrage sollte auch ein WOMO willkommen sein.
Natürlich kann am Wochenende schon mal die Stimmung steigen und die Nachtruhe gestört werden. Aber das ist ja nicht nur hier der Fall.

Auf dem Weg nach Norden sparen wir uns den Abstecher an die Küste nach **Šventoji (Sventaja)**. Denn wir empfinden den Ort etwas eigenartig, als Ansammlung lebhafter Ferienkolonien, mit kunterbunter Mischung aus Sowjetbeton, Holzhäusern und Neubauten. Jedenfalls nicht nach unserem Geschmack. Zwar wissen wir um den Sandstrand, aber auch, wie viele andere Strände uns noch erwarten. Sagen wir also vorläufig der Küste adé. Wir kommen wieder – in Lettland!

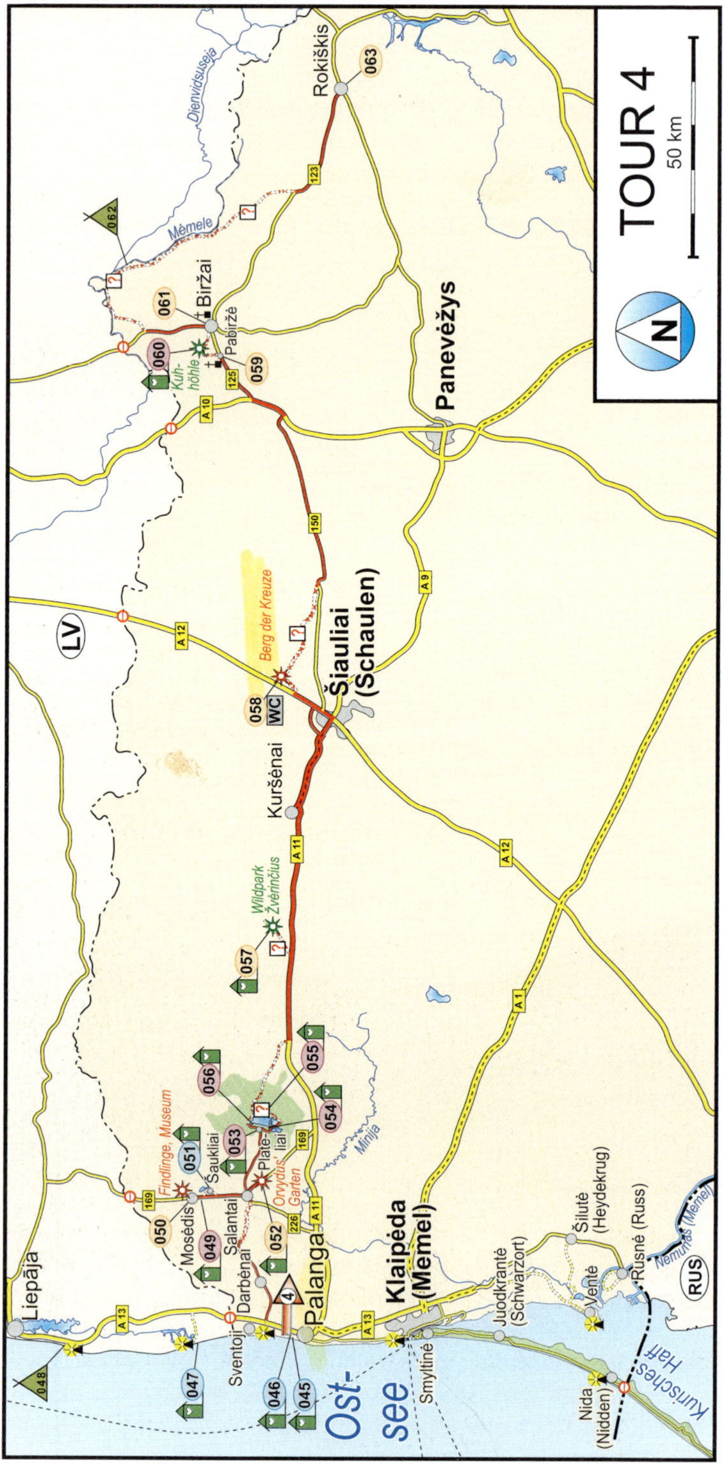
TOUR 4
50 km
N
LV
RUS
Ost-
see
Liepāja
Sventoji
Darbėnai
Palanga
Klaipėda
(Memel)
Smyltinė
Juodkrantė
(Schwarzort)
Nida
(Nidden)
Kurisches Haff
Ventė
Rusnė (Russ)
Šilutė
(Heydekrug)
Nemunas (Memel)
Mosėdis
Findlinge, Museum
Šaukliai
Salantai
Orvydus' Garten
Plate-
liai
Minija
Wildpark
Žvėrinčius
Kuršėnai
Šiauliai
(Schaulen)
Berg der Kreuze
WC
Panevėžys
Pabiržė
Kuh-
höhle
Biržai
Mėmele
Dienvidsusėja
Rokiškis
045
046
047
048
049
050
051
052
053
054
055
056
057
058
059
060
061
062
063
A 1
A 9
A 10
A 11
A 12
A 13
123
125
150
169
226

TOUR 4 (ca. 525km / 2-5 Tage)

Mosėdis - Žemaitijos Nationalpark - Šiauliai-Biržai - Rokiškis

Freie Übernachtung:	Pape Nationalpark, Keimo, Mosėdis, Šaukliai, Orvydus Garten, Plateliai, Platelių ežers (3x), Žvėrinčius, Berg der Kreuze, Kuhhöhle, Biržai, Rokiškis.
Campingplatz:	Gaili Camping, Dauguvieciai.
Baden:	Pape, Platelių ežers (3x).
Besichtigen:	Mosėdis (Findlinge), Orvydus Garten, Žvėrinčius Tierpark, Berg der Kreuze, Kuhhöhle, Biržai (Kirche/Schloss), Rokiškis/Schloss.
Wandern:	Keimo, Plateliai.
Essen:	Platelių Yachtklubas.

Verbindung/Abkürzung zu Tour 8/Kurzeme (Lettland)

Ein Stück nach dem Flugplatz kann man der A13 weiter nach Norden folgen. Nicht viel weiter folgt die lettische Grenze. Doch darauf kommen wir später zu sprechen, wenn wir das nördliche Nachbarland Lettland bereisen und uns in Ventspils mit den Lesern befassen, die mit der Fähre von Rostock kommend dort eintreffen. Vielleicht möchten Sie Ihre Reise hier aber etwas abkürzen und gleich in die Tour durch Kurzeme einsteigen?

Für diesen Fall haben wir für unterwegs noch einen Stellplatztipp, der die Fahrt bis zum Anschluss an Tour 8 in Liepāja ergänzt:

(047) WOMO-Badeplatz: Pape Nationalpark

GPS: N56° 09' 14.2" E21° 01' 30.9" (kein Name). **max. WOMOs:** 2-3.

Ausstattung/Lage: Schöner Sandstrand am Leuchtturm, Feuerstelle, Trockentoilette, Mülleimer, Aussichtspavillon. Außerorts im Naturschutzgebiet.
Zufahrt: Von der Autobahn der Ausschilderung in den Pape Nationalpark folgen. Wir fahren 6,4 km überwiegend auf holpriger Schotterstraße; dann Richtung Pape ezers halten.

Ein gutes Stück weiter, etwa 7 km südlich von Liepāja, haben wir noch einen netten Campingplatz mit familiärer Atmosphäre für Sie gefunden:

(048) WOMO-Campingplatz-Tipp: Gaili Kempings

GPS: N56° 24' 05.8" E20° 59' 03.2". **Öffnungszeiten:** Mai-Sept.

Ausstattung/Lage: Schön bei einem alten Gehöft gelegener Platz mit einfachen, aber gepflegten Sanitäranlagen, Ver-/Entsorgungsanlage; wenige Minuten zu Fuß zum Sandstrand. Tel. +371/34 60034.

Zufahrt: Von der Autobahn aus ausgeschildert.

Alternative: 2 km später ein weiterer Campingplatz, bei Recherche bereits Anfang September geschlossen.

Nun aber möchten wir Ihnen empfehlen, uns zunächst noch ein gutes Stück durch Litauen zu folgen. Schließlich haben wir bei weitem noch nicht alles gesehen. In Höhe des Ferienortes **Sventoji**, dessen Ansammlung von Ferienhütten uns nicht richtig gefallen will, biegen wir rechts ab und halten uns Richtung Skuodas. Nach gut 2 km geht es dann Richtung **Salantai**. Ab **Grūšlaukė** holpern wir ein Stück auf Schotter durch die beschauliche, leicht hügelige Landschaft mit endlosen Wiesen, Weiden und Waldstücken. Kaum ein Auto begegnet uns, höchstens einmal ein Traktor. 6 km weiter fahren wir Richtung **Juodupėnai** ab. Dort angekommen, geht es weiter nach **Erlėnai**, von wo wir rechts bereits die doppeltürmige Kirche von **Salantai** ausmachen können. Unsere Fahrtrichtung wechselt nun aber zunächst nach Norden.
Die Fahrt wird auf Asphalt wieder ruhig. Kurz vor dem Städtchen **Mosėdis,** 10 km nach dem Abbiegen auf die Asphaltstraße, erwartet uns ein netter Picknickplatz:

(049) WOMO-Picknickplatz: Silalės Keimo geologinis archeologinis ensembles

GPS: N56° 09' 10.0" E21° 33' 53.6" (an der 169). **max. WOMOs:** 1-2.
Ausstattung/Lage: Tisch & Bank, Trockentoilette wenige Meter entfernt, Informationstafel über den geologischen Informationspfad. Rundweg im Regionalpark/außerorts.
Zufahrt: Links der Straße von Salantai nach Mosėdis (10 km).

Doch unser eigentliches Ziel ist **Mosėdis**, wo es einen eindrucksvollen Park mit Findlingen zu besichtigen gilt. Die Steine sind sozusagen „Mitbringsel“ aus Skandinavien. Sie wurden in der letzten Eiszeit in der gewaltigen Gletscherkappe in das baltische Tiefland transportiert.

Sehenswürdigkeiten in Mosėdis

Der ganze Ort ist übersät mit mehr oder weniger großen Findlingen, die der Siedlung ein ganz eigenartiges Aussehen verleihen. Besonders freut uns die Gedenktafel mit dem Hinweis auf die Zusammenhänge der litauisch-isländischen Geschichte. Island war das erste Land, das Litauen 1991 diplomatisch anerkannt hatte (Bild). Damit hat die Vulkaninsel nicht unerheblich dazu beigetragen, dass Litauen den Weg aus der sowjetischen Herrschaft in die Unabhängigkeit fand. (Dass wir über beide Länder ein WOMO-Buch geschrieben haben, verbindet die Länder für uns noch ein klein wenig mehr).

Wenige Meter entfernt, am Flusslauf der Bartuva, befindet sich in einer ehemaligen Mühle ein interessantes Museum, das Sie über die geologische Herkunft der Findlinge und die Gletscher der Eiszeit informiert. Im Untergeschoss können Sie gemütlich zu Kaffee und Kuchen oder einem Essen einkehren. Rundherum befindet sich ein ausgedehnter Findlingspark (Eintritt bitte im Museum bezahlen), in dem die großen Steine

zusammen mit einer herrlichen Blumenpracht und viel Fantasie zu beeindruckenden Kunstwerken zusammengefügt wurden. Dass am Eingang beim (nachts geschlossenen) Parkplatz der (geschnitzte) Teufel seinen Rücken zur schmucken Kirche hinwendet, ist ganz sicher (k)ein Zufall...

Biegt man oberhalb des Museums beim Steingarten dagegen links ab, kann man auf dem Parkplatz bei der Erzengel-Michael-Kirche den Zündschlüssel ziehen, um all das gemütlich anzuschauen – nicht zuletzt natürlich die sehenswerte Kirche.

(050) WOMO-Stellplatz: Mosėdis - Kirche

GPS: N56° 09' 57.7" E21° 34'21.0" (Gėlių gatvė). **max. WOMOs:** 1-2
Ausstattung/Lage: Außerhalb der Kirchenmauer. In Fußwegentfernung ein Lebensmittelgeschäft und einfache Gaststätte/innerorts.
Zufahrt: In Mosėdis nach der Brücke (Museum) links ab, nach ca. 200 m Parkplatz vor der Kirche.
Sonstiges: Sehenswerte Erzengel-Michael-Kirche, Findlingsgarten wenige Gehminuten entfernt.

Südlich von Mosėdis sollten Sie links abbiegen, wenn Sie einen ruhigen, naturbezogenen Stellplatz suchen. Dort können Sie den See zu einem Bad nutzen, wenigstens sollte es aber für einen schönen Spaziergang durch die Natur oder zu einer Radtour reichen.

(051 WOMO-Badeplatz: Šaukliai

GPS: N56° 07' 40.4" E21° 35' 12.4" (kein Name) **max. WOMOs:** 1-2.

Ausstattung/Lage: Mülltonne, Trockentoilette, Badesteg am See, Picknickbänke (teilweise überdacht), Grillstelle/außerorts.
Zufahrt: Von Mosėdis nach Süden, 4,5 km nach der Bartuva die erste Abzweigung an einem roten Findling links nach Šaukliai abbiegen. Dann im Ort dem Schild Šauklių Riedulynas 1 km folgen.

Ein kleines Stück nach dem See beginnt ein Wanderweg, die Gegend am See ist sehr vogelreich. Mit dem Fahrrad gelangt man bequem zum zweiten See (6 km weiter/Schotterstraße durch verträumte Naturlandschaft mit einzelnen Gehöften).

Für uns aber geht es zurück nach **Salantai**, wo wir die gewaltige, weithin sichtbare Backsteinkirche Mariä Himmelfahrt besichtigen. Nach dem Einkauf im benachbarten Supermarkt geht unsere Reise noch ein Stückchen weiter. Das nächste Ziel liegt nur wenig weiter südlich. Es ist weithin bekannt in Litauen, war es doch ein Ort offenen Widerstandes gegen die Staatsmacht der Sowjets:

Orvydus Garten

An dieser Stelle hat der Steinmetz Orvydus angesichts einer Verordnung, wonach sowjetische Friedhöfe gefälligst ohne Grabsteine mit christlichen Symbolen zu gestalten seien, zahlreiche solche Werke der Steinmetzkunst gesammelt und in seinem Garten aufgestellt. Schließlich war das Gesetz für Friedhöfe, nicht aber für Gärten erlassen worden. Dass einige Repressalien der Sowjets nicht ausblieben, war zu erwarten. Doch widerstand er diesen letztlich auch.
So können wir die kuriose Sammlung noch heute bewundern. Sinnigerweise steht am Parkplatz ein russischer T-34-Panzer, der über den Parkplatz zu wachen scheint, sich bei genauerem Hinsehen aber als Wrack aus Weltkriegszeiten entpuppt.

(052) WOMO-Stellplatz: Orvydų Sodyba Muziejus

GPS: N56° 03' 03.4" E21° 36' 36.5" (an der 169). **max. WOMOs:** 1-2.
Ausstattung/Lage: Geschotterte Parkfläche, Trockentoilette, Mülleimer/außerorts.
Zufahrt: Von Salantai nach Südosten, das Museum ist ausgeschildert.
Sonstiges: Bei Übernachtungswunsch beim Museum nachfragen.

Zurück in Höhe der Tankstelle bei **Salantai**, halten wir uns rechts Richtung **Plateliai**, fahren durch Gintališkė und überqueren die Grenze zum 1991 gegründeten **Žemaitijos Nationalpark (Niederlitauischer Nationalpark)**.

Plateliai blickt auf eine lange Geschichte zurück. Die Holzkirche stammt von 1744. Das Informationszentrum des Parks befindet sich im dunkelbraunen Holzgebäude, unübersehbar im Ortszentrum. Es beherbergt eine Ausstellung über die Natur des Parks. Treffen Sie niemanden an, machen Sie sich im benachbarten Betongebäude bemerkbar, das auch zur Naturparkverwaltung gehört. Man hält hier ausführliches Informationsmaterial über den Nationalpark für die Gäste bereit.

Möchten Sie Ihren Blick zurück in die Zeiten des Kalten Krieges werfen, melden Sie sich beim Personal gleich hier für die Besichtigung der früheren sowjetischen Raketenstation auf der anderen Seite des Sees an (Führungen nach Bedarf). Von dort waren bis Ende der 70er Jahre Nuklearraketen des Typs SS20 gegen Deutschland gerichtet. Ob das Ihrem Geschmack für einen Urlaubsausflug entspricht, wissen wir nicht. Doch der folgende Stellplatz in Plateliai und die empfehlenswerte Tour um den See vermutlich schon:

(053) WOMO-Picknickplatz: Plateliai

GPS: N56° 02' 57.6" E21° 49' 58.5" (Ežero gatvė).**max. WOMOs.:** 3-5
Ausstattung/Lage: Sonnige Wiese mit Blick zum See, Picknickbänke (überdacht), Müllcontainer, Trockentoilette/Ortsrand.
Zufahrt: Ab Ortsmitte ausgeschildert mit Zeltsymbol und zum nur 250 m vom Picknickplatz entfernten **„Platelių Yachtklubas“ (GPS:** N56° 02' 52.0“ E21° 49' 55.1“), wo man bestens im **Restaurant Svečių Namai** einkehrt (tolle Terrasse am Jachthafen). Der Parkplatz wäre nach der Einkehr auf Anfrage eine passable Alternative zum Picknickplatz.

Der Nationalpark hält noch weitere solche Zelt- und Picknickplätze bereit, die wir auf unserer gemütlichen Fahrt um den See entdecken und später noch beschreiben werden. Einer ist schöner als der andere! Allerdings könnte die Ruhe und der Naturgenuss an Wochenenden durch das eine oder andere Grillfest beeinträchtigt werden. Vom Naturparkpersonal wird übrigens, wenigstens in der Hauptsaison, für die Übernachtung auf den Plätzen ein geringer Betrag vor Ort kassiert. (Info: www.zemaitijosnp.lt, Tel. +370/448-49231). Übrigens - wäre diese Rundfahrt von knapp 30 km nicht auch eine tolle Fahrradtour oder gar eine kräftige Wanderung für Sie?

WOMO-Wandertipps in Plateliai

Für die kleinen Gäste gibt es in Plateliai den lehrreichen „Ausflug mit der Eichel und der Kastanie" durch den Park des Landgutes (Dvaro svetainė).
Die Größeren können im Landschaftsschutzgebiet Šeirė einen 4,1 km langen Naturpfad durch dunkle Tannen- und helle Mischwälder zum Moorgebiet Gaudupis machen. Zurück geht man am Seeufer nach Plateliai.

Rundfahrt oder Wanderung um den Platelių ežers

Starten Sie mit uns zur Tour um den See, durch die abwechslungsreiche Landschaft mit dunklen Nadelwäldern, Mooren und Sümpfen und einer besonders artenreichen Fauna. 189 Tierarten, darunter Schwarzstörche, Kraniche, Luchse, Fledermäuse und vieles mehr wurden registriert.

Vom Informationszentrum in **Plateliai** geht die Fahrt zunächst ins 2 km südlich liegende **Beržoras**. Hier erwartet Sie eine der ältesten Holzkirchen Litauens (gebaut 1746 aus Rundholz). Sie ist gesäumt von einem der ältesten Friedhöfe und einem Kreuzweg mit 14 hölzernen Kapellen.

200 m nach der Ortsausfahrt biegen wir links ab und finden einen weiteren, mitten in der herrlichen Natur gelegenen Picknickplatz.

(054) WOMO-Picknickplatz Beržynėlis Stovyklavietė

GPS: N56° 01' 29.3" E21° 50' 13.0" (Ežero gatvė) **max. WOMOs.:** 3-5
Ausstattung/Lage: Insgesamt an die 20 Picknickbänke, mehrere Grillstellen sowie Mülltonnen nebst Trockentoilette. Zugang zum See/Bademöglichkeit im glasklaren Wasser/außerorts.
Zufahrt: Schmaler, 600 m problemloser Schotterweg von der Plungės gatvė in den lichten Wald am See.

Zurück an der Straße, setzen wir die Fahrt gegen den Uhrzeigersinn um den See fort. Nach 2 km weist ein Schild nach links auf den früheren Militärstützpunkt **Plokštinė** hin .

Nach 4,6 km gabelt sich der Weg. Eine typische, mit groben Betonplatten belegte Panzerstraße führt direkt zum Tor der Raketenbasis, wo man sich zur Besichtigung am Kassenhäuschen meldet. Im früheren Soldatenstädtchen befindet sich darüber hinaus das Zentrum der ökologischen Bildung. Und über das Militärgelände führt ein 3,2 km langer Wanderpfad, auf dem Sie kennen lernen, wie die Natur sich nach und nach diesen Ort des Rüstungswahnsinns zurück erobert. Führungen finden Ende Mai bis August täglich um 10/12/14/16/18 Uhr statt.

Folgen Sie dagegen an der Gabelung dem Schild mit Campingsymbol, können Sie nach 800 m ziemlich holpriger Strecke wieder einen Halt für die nächste Rast einlegen:

(055) WOMO-Picknickplatz Mokama Stovyklavietė

GPS: N56° 02' 18.9" E21° 53' 00.1"; kein Straßenname **max. WOMOs:** >5.

Ausstattung/Lage: Zahlreiche Picknickbänke, Trockentoilette/Mülltonnen vorhanden, Brunnen am Bach (etwas abseits - Kanister nötig!). Der kleine Sandstrand lädt zum Baden ein und die Kinder können im Sand oder auf dem Spielplatz herumtollen/außerorts.

Zufahrt: Bei der Gabelung vor der Zufahrt zur Militärbasis links abbiegen und dem stellenweise etwas ruppigen, aber bei vorsichtiger Fahrweise und ausreichender Bodenfreiheit auch mit normalen WOMOs befahrbaren Schotterweg folgen.

Es folgen nach kurzer Fahrt zwei weitere Ferienanlagen, die erneut Stellplatzmöglichkeiten, eine Tauchbasis, Badeplätze und Picknickbänke bieten. Der zweite Platz zeichnet sich zusätzlich durch die Gaststätte **Kavinė Uelsio Namai Platelių** aus. Kurz später wechselt der Straßenbelag und wir können auf Asphalt wieder ruhiger dahingleiten. Im weiteren Verlauf hält man sich nach 1,6 km Richtung Plateliai und kann sich nach 600 m über den nächsten **Picknickplatz** freuen: **GPS 056:** N56° 04'00.1" E21° 49' 37.1". Der Platz ist ebenfalls mit Picknickbänken, Trockentoilette, Grillstelle, Spielplatz und Badestelle ausgestattet und bietet eine sehr schöne, ruhige Lage am See. Obwohl – uns ist die Zufahrt durch eine Kuh versperrt. Sie zeigt sich zunächst recht störrisch, gibt dann aber letztlich (von Angesicht zu Angesicht mit dem Autoren) den Weg frei. Die Rundfahrt endet dann in **Plateliai**, sofern Sie nochmals dorthin zurückkehren möchten.

Sie können sich jedoch schon vorher auf die Weiterfahrt machen, indem Sie dem Hinweis Richtung **Alsėdžiai** folgen. Dort im Zentrum halten wir uns schräg links und dürfen nach dem Ortsausgang wieder ein Stück über Schotter holpern, bis wir auf die A11 gelangen und uns Richtung Šiauliai (Schaulen) orientieren. So bringen wir gut 17 km zügig hinter uns, lassen **Telšiai** rechts liegen und biegen dafür links ab Richtung Tryškiai. Nun suchen und finden wir eine besondere Attraktion, die uns im Informationszentrum des Žemaitija Nationalparks empfohlen worden war:

(057) WOMO-Stellplatz: Žvėrinčius Tierpark

GPS: N56° 02' 04.9" E22° 26' 53.4" (kein Name). **max. WOMOs:** 1-3.
Ausstattung/Lage: Geschotterter Parkplatz vor dem Tierpark, Spielplatz im Zoogelände, Trockentoilette/außerorts. Im Tierpark gibt es mehrere Beobachtungsstände für Mufflons, Rehe, Wölfe, Luchse, Wildschweine und ab 2009 ein Bärengehege. Der Bär ist als Jungtier in der Nähe von Vilnius gefangen worden. Geringe Eintrittsgebühr für Erwachsene, Kinder frei.

Zufahrt: Von der A11 der Ausschilderung „Ausschilderung Telšių Miškų Oredija Žvėrinčius" auf einem Schotterweg folgen.
Sonstiges: An der Zufahrt, 3,6 km nach der A11, kleiner Picknickplatz mit überdachter Picknickbank, Mülleimer (**GPS:** N56° 01' 14.6" E22° 27' 07.8").

Der Žvėrinčius Tierpark

Der Tierliebe des Eigulys Petras Dabrišius ist dieser Park zu verdanken. Früher war er Wolfsjäger gewesen und hatte die Aufgabe, Tiere zu erlegen, die Haustiere gerissen hatten. Heute lebt er und seine Familie mit Wölfen, Luchsen und anderen Wildtieren (z. B. Mufflons, Wildschweine) im Gehöft auf dem Parkgelände. Seit einiger Zeit bereichert auch ein Braunbär den Park. Er erhielt im Herbst 2009 ein ebenso angemessenes Freigehege, wo er hoffentlich die schwere Zeit in Gefangenschaft als russischer Zirkusbär vergessen und eine glücklichere Zeit verbringen kann. Er wie auch die anderen Tiere werden in weitläufigen, naturnahen Gehegen auf 17 ha Fläche gehalten. Meist waren sie verletzt oder krank und wurden mit viel Liebe und Hingabe aufgepäppelt. Weitere Info: www.telmu.lt, Tel. +370/8/444/70544

Zwar haben wir ein Sprachproblem mit unseren Ansprechpartnern. Doch diese Hürde wird von der Gastfreundschaft und Offenheit der Gastgeber ausgeglichen. So ist uns in der Nebensaison das außergewöhnliche Erlebnis möglich, im Luchsgehege Auge in Auge mit den Großkatzen zu sein (... natürlich nichts, was Sie nachmachen können oder sollten. Und es ist – zugegeben – eine neue Methode des „Trimming 130“, wenn ein Luchs bis auf 5 m auf einen zukommt. Doch was tut man nicht alles für seine Leser, um ihnen ein schönes Foto machen zu können).

Besonders beeindruckt sind wir, als wir den Betreibern ein Foto (siehe unten) zeigen, das wir 2 Stunden zuvor aufgenommen hatten. Zwar hatten wir gedacht, einen Wolf erkannt zu haben. Doch man glaubt ja nicht an so viel Glück und denkt dann eher, einen durch den Wald streifenden Hund fotografiert zu haben. Doch die spontane Reaktion der Gastgeberin ist eindeutig: „Das ist ein Wolf!“ - und mit denen kennt sie sich aus!

Wir hatten also das unglaubliche Glück, Isegrim in freier Wildbahn entdeckt zu haben. Und wir können bestätigen: Nicht Sie brauchen sich zu fürchten. „Unser“ Wolf fürchtete und trollte sich! Also ist es wirklich ein Märchen, das mit Rotkäppchen und dem „bösen“ Wolf!

Und wenn Sie zuletzt ganz großes Glück haben, können Sie am Steinkreis vor dem Tierpark Eigulys Petras Dabrišius dabei erleben, wie er in traditioneller Kleidung eines mongolischen Schamanen und einer mit Leder bespannten Trommel einen mystischen Tanz in der Tradition der Schamanen aufführt - ein unvergessliches Erlebnis! Sie sehen - der Žvėrinčius Tierpark ist auf jeden Fall einen Abstecher wert!

Zurück an der A11, sausen wir über **Kuršėnai** ostwärts Richtung **Šiauliai (Schaulen)**. Hier hat nicht viel Schönes Krieg und Sozialismus überstanden. Doch sind wir einer anderen Attraktion wegen hier: Wenige Kilometer nördlich liegt der **Berg der Kreuze**.

(058) WOMO-Stellplatz: Berg der Kreuze

GPS: N56° 00' 49.4" E23° 24' 28.3" (kein Straßenname) **max. WOMOs:** <5.
Ausstattung/Lage: Asphaltierte Parkfläche, Zugang zum Berg der Kreuze durch eine Unterführung. Kiosk, WC, Tourist Information. Für litauische Verhältnisse hohe Parkgebühr für Wohnmobile auf Busparkplätzen! (PKW kostenlos, WOMOs zahlen den Preis für Reisebusse (ca. 6 EUR, bei Übernachtung doppelter Preis!). Tagsüber Souvenirstände, viel Betrieb.
Zufahrt: In Šiauliai die A12 Richtung Rīga nehmen. 5,5 km nach Ortsausfahrt ist die Abzweigung gut ausgeschildert, von dort noch knapp 2 km Zufahrt. Weiterer Parkplatz ca. 400 m nördlich beim Kloster.

Der Berg der Kreuze

Der beeindruckende Hügel, auf dem tausende Kreuze angebracht sind, hat sich im Lauf der Jahrzehnte - und zwar schon zur Sowjetzeit - zum Wallfahrtsort entwickelt.

Er ist ein weiteres Beispiel des Widerstandswillens der Litauer gegen die Sowjets, welche die Kreuze immer wieder niederrissen, um dann zuschauen zu müssen, wie die Pilger stets neue Kreuze aufstellten.

Dieser unbeugsame Widerstand und die Frömmigkeit der Pilger beeindruckten auch Papst Johannes Paul II., der diesen Ort 1993 besuchte und im eigens erstellten Pavillon eine Messe zelebrierte.

Leider verliert diese Pilgerstätte durch den Touristenrummel etwas an Würde und Ruhe, die eigentlich ihr ureigener Charakter wären. Deshalb - ob sie nun gläubig sind oder nicht - begegnen Sie diesem Platz, der den Leuten hier heilig ist, bitte mit der nötigen Ehrfurcht. Es ist beschämend, wie manche Touristen es als reines „Belustigungsprogramm" empfinden, diesen Platz zu besuchen.

Zur zügigen Weiterfahrt sausen wir zunächst auf der A12 ein Stück zurück. In Höhe von **Šiauliai** halten wir uns dann in östlicher Richtung auf die 150. Auf ihr brausen wir durch die etwas eintönige, von endlosen Getreidefeldern geprägte Ebene bis **Pasvalys**. Nun nutzen wir für ein paar Kilometer die **Via Baltica** (A10) nach Norden, verlassen diese jedoch knapp 10 km später gleich wieder, um uns nach **Biržai** zu orientieren.

Für diese Gegend mit dem gleichnamigen Regionalpark werden wir uns wieder etwas Zeit nehmen. Die Landschaft wird hügelig, Wald, weite Wiesen und Felder machen die Gegend abwechslungsreich. Gut 12,5 km weiter finden wir in **Pabiržė** einen **Parkplatz** (**GPS 059**: N56° 11' 05.5" E24° 38' 18.8",

Bažnyčios aikšte, max. 1–2 WOMOs/im Ort) bei der auffälligen, schönen Backsteinkirche, die wegen Renovierungsarbeiten leider ebenso verschlossen ist, wie angesichts der Uhrzeit das benachbarte Heimatmuseum. Sicher haben Sie mehr Glück! Dafür hält nicht weit weg von hier die Natur mit einigen Karsthöhlen Sehenswürdigkeiten für Sie bereit, die Sie nicht verpassen sollten, bevor wir uns **Biržai** zuwenden:

(060) WOMO-Picknickplatz: Kuhhöhle

GPS: N56° 12' 20.8" E24° 41' 33.7" (kein Straßenname). **max. WOMOs:** 3-4.

Ausstattung/Lage: 2 x Tisch & Bank, Grillstelle, Trockentoilette, Mülleimer/außerorts.

Zufahrt: Auf der 125 weiter Richtung **Biržai**, kurz davor (nach gut 7 km) links dem Schild „**Karvės ola**" (das heißt Kuhhöhle) folgen. Nach 500 m Picknickplatz mit Informationstafel.

Der Weg schlängelt sich zwischen Karsthöhlen hindurch weiter. Eine große Skulptur weist auf die gesuchte Höhle hin. Sie soll entdeckt worden sein, weil eine weidende Kuh aus unerklärlichen Gründen verschwand. Nach eingehender Suche wurde das Tier gefunden – es war in die Höhle hineingerutscht. Diese Karstlandschaft hier hält noch einige solche Überraschungen bereit. Man sieht allerorten mal kleinere Senken, Teiche oder Löcher in der Landschaft.

Doch nun zu **Biržai**, einem Ort, der nicht nur so ähnlich klingt, wie der Deutschen liebstes Getränk. Sage und schreibe sieben Brauereien buhlen um ihre Kundschaft. Die Touristinformation organisiert Brauereibesichtigungen, leider zumeist aber nur für Gruppen, denen man sich aber anschließen kann, wenn es zeitlich passt. Doch das Bier ist nicht alles, weshalb wir gekommen sind.

WOMO-Gäste sind sehr willkommen hier. Melden Sie sich auf alle Fälle gerne in der Tourist Information. Man plant über kurz oder lang einen WOMO-Stellplatz mit Ver-/Entsorgung und Stromanschluss. Doch über all dem sollte man nicht vergessen, einen Blick auf die schmucke reformierte Kirche zu werfen, die katholische Kirche zu besichtigen und einen ausgedehnten

Spaziergang durch den Schlosspark zu machen, an dessen Fuß bei schönem Sommerwetter mehrere Badeplätze zu einer Erfrischung einladen. Derweil steht das WOMO auf dem Parkplatz bei der reformierten Kirche:

(061) WOMO-Stellplatz: Biržai

GPS: N56° 12' 25.0" E24° 45' 30.3". (Reformatų gatvė) **max. WOMOs:** 3-4.

Ausstattung/Lage: Asphaltierter Parkplatz, nahes Restaurant/Kavinė. Parken außerhalb des Walles (innerhalb Nachtparkverbot). 5-10 Min. Fußweg zum See mit Badestellen/am Ortsrand.

Zufahrt: Nach Überquerung der Agluona Richtung Rokiškis halten, der Vytauto gatvė folgen, an der katholischen Kirche und dem russischen Soldatenfriedhof vorbei, an der abknickenden Vorfahrt geradeaus zum Parkplatz.

Sonstiges: Gaststätte 100 m entfernt, im Ort weitere Restaurants.

Mit Fahrrad oder WOMO um den See

Den Sirvėnos See umfahren wir gegen den Uhrzeigersinn, überqueren zunächst die Apaščia und halten uns schräg links, überqueren dann den Staudamm, von wo man einen tollen Blick zur Stadt genießt, lassen den Astravas Palast links liegen und bewundern die alte Ziegelsteinbrücke. Man gelangt im weiteren Verlauf in das Dorf Rinkuškiai und von dort nach **Biržai** zurück. Die (Fahrrad-)Tour lässt sich auch über die Kuhhöhle verlängern.

Ein Stück dieses Weges ist auch der Beginn eines netten Ausfluges in die einsame Natur des **Biržai** Regionalparks, der uns entlang der lettisch-litauischen Grenze führen wird.

Ein Ausflug in den Biržai Regionalpark

In Höhe des Astravas Palastes halten wir uns nach Drąseikiai und folgen der Schotterstraße immer weiter nördlich. Die Weiler Užušiliai und Bliūdžiai lassen wir hinter uns und orientieren uns an der folgenden Abzweigung Richtung Nemunėlio Radviliškis. In Höhe der Kirche knickt die Straße nach Osten ab. Nun folgen wir dem Grenzfluss **Mėmele** aufwärts. Wie gewohnt, sind nur die Ortsdurchfahrten asphaltiert. Ansonsten knirscht auf der Weiterfahrt Schotter unter den Reifen. Nutzen Sie da und dort die Zeit für einen Halt, um die Landschaft zu genießen oder zum ruhig mäandrierenden Fluss hinab zu gehen. Nehmen Sie dabei aber Rücksicht auf die Natur – und erschrecken Sie nicht, wenn Sie mal einen Reiher oder andere Vögel aufscheuchen, die Ihnen dann um die Ohren flattern.
Es folgt der Weiler Pučiakalnė. 6 km später weist das Schild „Birzų Krastas“ links ab auf einen engen Schotterweg – ein Stellplatztipp des Fremdenverkehrsamtes in Biržai. Also nichts wie hin! Zwar geht es eng zu, doch problemlos.

(062) WOMO-Naturcamping-Tipp: Dauguviečiai

GPS: N56° 22' 21.2" E24° 57' 12.8" (Dauguviečiai). **max. WOMOs:** 2-3.
Öffnungszeiten: Sommerhalbjahr (ca. April-Oktober).

Ausstattung/ Lage: Sehr schön am Grenzfluss Mėmele gelegen, Sauna/Dusche im Holzhaus, einfache Bewirtung auf Anfrage, Picknickbänke, Grillstelle. Bootsvermietung, Angeln, Spielplatz. Anmeldung im Haupthaus/außerorts.
Zufahrt: 6 km nach dem Weiler Pučiakalnė links ab – markantes Erkennungszeichen: Holzfass zwischen zwei Bäumen hängend. Von da aus 700 m enge Zufahrt (Schotterweg durch den Wald).

Es ist eine tolle Atmosphäre, in dieser Naturlandschaft direkt am ruhig in Schlingen dahin fließenden Mėmele zu übernachten und morgens auf der Terrasse des Gästehauses oder vor dem WOMO zu frühstücken. Natürlich haben die Hausgäste Vorrang. Doch meist lässt sich das arrangieren.
Doch auch dieser schöne Platz will verlassen werden. Wieder an der Hauptstrecke, wenn man diese so nennen möchte, geht es nun links ab. Auf der Schotterstrecke holpern wir gemütlich südwärts und lassen einsame Gehöfte, meist aber weite Wiesen und Wälder an uns vorbei ziehen. Nach etwa 5,5 km folgt eine Gabelung, wo wir uns links halten (Schild: Virškupėnai). Das sollten Sie uns allerdings nur nachmachen, wenn Sie kein größeres WOMO besitzen. **Denn ab Virškupėnai geht es stellenweise äußerst schmal und mit in die Straße ragendem Geäst weiter.** Die Piste folgt ein ganzes Stück dem Grenzfluss, bis man nach gut 10 km wieder auf Schotter dahingleitet und auf diese Weise in Pandėlys auf die Hauptstrecke stößt.
Belohnt wird die Mühe mit einer traumhaft schönen Natur. Die Begegnung mit diversen Vögeln ist wahrscheinlich. So haben auch wir Glück und können Kraniche sowie zahlreiche Greifvögel beobachten. Die Störche haben leider schon den Rückflug in den Süden gestartet. Wir sehen nur noch zahlreiche verlassene Nester auf Dächern und Strommasten. Vielleicht haben Sie auch Glück, dass der eine oder andere Vierbeiner sich in der Dämmerung sehen lässt. Eine langsame Fahrweise ist ohnehin geboten – der Straßenverhältnisse wegen.
Wer sich die Schotterpiste ersparen möchte, folgt an der oben beschriebenen Gabelung dem Schild Parovėja nach rechts und hält sich bis zurück nach Biržai. Von da aus nimmt man die gut ausgebaute Straße 123 bis zu unserem nächsten Ziel, Rokiškis.

In **Pandėlys** treffen beide Varianten zusammen. Von hier liegen 26 km bis **Rokiškis** vor uns. Dort orientieren wir uns zum Zentrum und parken unser WOMO zunächst auf dem zentralen Marktplatz, nachdem wir über die Respublikos gatvė dorthin gelangt sind.

Unser Spaziergang durch die Stadt führt über den wie mit dem Lineal durch die Stadt gezogenen Unabhängigkeitsplatz. Start ist an der Matthäuskirche mit ihrer herrlichen Backsteinfassade. Geniessen Sie nicht nur das schöne Äußere, sondern auch den reich verzierten Kirchenraum. Weiter geht es vorbei am Torbogen mit dem Unabhängigkeitsdenkmal zwischen Blumenrabatten zum Schloss der Herren von Tiessenhausen. Man kann dort durch den hübschen Park lustwandeln und das landeskundliche Museum im Schloss besuchen. Es beherbergt Exponate zur Geschichte des Landes, Schwerpunkt auch hier die Besatzungszeiten durch die Sowjets und die Nazis. Sehenswert sind auch die Holzschnitzereien des L. Šepka im Nebengebäude. Vor dem Schloss finden Sie auch einen Stellplatz:

(063) WOMO-Stellplatz: Rokiškis/Schloss

GPS: N55° 57' 54.4" E25° 35' 48.2" (Tyzenhauzų gatvė) **max. WOMOs:** 1-2.
Ausstattung/Lage: Asphaltierter Parkplatz mit Mülleimer.
Etwa 200 m zum Schlossmuseum und -garten mit zwei Teichen. In die andere Richtung Zugang zur Stadt, etwa 800 m bis zur Kirche. Einkaufs- und Einkehrmöglichkeit im Ort. WC im Schlosskeller während der Museumsöffnungszeiten/ am Ortsrand.

Zufahrt: Vom Unabhängigkeitsplatz dem braunen Sehenswürdigkeitsschild folgen (2x rechts abbiegen, zuletzt bei auffälligen Steinhäusern und dann entlang der Ziegelmauer des Schlosses).

In **Rokiškis** fahren wir zunächst zur Ringstraße um den zentralen Platz zurück und halten uns dann Richtung **Anykščiai** und **Panevėžys**. Auf der Panevėžys gatvė verlassen wir dann auch die Stadt, um nach einem Tankstopp ein Stück auf der 117 Richtung **Obeliai** zu fahren. Verpassen Sie die bereits 2,2 km nach der Tankstelle liegende Abzweigung nach **Južintai** nicht. Denn unsere nächsten Ziele sind in Tour 5 der **Sartai Regional Park** und später dann der **Aukštaitija Nationalpark.**

TOUR 5 (ca. 275 km / 2-4 Tage)

Rokiškis - Ignalina - Palūšė/Aukštaitija Nationalpark - Molėtai - Mittelpunkt Europas

Freie Übernachtung:	Južintai, Pažintinis Takas, Palūšė/Lušiai See, Lūšykštis See, Ladakalnis, Stripeikiai/Imkereimuseum, Vaišniūnų Stovyklavietė, Labanoras, Mittelpunkt Europas, Europos parkas.
Campingplätze:	Palūšė, Apple Island.
Ver-/Entsorgung:	Palūšė Camping, Apple Island.
Baden:	Južintai, Pažntinis Takas (bei Degučiai), Palūšė, Vaišniūnų Stovyklavietė, Labanoras.
Besichtigen:	Kirche in Palūšė, Wassermühle in Ginučiai, Stripeikiai/Imkereimuseum, Mittelpunkt Europas, Europos parkas.
Wandern:	Botanikos Takas (botan. Weg) in Palūšė.

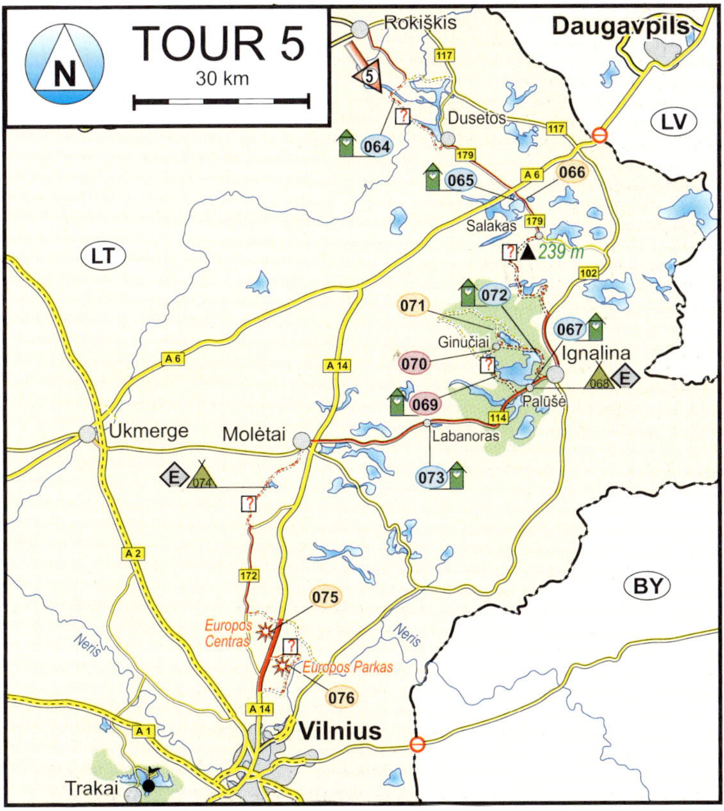

Von **Rokiškis** kommend wird die Landschaft ab **Laibgaliai**, wo wir uns links Richtung **Kriaunos und Južintai** halten, abwechslungsreicher und hügeliger. Das stetige Auf und Ab wird aufgelockert durch Gehöfte, Seen und Hügel in einer saftig grünen Wald- und Wiesenlandschaft. Herrlich! Bald folgt der Weiler Lasai, in dem wir uns rechts halten, in Fahrtrichtung **Južintai**. Nun müssen unsere Reifen wieder Schotterbelag ertragen. Wir werden dafür bald mit einem schönen Badeplatz belohnt, und zwar kurz vor **Južintai** links unterhalb der Straße.

(064) WOMO-Badeplatz: Južintai

GPS: N 55° 46' 47.8" E 25° 40' 47.1"; (kein Name). **max. WOMOs:** 1-2.
Ausstattung/Lage: Wiese mit Spielplatz, Beachvolleyball, Picknickbank (überdacht), Feuerstelle und Trockentoilette an einem Badestrand /außerorts.
Zufahrt: Kurz vor Južintai unterhalb der Straße

Vom Badeplatz fahren wir zunächst ein Stückchen zurück, um rechts ab auf Dusetos zuzuhalten. Unter den Reifen knirscht weiter Schotter, aber das tut der Schönheit der Landschaft keinen Abbruch. Das Sträßchen folgt bald der südwestlichen Uferlinie des Zalve Sees und wir gelangen in den **Sartai Regionalpark** mit seiner herrlichen Seen- und Waldlandschaft - ein Eldorado für Naturliebhaber! So holpern wir bis **Užtiltė** und können da und dort einen Halt zu einem kühlenden Bad im See einlegen. Allerdings empfinden wir keinen der Plätze als richtig übernachtungstauglich.

Nun geht es weiter nach Norden über die **Šventoji** hinweg. Nach der Brücke saust das Ortsschild **Dusetos** an uns vorbei, wo sich wieder eine schöne Backsteinkirche mit zwei Türmen zeigt. Wenig später biegen wir rechts ab und gelangen nach **Padustėlis**, wo es auf der 179 Richtung **Degučiai** weitergeht. Jetzt wird es für litauische Verhältnisse gebirgig, die Straße windet sich in stetigem Auf und Ab durch die Hügelkette. Immer wieder verwöhnt ein toller Rundblick über die Landschaft unsere Augen, bevor wir **Degučiai** erreichen. Gleich nach der Überquerung der A6 haben wir wieder einen richtig tollen Badeplatz für Sie parat:

(065) WOMO-Badeplatz: Pažintinis Takas

GPS: N55° 39' 17.8" E26° 03' 19.7" (nahe der 179). **max. WOMOs:** 1-3.
Ausstattung/Lage: Badestrand mit Badesteg wenige Meter entfernt, mehrere Picknickbänke und Feuerstelle, Mülltonne und Trockentoilette/ außerorts.
Zufahrt: 100 m nach der Ortsausfahrt dem Schild rechts ab zum Picknickplatz folgen. Die 200 m Zufahrt sind wegen Schlaglöchern und engem Straßenverlauf durch den Wald vorausschauend zu befahren.
Vorsicht - mit größeren/hohen WOMOs - teils überhängende Äste!

WOMO-Wandertipp: Zum Antalieptės Tvarios

Der Badeplatz ist Ausgangs- und Endpunkt für eine Rundwanderung zum Antalieptės Tvarios, einem Seensystem mit herrlichen Wäldern und Mooren in den Senken zwischen den Hügeln (Informationstafel). Den Weg allerdings haben wir nicht für Sie ausprobiert, statt dessen die Rast am See vorgezogen und einen faulen Nachmittag eingelegt.

Es sind nur knapp 3 km bis zur nächsten Stellplatzmöglichkeit, die wiederum mit der Einkehr in einem gemütlichen kleinen Restaurant verbunden werden kann. Das Angebot wird mit einer Bootsfahrt (Bootsverleih) oder einem kühlen Bad im See, in den man über eine Rutsche sausen kann, abgerundet.

(066) WOMO-Stellplatz: DEGESA

GPS: N55° 37' 49.9" E26° 04' 37.1" (Zarasų gatvė). **max. WOMOs:** 2-3.
Ausstattung/Lage: Badestrand, Bootsverleih, Gebühr/außerorts.
Zufahrt: 2,9 km nach dem letzten Badeplatz. Dem Schild zu einem Picknickplatz links auf einem Schotterweg durch den Wald folgen.
Sonstiges: Während unserer ersten Recherche war der Weg durch Holzarbeiten und wegen des Feuerwehreinsatzes beim Brand eines Gästehauses in einem üblen Zustand. Doch inzwischen ist die Ferienanlage mit dem bunten Freizeitprogramm im und am Wasser wieder ein beliebtes Ferien- und Wochenendziel. Das Gästehaus ist in Blockbauweise wie Phönix aus der Asche wieder erstanden. So ist zeitweise wieder mit ordentlich Betrieb zu rechnen. Allerdings wird als Gegenleistung bei Übernachtung im WOMO eine (allerdings angemessene) Gebühr verlangt (ca. 8 EUR) eMail: info@degesa.lt

Kaum wieder auf der Hauptstrecke, lädt auf der anderen Seite der Straße ein Picknickplatz zum Verweilen ein. Da unser Bedarf aber gedeckt ist, setzen wir unsere Fahrt fort. Ebenso lassen wir die Gehöfte, die neben unserer Fahrstrecke eine Campingmöglichkeit bieten, links liegen und fahren auf der 179 bis **Salakas** weiter.

Dort nehmen wir uns einen Abstecher auf Nebenstrecken durch die Hügel- und Seelandschaft vor und biegen rechts ab Richtung **Daubailiai**. Gleich geht es nach links ab weiter nach **Tolimėnai**. Im weiteren Straßenverlauf bekommen wir das Gefühl, mit dem **Mėmiakalnis** einen richtigen Berg zu Gesicht zu bekommen. Wir erreichen bald den **Ažvintis See**, überqueren dessen westlichen Ausläufer und folgen dem Seeufer Richtung Osten. Eine Ferienanlage mit Camping- und Bademöglichkeit lassen wir mangels Bedarf links liegen und sausen 7 km bis zu einer Abzweigung auf der Schotterpiste weiter. Dann biegen wir rechts ab und haben noch 4,6 km Schotterpiste bis **Kazitiškis** vor uns.

Nun bringt uns die Straße 102 wieder gemütlicher auf Asphalt nach **Ignalina**. Der Ort ist nicht unser eigentliches Reiseziel. Doch hat der gleichnamige Verwaltungsbezirk für Litauen eine gewichtige, wenn auch zwiespältige Gefühle bringende Bedeutung. Im 20 km nördlich liegenden Ort **Visaginas** stehen zwei Reaktorblöcke des Tschernobyl-Typs. Einer wurde bereits abgeschaltet, der zweite wird gemäß einer Vereinbarung mit der EU Ende 2009 vom Netz gehen.

Hoffen wir, dass angesichts umfassender Investitionen in die Sicherheitstechnik alles gut geht und die anschließend noch lange strahlende Ruine keinen Schaden anrichtet und wenden uns den schönen Seiten unseres Reiselandes zu: Der **Aukštaitija Nationalpark** wartet auf unseren Besuch. Die Straße 114 führt in wenigen Minuten hinüber nach **Palūšė**. Angesichts des heißen Sommerwetters lockt der Ruf des Badesees!

In der Hauptsaison haben Sie die Wahl zwischen einem modernen Campingplatz und einem schlichten, aber sehr schön gelegenen Badeplatz, wie wir sie schon zahlreich angetroffen hatten. Wählen Sie selbst:

(067) WOMO-Badeplatz: Palūšė/Lušiai See

GPS: N55° 19' 53.3" E26° 06' 28.8" (nahe der 114). **max. WOMOs:** 2-3.
Ausstattung/Lage: Schöner Badestrand. Die Zeltwiese und der große, geschotterte Parkplatz liegen direkt am See, Picknicktische nach einer kleinen Brücke am Waldrand; durch die Straßennähe etwas Straßenlärm möglich. Trockentoilette/außerorts. (Bild vorige Seite unten).
Zufahrt: An der Ortseinfahrt rechts ab (in Sichtweite der Straße). Vorsicht - einer Bodenwelle wegen und Ihrem WOMO zuliebe langsam und vorsichtig einfahren. Im Zweifel die untere Einfahrt wählen.

WOMO-Wandertipp: Botanikos Takas (botan. Weg)

Am Picknickplatz verweist eine Informationstafel auf Biberbauten. Wenn Ihnen das nicht genug Naturerlebnis ist, sollten Sie den markierten, 3,5 km langen botanischen Pfad am Ufer des Lūšiai Sees entlang Richtung Meironys gehen. Er ist gut begehbar (leichte Wanderschuhe sinnvoll) und führt in eine Gegend, in der mehr als 150 Pflanzenarten registriert sind. Neun davon stehen auf der Roten Liste bedrohter Arten.

In **Palūšė** weist ein Schild zum modernen Campingplatz. Das Caravansymbol zeigt an, dass dort etwas mehr Komfort geboten wird, als sonst mancherorts. Der Platz liegt in der Nachbarschaft zum Nationalparkzentrum und zur schönen Holzkirche, die uns etwas an norwegische Stabkirchen erinnert. Im Ort finden sich Einkaufs- und Einkehrmöglichkeiten. Sie können dort auch ein Boot oder Fahrrad mieten.

(068) WOMO-Campingplatz: Palūšės Campingas

GPS: N55° 19' 40.6" E26° 06' 20.0" **Öffnungszeiten:** Mai-August.
Ausstattung/Lage: Abseits der Durchgangsstraße, ebene Fläche, wenig Schatten, modernes Sanitärgebäude, Stromanschluss, Ver-/Entsorgungsmöglichkeit/am Ortsrand.
Zufahrt: Ab Ortsmitte ausgeschildert, nach 200 m die Kirche, nochmals 100 m bis zum Campingplatz.

Die Zufahrt zur Nationalparkdirektion folgt an der Hauptstraße gut 200 m nach der Zufahrt zum Campingplatz. Man hält eine Fülle von Informationsmaterial, Wander- und Radfahrtipps etc. für die Gäste bereit. Es werden Fahrräder oder Boote zum

Mieten vermittelt und man stellt auf Wunsch einen Wanderführer für Ihre Tour auf Schusters Rappen zu den Naturplätzen. Das Schmuckstück des Ortes jedoch ist sicherlich die Kirche.

Der Besuch in der Seenlandschaft in und um **Palūšė** lohnt sich also. Deshalb legen wir Ihnen eine kleine Rundfahrt durch den Nationalpark ans Herz. Für das Naturerlebnis ist sicherlich ein Fahrrad das beste Verkehrsmittel für die etwa 40 km lange „Kleine Tour". Doch wir haben diese natürlich mit dem WOMO für Sie ausprobiert.

Der Aukštaitija Nationalpark

Der Park wurde 1974 eingerichtet, um den Bau des Kernkraftwerkes nördlich von Ignalina zu verhindern. Er umfasst etwa 40.570 ha Fläche. Fast 2/3 davon sind Waldflächen, überwiegend Nadel-, aber auch Mischwälder. Gespickt wird all das mit 126 Seen, die überwiegend durch Bäche oder Kanäle verbunden sind und ein Paradies für Paddler darstellen. Dass eine große Vielfalt an Pflanzen und Tieren gegeben ist, liegt auf der Hand. 60 Säugetierarten, vom Elch bis zum Wolf und 196 Vogelarten (u. a. Kranich und Schwarzstorch) leben hier. Das Wasser gibt zahlreichen Fischen, Lurchen, Amphibien und Schlangen ein Zuhause.

927 Pflanzenarten bieten den Tieren den grünen Lebensraum. Davon stehen 78 Arten auf der Roten Liste der vom Aussterben bedrohten Pflanzen. Deshalb sind etwa 50 ha Fläche absolutes Reservat, das nicht ohne Begleitung betreten werden darf. Nicht zuletzt finden sich im Nationalpark zahlreiche Kulturdenkmäler, die es zu besuchen lohnt. Weitere Infos erhalten Sie im Vorfeld unter www.paluse.lt oder per eMail unter info@paluse.lt, Tel. +370/386-52891.

Verlassen wir also Palūšė in südlicher Richtung und überqueren nach 3 km den schmalen Arm des Sees. Kurz nach dem Ortsausgang des Weilers **Šakarva** biegen wir Richtung **Kirdeikiai** ab. Achten Sie nach 4,2 km auf das Hinweisschild zu einem Picknickplatz.

(069) WOMO-Picknickplatz: Lūšykštis See

GPS: N55° 20' 20.7" E26° 00' 51.8" (kein Straßenname). **max. WOMOs:** 1-2.
Ausstattung/Lage: Asphaltierte Parkfläche, Nähe zu einem Gehöft. Picknickbank, Trockentoilette. Schöne Aussicht auf den See und in die Hügellandschaft/außerorts.
Zufahrt: Nach 4,2 km auf der Strecke Richtung Kirdeikiai.

Etwas weiter Richtung Kirdeikiai fahren wir rechts ab auf eine Schotterpiste Richtung **Ginučiai**. Doch die Wassermühle dort muss noch etwas warten. Zuvor finden wir auf einer einsamen Halbinsel einen weiteren Picknickplatz:

(070) WOMO-Picknickplatz: Ladakalnis

GPS: N55° 22' 01.0" E25° 59' 15.6" (kein Straßenname). **max. WOMOs:** 1-2.
Ausstattung/Lage: Geschotterte Parkfläche, Sitzbänke, Mülleimer, Informationstafel. Der Aussichtshügel ist 175 m hoch und eröffnet den Ausblick auf 6 Seen (... den wir leider nicht genießen können, weil Petrus die Schleusen öffnet. Schade!)/außerorts.
Zufahrt: Nach 1,5 km auf der Strecke Richtung **Ginučiai**.

Kurz später wartet die Burg **Ginučiai** (Schild: „pilis lietuvoje") auf Ihre Erstürmung (Parkplatz mit Mülleimer, Trockentoilette). Eine Treppe führt auf den Burgberg. Erste archäologische Funde datieren ins 9. Jh. zurück, die Burg selbst soll 1373 zum ersten Mal erwähnt worden sein. Doch angesichts des Wetters ziehen wir die Besichtigung der 200 Jahre alten Wassermühle in Ginučiai vor. Das WOMO wartet auf dem Parkplatz gegenüber, während wir das Museum anschauen und im dazugehörenden Kavinė einkehren, wo kleine Gerichte oder Kaffee und Kuchen gereicht werden.

Während unsere Reifen sich wieder über den Asphaltbelag freuen, weist kurz nach der Ortsausfahrt ein Schild auf das Imkereimuseum in **Stripeikiai** hin, dem übrigens ältesten Ort im Nationalpark. Dorthin führt dann allerdings wieder ein geschotterter Fahrweg durch den

Wald. Im Museum gefällt uns nicht nur der informative Teil mit vielfältigen Angaben zur Imkerei, die in der Region zu Hause ist. Vielmehr beeindrucken auch die sehenswerten Holzskulpturen, die sich auf dem Hügel verteilen und allerlei nette Szenen dieses Handwerks und des beschwerlichen Lebens auf dem Lande darstellen.

(071) WOMO-Stellplatz: Stripeikiai/Imkereimuseum

GPS: N55° 24' 27.7" E25° 56' 41.8" (kein Straßenname). **max. WOMOs:** 1-2.
Ausstattung/Lage: Mülleimer, Picknickbänke, Imkereimuseum und schöne Holzskulpturen/außerorts.
Sonstiges: In der Hauptsaison wird Honig zum Verkauf angeboten. Doch wir haben später noch ein weiteres nettes Imkerpaar gefunden, wo Sie das süße Naturprodukt kaufen können.

Zufahrt: Kurz nach dem Ortsausgang Ginučiai führt ein Schotterweg nach 4,5 km auf den Parkplatz des Museums.
Sonstiges: An der Schotterstraße passiert man nach 1,2 km die Zufahrt (enger Waldweg!) zu einem Zeltplatz im Wald. Die Übernachtung dürfte Naturfreunden zusagen, jedoch **nicht** mit dem WOMO. Doch sofern Sie nicht mit dem WOMO zum Imkermuseum fahren, sondern dorthin wandern, dann ist der Platz ein gutes Pausenplätzchen.

Wieder bei **Ginučiai** folgen wir der Asphaltstraße Richtung **Vaišniūnai**. Nun kommen wir auf den Honigverkauf zurück. Nach 2 km steht rechts ein gelbes Haus, das an den davor stehenden Bienenstöcken erkennbar ist. Hier erstehen wir die vielleicht bodenständigste Spezialität – 2 kg Honig bereichern unsere Bordküche und die Kiste mit Mitbringseln für die Lieben daheim. Es folgt der Weiler **Trainiškis** und kurz später die Abzweigung links nach **Vaišnoriškė**, einem der historischen Dörfer im Park. Gegenüber dieser Abzweigung weist ein Schild nach rechts zu einem Zelt- und Picknickplatz:

(072) WOMO-Badeplatz: Vaišniūnų Stovyklavietė

GPS: N55° 22' 59.4" E26° 04' 57.0" (kein Straßenname). **max. WOMOs:** 4-5.

Ausstattung/ Lage: Zahlreiche Picknickbänke, teilweise überdacht, Grillstelle, Mülltonne, Spielplatz, Volleyballfeld, Badesteg und Umkleidekabine, Trockentoiletten, eine davon behindertengerecht/ außerorts.

Zufahrt: 600 m nach Ortsdurchfahrt Trainiškis rechts ab. **Zweite** Zufahrtsmöglichkeit nutzen, die erste ist für WOMOs zu steil und eng.

Der weitere Straßenverlauf führt schnurstracks nach **Vaišniūnai** und von dort wieder kurz vor **Ignalina** rechts nach **Palūšė** zurück.

Verlassen wir nun den herrlichen Nationalpark, der uns mit einer unvergleichlich schönen Natur verwöhnt hat, Richtung Süden. Nach 11 km ist der letzte Ort im Park, **Kaltanėnai**, erreicht. An der Kreuzung halten wir uns geradeaus, rollen weiter auf der 114 Richtung **Molėtai**, und erreichen nochmals nach der gleichen Distanz den **Labanoras Regionalpark**. Noch 7 km liegen bis zu dem gleichnamigen Ort vor uns, der wieder einen netten Stellplatz für uns bereithält, an dem Sie – gutes Wetter vorausgesetzt – einen Badetag verbringen können.

(073) WOMO-Badeplatz: Labanoras

GPS: N55° 15' 59.4" E25° 47' 26.6" (nahe der 114). **max. WOMOs:** 2-3.
Ausstattung/Lage: Mehrere überdachte Picknickbänke, Feuerstelle, Trockentoilette, Mülltonne, Umkleidekabine und Informationstafel, Volleyballfeld, schöner neuer Badesteg/außerorts.
Zufahrt: Kurz nach Ortseinfahrt links ab zum Picknickplatz, Ausschilderung 300 m (gut befahrbarer Schotterweg).

Bald überqueren wir die A14 und erreichen **Molėtai**. Die Tourist Information befindet sich in der Inturkės gatvė, etwa 200 m nach der Kirche. Doch uns zieht es weiter, weil die Stadt – abgesehen von der gelb-weiß getünchten Kirche - nicht allzu viel Sehenswertes bietet. Auf der 172 geht es südwärts. 1,7 km nach der Tankstelle in Molėtai fahren wir Richtung **Ambraziški-ai**, in den Weiler **Zalvariai**. Dort wurde von einem holländischen Unternehmer ein erwähnenswerter, weil besonders schön auf

einer Insel gelegener Campingplatz mit top-modernem Standard eingerichtet. Früher war die Insel eine Obst-plantage und gehörte zur benachbarten Kol-chose. Es kostete den Herrn einiges an Durch-haltevermögen, die Ver-waltung von der Anlage auf der Insel zu überzeugen. Uns davon zu überzeugen zu bleiben (und viele unsere Leser ebenso), war dabei viel leichter. Denn allzu schön ist es, unter Obstbäumen in einer gepflegten Anlage zu sein.

(074) WOMO-Campingplatz-Tipp: Apple Island

GPS: N55° 09' 38.5" E25° 18' 36.8" **Öffnungszeiten:** Ganzjährig.
Ausstattung/Lage: Der Platz liegt auf einer fast 14 ha großen Insel im Grabuostas See in Mitten einer früheren Obstplantage. Daher der Name. Modern ausgestattet, gutes Restaurant, Ver-/Entsorgung. Sauna, Badeplätze, Tennis, Minigolf etc.; äußerst ruhig durch Insellage. Info: www.appleisland.lt, Tel. +370/52791462.
Zufahrt: In Zalvariai bei den alten Kolchosehallen der Ausschilderung zum Campingplatz folgen. Nach dem Ortsausfahrtschild linker Hand der See und die Abzweigung über eine Brücke zum Campingplatz.

Die Weiterreise führt über **Ambraziškiai**. Nach der Ortsdurchfahrt knirscht erst mal wieder Schotter unter den Rädern. Wir rollen jedoch bald auf der besser ausgebauten Straße 172 südwärts. Mit etwas Geduld gelangen wir nach **Parberžė** und halten uns einfach geradeaus. Bald ist die A14 erreicht, auf der wir dann nochmals etwas in nördlicher Richtung fahren müssen, um die Besonderheit zu erreichen, die Ihnen nur eine Reise nach Litauen bieten kann: **Der Mittelpunkt Europas**! So biegen wir an der A14 links ab. Die Zufahrt zum Ziel ist dann nicht viel später gut ausgeschildert.

Der Mittelpunkt Europas

Zwar streiten sich mehrere Länder (auch Lettland) um den „wirklichen" Mittelpunkt unseres Kontinents. Doch nach neuen Messungen französischer (und damit unabhängiger) Geographen liegt das Zentrum Europas eben in Litauen, wenige Kilometer nördlich der Hauptstadt. Hier wurde der Schnittpunkt der jeweils längsten Strecke zwischen den von Nordost nach Südwest und von Südost nach Nordwest verlaufenden Geraden ermittelt. Die Anlage ist neu gestaltet worden. Im Informationshäuschen können Sie ein paar Litas gegen eine Urkunde eintauschen, die Ihnen bestätigt, wirklich in der Mitte Europas gewesen zu sein. Und wenn Sie mögen – der Parkplatz würde sich durchaus für die Nacht eignen.

(075) WOMO-Stellplatz: Mittelpunkt Europas

GPS: N54° 54' 28.6" E25° 19' 14.0" (nahe der A14). **max. WOMOs:** 1-2.
Ausstattung/Lage: Asphaltierter Parkplatz der Attraktion, Nähe zu einem Golfplatz und Restaurant, Picknickbänke/außerorts.
Zufahrt: An der A14 deutlich ausgeschildert.
Sonstiges: Gaststätte 500 m entfernt.

Von hier aus begehen wir den vermutlich größten Fehler unserer Reise in Bezug auf die Auswahl der Route zum nächsten Ziel. Wir wählen nach 5,2 km die nördliche Zufahrt (Straße 108) zum **Europapark** (nicht zu verwechseln mit dem gleichnamigen Freizeitpark in unserer Heimat), kommen durch **Ažulaukė** und folgen dem Wegweiser 500 m nach Ortsausfahrt zum Ziel. Wir sind aus dem Hochland Island ja einiges gewohnt hinsichtlich der Notwendigkeit, Bäche und Flüsse zu furten. Doch diese Straße hier steht dem nicht viel nach. Trotzdem kommen wir nach einigen Widrigkeiten wohlbehalten an und besuchen nicht nur den interessanten Skulpturenpark, sondern können den Parkplatz auch zur Übernachtung nutzen (Bild).

(076) WOMO-Stellplatz: Europos Parkas

GPS: N54° 49' 31.6" E25° 21' 11.3" (kein Straßenname) **max. WOMOs:** 1-2.

Ausstattung/Lage: Asphaltierter Parkplatz am Kassenhäuschen des Europos Parkas. Gaststätte im Park. Parkplatzgebühr, tagsüber bewacht/außerorts
Zufahrt: An der A14 deutlich ausgeschildert. Nutzen Sie aber besser bis zum Ausbau der beschriebenen Strecke die Zufahrt von Vilnius her. Von dort aus - also bis zum großen „Santariškės Kreisverkehr" in Richtung **Žalieji Ežers** (Grüner See) weiterfahren - folgt man wiederum der Ausschilderung.

Europos Parkas (Europapark)

Man versteht sich als Museum im Zentrum Europas. Zugegeben – näher am Mittelpunkt gibt es wohl kein anderes Museum. Aber so ganz ist es halt doch nicht wahr. Doch wenn Sie eine Ausstellung verschiedener Kunstwerke und Skulpturen in freier Natur genießen möchten, sind Sie hier im 1991 vom Bildhauer Gintaras Karosas gegründeten Park genau richtig. Auf 55 ha Fläche werden mehr als 100 Werke von Künstlern aus 30 Ländern präsentiert.

Sie spazieren durch den Park von Kunstwerk zu Kunstwerk, die sich bestens in die Natur einfügen. Wer möchte, kann beim 1993 vom Gründer geschaffenen „Monument im Zentrum Europas“ die Entfernung und Richtung zu den europäischen Hauptstädten ablesen. Politisch brisant ist die ebenfalls von Karosas zusammengestellte Sammlung alter Fernseher, in deren Mitte eine Leninstatue liegt. Der Künstler will damit darstellen, wie die sowjetische Propaganda über die Medien die Menschen im Land mehr als 50 Jahre lang zu beeinflussen versuchte – am Ende ohne Erfolg. Der Drang der Freiheit war stärker und Lenin musste am Ende doch fallen. Nicht zuletzt wartet das Restaurant mit einem guten Angebot an Speisen oder Kaffee und Kuchen auf Gäste, während der bronzene Polizist vor der Tür auf Sie aufpasst. Info: Tel. +370/5/2377 077 www.europosparkas.lt Öffnungszeit: Täglich 9.00 Uhr bis Sonnenuntergang.

Nun aber widmen wir uns nicht mehr dem Zentrum Europas, sondern dem (politischen) Zentrum Litauens, und starten nach **Vilnius**! Vom Stellplatz aus fährt man die Stichstraße wieder hinab und rechts ab. Bald ist - hoch über dem Ufer der Neris - das Stadtgebiet erreicht.

In Tour 6 werden wir Sie dann zu einem Besuch in der Hauptstadt einladen. Und auch ihrer Vorläuferin **Trakai** sollte man etwas Zeit widmen.

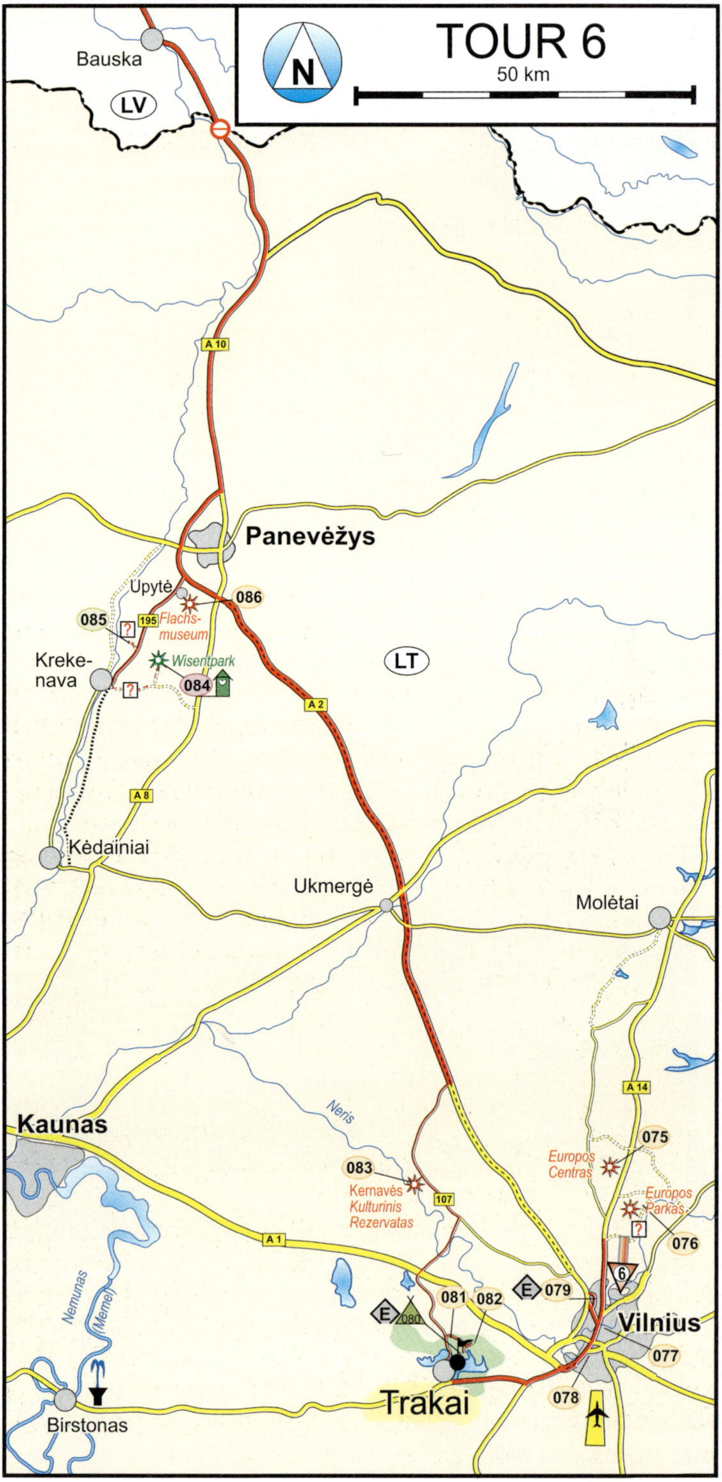
TOUR 6
N
50 km
Bauska
LV
LT
A 10
Panevėžys
Upytė
086
085
195
Flachs-
museum
Wisentpark
Kreke-
nava
084
A 2
A 8
Kėdainiai
Ukmergė
Molėtai
A 14
Kaunas
Neris
075
Europos
Centras
083
Kernavės
Kulturinis
Rezervatas
107
Europos
Parkas
076
A 1
6
079
081
082
080
Vilnius
077
Nemunas
(Memel)
078
Trakai
Birstonas

TOUR 6 (ca. 275 km / 2-5 Tage)

Europos Parkas - Vilnius - Trakai - Kernavė - Panevėžys - Upytė - Lettisch-Litauische Grenze

Freie Übernachtung:	Vilnius (P1 und Parkplatz am Burgberg), bei Trakai, Užutrakis, Kernavė, Stumbynas/Wiesentpark, Ramunės ir Rigoleto Mykolaičiu sodyba, Linų Museum Upytė.
Campingplätze:	Vilnius City Camping, Trakai.
Ver-/Entsorgung:	Campingplätze Vilnius und Trakai.
Baden:	Trakai/Campingplatz und Užutrakis.
Besichtigen:	Vilnius/Altstadt, Trakai, Užutrakis, Wiesentpark, Linų Museum Upytė.
Wandern:	Užutrakis.

Vom Europa Park aus fahren wir die Stichstraße hinab, biegen rechts ab in südlicher Richtung und erreichen bald das Ufer der Neris, die ein Stück unterhalb träge entlangfließt. Nun ist es auch nicht mehr weit bis zur Einmündung in die Fernstraße 102, die uns zügig ans Ziel, die **litauische Hauptstadt Vilnius (Wilna)**, bringt. Am großen Kreisverkehr halten wir uns schräg links auf die Kalvarias gatvė. Zunächst gleiten Industrieanlagen, eine Sportarena und Plattenbauten an uns vorbei. Die Silhouette einer orthodoxen Kirche stimmt uns darauf ein, dass Vilnius als **Stadt der Kirchtürme** gilt. Dass sich ein Besuch der litauischen Metropole lohnt, hatten wir ja schon anklingen lassen. Deshalb möchten wir auch gleich klären, wo unser WOMO während des Besuchs stehen kann.

Blick vom Gediminasturm auf dem Burgberg über die Altstadt von Vilnius

Zwei (jeweils bedingt übernachtungstaugliche) Plätze dienen eher dem Tagesbesuch, bevor es für die Nacht etwas außerhalb der Stadt geht. So überqueren wir die **Neris** und fahren aufs Geratewohl rechts ab, gondeln ein Stück entlang der Neris und entdecken den „P1" nahe dem Regierungsviertel (**GPS 077:** N54° 41' 33.9" E25° 15' 43.0"/A. Goštauto gatvė). Nicht schlecht, und der Fußweg in die Stadt ist kein Problem! Wir haben dort auch nachts WOMOs entdeckt, haben selbst aber nicht hier übernachtet. Ist es Ihnen wohler auf einem bewachten Parkplatz, wo Sie eher schon übernachten könnten, dann folgen Sie dem Ufer der Neris stadteinwärts durch die A. Goštauto gatvė und weiter über die Arsenalo gatvė zur Mündung der Vilnia. Gleich danach finden Sie rechts den Parkplatz am Fuß des Kalnų parkas und gegenüber des Burgberges (**GPS 078:** N54°41"16.9" E25° 17' 37.4"/A. Koskiuškos gatvė).

Von beiden Parkplätzen aus können Sie Ihren Stadtrundgang zu Fuß starten. Wir beschreiben unsere Besichtigung nachfolgend vom zuletzt genannten bewachten Platz aus.

Doch nehmen wir auch an, dass viele unserer Leser etwas mehr Zeit für den Hauptstadtbesuch einplanen, hierfür mehr als eine Nacht bleiben und deshalb einen komfortableren Stellplatz bevorzugen. Seit 2008 verfügt Vilnius über einen zwar nicht stadtnahen, aber mit Bussen gut erreichbaren WOMO-Stellplatz (offen Juni-Anf. Sept).

(079) WOMO-Stellplatz: Vilnius City Camping

GPS: N54° 40' 40.1" E25° 13' 33.1" (Laisvés prospekt). **max. WOMOs:** >10.

Ausstattung/Lage: Nahe dem Messegelände, V/E, Strom, Waschmaschine/Trockner, Internet. www.vilnius-tourism.lt, Tel. +370/680-32452. Sicher kein „Traumplatz", wenn man die äußere Erscheinung nimmt. Aber für den ausgedehnten Besuch in Vilnius sicher eine Empfehlung wert/Ortsrand.

Zufahrt: Von der Gastauto gatvė südlich zur A2/A14, Richtg. Trakai halten; am Kreisel auf Laisves prosp. 400 m nach dem Fluss rechts in die Parodu gatve bis zur Messe rechts ab weiterfahren.

Rundgang durch Vilnius

Zunächst ist ein kurzer geschichtlicher Abriss dieser imposanten Metropole angebracht. Sie gilt als Stadt der 100 Kirchen, von denen alleine 40 aus den unterschiedlichsten Bauepochen in der Altstadt stehen. Die älteste ist die **Nikolaikirche** aus dem 14. Jh. Vilnius hat so viel alte, geschichtsträchtige Substanz in die Gegenwart gerettet, dass die UNESCO gleich die gesamte Altstadt zum Weltkulturerbe erhoben hat.

Vilnius war nicht nur die Hauptstadt des katholischen Litauen. Die Stadt galt auch als „Jerusalem des Nordens“ mit einem lebendigen jüdischen Leben und zahlreichen Synagogen. Eine einzige davon hat die Naziherrschaft überdauert. Tausende Juden mussten für ihren Glauben mit dem Leben bezahlen. Auf diese Schreckenszeit, aber ebenso auf die Unterdrückung unter dem Sowjetregime kommen wir später zurück, wenn wir einen Blick vor die Tore der Stadt werfen.

Von hier aus (bzw. in dem Falle genauer gesagt aus Trakai heraus) wurde für eine kurze Epoche auch einmal ein weit ausgedehntes Reich regiert, das bis zum Schwarzen Meer reichte. Doch ist hierin und in der verkehrsgünstigen Lage an den großen Handelswegen von Nord nach Süd und Ost nach West ein gutes Stück des früheren Reichtums zu erklären, der dieser Stadt ihr prächtiges Äußeres ermöglichte.

In der jüngeren Vergangenheit, zur Zeit der politischen Wende hin zur Unabhängigkeit vom übermächtigen „Bruderstaat“ Sowjetunion, machte Vilnius auch in trauriger Weise Schlagzeilen: Am **Fernsehturm** (wenige Fahrminuten vom City Camping in der Sausio 13-Osios gatvé - Parkplatz **GPS** N45° 41’ 19.6“ E 25° 12’ 56.8“) fanden am 13. Januar 1991

14 für die Freiheit und Unabhängigkeit demonstrierende Bürger Litauens auf äußerst brutale Art den Tod durch sowjetische Panzer. Diese wurden auf Befehl Gorbatschows gegen das friedliche Aufbegehren der Litauer eingesetzt wurden und überrollten zahlreiche Menschen. Den Getöteten wurde am Fuß des Bauwerkes ein ehrendes Mahnmal gesetzt. Ob zu Beginn oder am Ende des Aufenthalts - Sie sollten die Gelegenheit wahrnehmen, um diesen historisch bedeutsamen Ort zu besuchen. Das im Erdgeschoss untergebrachte Museum für den friedlichen Aufstand und die gewaltsame Gegenwehr des Sowjetreiches geht ganz schön unter die Haut. Ach ja - wer mag, kann im Fahrstuhl hoch hinaus auf den Turm fahren und die Aussicht genießen - auch das gehört natürlich dazu!

Doch starten wir zu unserem Altstadtrundgang. Unweit des Eingangs

des erwähnten bewachten Parkplatzes am Fuß des Burgberges wartet das **Litauische Nationalmuseum** auf Gäste. Wenn Sie dagegen zunächst den vielleicht schönsten Blick über das „Florenz des Nordens" werfen möchten, sollten Sie sich die Mühe machen, den **Oberen Burgberg** mit dem **Gediminasturm** zu besteigen (Bild Seite 91). Bei 48 m Höhe ist das eine sicherlich machbare Aufgabe. Die Damen sollten übrigens ihre Pumps tunlichst im WOMO lassen, wenn sie welche dabei haben. Das Kopfsteinpflaster auf dem Weg hinauf ist dafür nun wirklich nicht geeignet. Von der Burg an sich ist allerdings nicht viel übrig geblieben.

Zusätzlich zur schönen Aussicht kann man sich im historischen Turmmuseum über die näheren geschichtlichen Gegebenheiten informieren, bevor man hinabsteigt und sich der Besichtigung der beeindruckenden **Kathedrale von Vilnius** widmet. Sie ist das wichtigste Gotteshaus Litauens. Hier liegen auch der Großfürst Vytautas sowie weitere wichtige Persönlichkeiten begraben. Entstanden ist das Gotteshaus im 13. Jh unter König Mindaugas. Interessant ist die einem griechischen Tempel ähnelnde Fassade sowie der nach italienischem Vorbild separat stehende Glockenturm. Schenken Sie dem prächtigen Gotteshaus einen Besuch auch im Inneren - ob es nun zur reinen Besichtigung ist oder auch um innezuhalten und etwas Besinnung zu suchen. Der Barockstil, nicht zuletzt auch der prächtige

Altar, wird auch Sie in seinen Bann ziehen.
Wenige Gehminuten entfernt lohnt sich der Besuch beim sehenswerten Ensemble der **St. Annen Kirche** und der **Kirche des Hl. Franziskus und des Hl. Bernhardin**, die sich in einer Schleife der Vilnia befinden (Bild vorige Seite unten). Auf dem Weg spazieren wir durch einen schönen Park. Die Annenkirche ist *das* gotische Bauwerk des Landes schlechthin. Neben ihrer reich verzierten Backsteinfassade erscheint die Nachbarkirche des Hl. Franziskus fast schon schlicht, was dem ebenfalls sehenswerten Gebäude aber nun wirklich nicht gerecht wird.
Ein Blick auf die prachtvolle **Universität Vilnius** ist ebenso ein Muss. In den weitläufigen Bauwerken sind verschiedene Baustile von der Gotik bis zum Klassizismus vereint. Dazu gehört die im Jahre 1426 fertig gestellte **Johanneskirche**. Die Universitätsbibliothek beherbergt über 6 Millionen Bücher, Dokumente und Handschriften.
In direkter Nachbarschaft, am sehenswerten Daukantasplatz, fällt der klassizistische **Präsidentenplast** auf. Früher Residenz der Vilniuser Bischöfe, wurde er zu Zeiten der Eingliederung ins russische Reich Sitz des Gouverneurs in Vilnius. Im 19. Jh. erhielt er das heutige Aussehen und ist seit 1997 Sitz des Litauischen Präsidenten.
Geht man die Didûioji gatvė entlang, passiert man die Gemäldegalerie, die im prachtvollen dreistöckigen Palast der Familie Chodkevičius untergebracht ist. Ein Stück weiter steht man auf dem zentralen **Rathausplatz** mit dem beeindruckenden alten Rathaus, das Ende des 14. Jh. errichtet wurde, nachdem die Stadt das Magdeburger Stadtrecht erhalten hatte. Unser Weg führt durch die Aušros Vartų gatvė. Dort gelangt man zum letzten erhaltenen Stadttor, dem **Aušros Tor (Tor der Morgenröte)** mit seiner freskenverzierten, sehenswerten Renaissancefassade. Rechter Hand erhebt sich der Prachtbau der **Dreifaltigkeitskirche**, auf der anderen Seite, etwas zurück versetzt, die orthodoxe **Heiliggeistkirche** mit ihrer reichen Ausstattung.

Blick von den Rathausstufen: Barockfassade von St. Kasimir

Wer auf dem Parkplatz im Westen beim Parlament parkt, hat zunächst neben der politischen Schaltzentrale des Landes die pulsierende Einkaufsstraße vor sich, den **Gediminas Prospekt**. Herrlich verzierte Fassaden der Kaufmannshäuser, ein wirklicher Prachtboulevard zieht

sich vom Parlament bis zur Kathedrale. Wir aber spazieren vom Aušros Tor zunächst zurück zum alten Rathaus und von dort schräg links durch die Vokieečių gatvė. Bald erhebt sich zunächst etwas rechts das **Dominikanerkloster**, bevor uns die herrlich renovierte **Katharinenkirche** in ihren Bann zieht.

Die Katharinenkirche

Dann sind wir am **Gediminas Prospekt** und können uns ins Leben einer Hauptstadt stürzen, bis hinab zum Parlament schlendern oder zurück zur Kathedrale – je nach dem, wo das WOMO eben geparkt ist.

Selbstverständlich können wir Ihnen hier auch nur einen überschaubaren Ausschnitt der sehenswerten Hauptstadt Litauens, der Stadt des Barock, geben. Nicht vergessen sollte man dabei die - allerdings etwas abseits liegende – **St. Peter und Paul Kirche** an der Kosciuskos gatvė ein Stück flussaufwärts am linken Flussufer der Neris. Die Kirche ist ein Kunstschatz erster Güte, wurde sie doch von der Zerstörung in Kriegen oder bei verschiedenen Stadtbränden verschont und konnte den strahlenden Glanz des Barock in die Gegenwart herüberretten.

Möchten Sie sich mit der wechselvollen Geschichte befassen, sollten Sie neben den erwähnten Museen das **Museum für Genozidopfer (KGB-Museum)** in der Subaciaus gatvė, einer Querstraße des Gedminas prospekts, aufsuchen und sich für uns meist unbekannte Informationen über die Unterdrückung zu Sowjetzeiten holen. Gleiches gilt für das Staatliche jüdische Museum von Gaon von Vilnius (Pylimo gatvė 4 (Mo/Di geschlossen) sowie die Gedenkstätte Paneriai (Agrastų gatvė) der Judenvernichtung im Süden der Stadt.

Schließlich war Vilnius über Jahrhunderte ein jüdisches Zentrum, was die Nationalsozialisten nicht abhielt, ihre Kultur und – viel schlimmer noch – ihr Leben nahezu vollständig auszulöschen. Zehntausende Juden fanden im Wald von Paneriai den Tod durch die Todesschützen der Deutschen. Die Schergen des Naziregimes halbierten auf diese Weise die Einwohnerschaft von Vilnius und radierten das jüdische Leben aus. Und was die Deutschen nicht schafften, vollendete das Sowjetregime, das beispielsweise jüdische Friedhöfe einebnete und die Große Synagoge dem Erdboden gleichmachte oder die Ghettos vollends zerstörte. Interessant ist in diesem Zusammenhang auch das Jüdische Gemeindezentrum, das eine Filiale des Jüdischen Museums beherbergt. Natürlich kann, vielleicht sollte man auch die Gedenkstätte im Wald von Paneriai aufsuchen, an den Erschießungsgräben innehalten und so einen kleinen Beitrag gegen das Vergessen leisten.

Das KGB-Museum

Doch auch die Neuzeit hat eine Besonderheit zu bieten. Das **Užupisviertel** mit Galerien, Handwerks- und Kleinkunststätten gilt als alternative Republik im Lande. Hier ist das Recht zum Unglücklichsein gar in der Verfassung verbrieft. Man gibt den Einwohnern und Gönnern nicht nur eigens Pässe der Republik aus. Man leistet sich sogar einen Präsidenten, eine Zeitung und gar eine Botschaft in Moskau und vieles mehr. Gönnen Sie sich ruhig mehr als nur einen kurzen Blick in die etwas entrückte, autonome und doch irgendwie liebenswerte Republik. Die Armee (bestehend aus 12 Männern) hat nichts gegen Touristen und man kann durchaus auf der Terrasse des Užupių Kavninė eine gemütliche Auszeit nehmen.

Und wenn Sie über eine Brücke dort hinübergehen, achten Sie auf die vielen Vorhängeschlösser. Sie dienen nicht etwa der Befestigung irgendwelcher Brückengeländer, sondern wurden von frisch vermählten Paaren angebracht. Der Schlüssel fliegt dann in hohem Bogen in den Fluss - auf dass niemand mehr die Verbindung lösen soll.

Gestatten Sie uns, dass wir uns auf diese Informationen zur Hauptstadt Litauens beschränken. Sicher werden auch Sie da und dort eine Entdeckung machen, die wir übersehen oder hier nicht beschrieben haben. Mehr Informationen bieten Ihnen unter anderem die in den Literaturtipps erwähnten Reiseführer. Oder Sie suchen die Tourist Information auf, die Ihnen eine Fülle von aktuellen Informationen und nicht zuletzt einen informativen Stadtplan mit Vorschlägen für Ihren individuellen Rundgang aushändigt. Die Hauptstelle finden Sie beim Alten Rathaus, eine Filiale an der Vilniaus gatvė nahe bei der Katharinenkirche und unweit des Gediminas Prospekts.

Ziehen Sie nun mit uns weiter. Wir konzentrieren uns nun wieder auf die Ziele in der einmaligen Natur Litauens, die ein ebenso wichtiges wie zu bewahrendes Gut dieses Reiselandes ist. Zudem möchten wir nicht nur von der heutigen Hauptstadt Litauens sprechen.

Nachmittägliche Gewitterstimmung im Trakai Nationalpark

Im Mittelalter wurde das Land und das Reich, das bis zum Schwarzen Meer reichte, von **Trakai** aus regiert. Das berühmte Wasserschloss, das mitten in der Seenlandschaft des **Historischen Nationalparks Trakai** am Rande der 7000 Einwohner zählenden Stadt liegt, sollte auf keiner Reise nach Litauen fehlen. Machen Sie also einen Abstecher dorthin und bewundern auch Sie die einmalige Atmosphäre von Trakai.

Doch lassen Sie sich nicht nur von der Burg in den Bann ziehen, sondern schenken der Stadt und der Natur, die sie umgibt, die nötige Beachtung. Vilnius haben wir in südwestlicher Richtung verlassen. Vom Parkplatz P1 aus folgen wir kurz der Neris und sausen auf der verkehrsreichen Geležinio Vilko gatvė weiter. Bald wird die Straße vierspurig und wir brauchen nur noch der Ausschilderung zu folgen, die bereits auf Trakai hinweist. Kaum haben wir die Ortseinfahrt hinter uns, weist ein Schild auf das Schloss und auf den Campingplatz Slėnis hin, der auf der anderen Seite des Sees liegt.

Wie Sie wissen, konzentrieren sich WOMO-Bücher auf die Beschreibung freier Stellplätze. Doch in Trakai spüren Sie, dass der Touristenrummel seinen Tribut fordert. Wir finden im Ort keinen Parkplatz, den wir als Stellplatz über Nacht empfehlen würden. Doch das wird durch den ausgesprochen schönen Campingplatz und den einen oder anderen außerhalb liegenden Stellplatz ausgeglichen. Zunächst zum Campingplatz:

(080) WOMO-Campingplatz-Tipp: Kempingas Slėnyje

GPS: N54° 40' 02.4" E24° 55' 45.8" (Slėnio gatvė). **Öffnungszeiten:** Ganzjährig.
Ausstattung/Lage: Am Galvės See gelegen (mit Badestrand), Restaurant, gute Sanitärausstattung, WOMO Ver-/Entsorgungsstation. Restaurant. Schiffsanlegestelle zur Fahrt nach Trakai. Vermittlung von Reittouren, Buchung der Fahrt mit Ausflugsschiffen nach Trakai. Tel. +370/686-11136, www.camptrakai.lt; eMail: slenyie@gmail.com
Zufahrt: Ab Trakai ausgeschildert (im Uhrzeigersinn etwa 7 km um den See entlang).

Sollten Sie zum Einchecken im Campingplatz zu spät sein oder einfach nur für eine Nacht einen freien (einfachen) Stellplatz bevorzugen, haben wir natürlich gesucht und gefunden.

(081) WOMO-Stellplatz: Galvės See

GPS: N54° 38' 30.8" E24° 55' 11.6" (kein Straßenname). **max. WOMOs:** 1-2.
Ausstattung/Lage: Asphaltierter Parkplatz mit Mülltonne. Guter Ausgangspunkt für Radtour/außerorts.
Zufahrt: Knapp 2 km nach Trakai an der Zufahrt um den See und Richtung Užutrakis /Campingplatz.

Während unsere Tochter den herrlichen Park in Užutrakis hoch zu Ross bei einem Ausritt genießt, tun wir das Gleiche, bevorzugen aber für den Spaziergang die eigenen Hufe (nein Füße natürlich). Und ganz nebenbei entdecken wir dabei noch folgenden Stellplatztipp:

(082) WOMO-Stellplatz: Užutrakis

GPS: N54° 39' 48.4" E24° 56' 43.0" (Užtrakio gatvė) **max. WOMOs:** 2-3.
Ausstattung/Lage: Asphaltierter Parkplatz am Ortsrand, Mülleimer.
Zufahrt: Wie Campingplatz Slėnyje, jedoch an der Einfahrt geradeaus dem Sträßchen nach Užutrakis folgen. Es endet am Parkplatz beim Schlosspark.
Sonstiges: Spaziergang durch den Park und unbedingt den Blick nach Trakai genießen.

WOMO-Wandertipp: Nach Užutrakis

Diesen Geheimtipp möchten wir Ihnen nicht vorenthalten, auch wenn das schmucke Herrenhaus mit Traumblick auf Trakai sicher schon bessere Zeiten erlebt hat, als zu Sowjetzeiten, während derer das herrliche, neoklassizistische Gebäude dem Verfall preisgegeben war. Nun sieht es nach einer umfangreichen Renovierung sicher auch wieder besseren Zeiten entgegen.

Dass das schmucke Schloss nunmehr Kunstausstellungen und Konzerten einen schönen Rahmen gibt, wäre den Herren von Tyszikiewicz, einem polnischen Adelsgeschlecht, sicher angenehm.

Vom Campingplatz (bzw. vom außerhalb liegenden Parkplatz) wandert man auf dem Sträßchen am Seeufer entlang, das teils badetaugliche Abschnitte bietet, teils durch einen Schilfgürtel oder Gestrüpp unzugänglich ist. Nach etwa einer halben Stunde passieren wir den Bootsanleger und haben kurz danach den tollen Park des Palastes von Užutrakis erreicht.

Unübertrefflich ist nicht nur der Blick über den See nach Trakai, sondern auch der weitläufige Park hinter dem Schloss, der zum ausgiebigen Lustwandeln geradezu einlädt.

Wer möchte, findet auch hier eine Badegelegenheit im See oder kann sich einfach gemütlich auf eine der Parkbänke setzen und den lieben Gott einen netten Mann sein lassen. Genießen Sie den Spaziergang nach Belieben und wandern auf gleichem Weg zum WOMO zurück.

Nun zurück nach **Trakai** – schließlich haben wir dort noch einiges zu entdecken. Im Ort sind mehrere Parkplätze ausgewiesen – allesamt gebührenpflichtig. Also halten Sie das nötige Kleingeld parat. Wir haben das mit einer Bootsfahrt vom Campingplatz aus geregelt und den Heimweg mit dem Taxi, das uns der Campingplatz organisierte. Doch das müssen Sie selbst entscheiden. Wenn Sie ein Fahrrad mit haben, ist das sicher eine nahezu optimale Alternative.

Zunächst zur Burg, die Sie sicher auf dem einen oder anderen Prospekt, Reiseführer oder aus der Ferne bereits im Original bewundert haben.

Rundgang durch Trakai und zur Burg

Burg und Stadt sind eine Gründung des Großfürsten Gediminas, gehen also auf den Anfang des 14. Jh. zurück. Zunächst lag die Burg auf einer Halbinsel nahe dem heutigen **Karäerviertel**. Doch von der alten Festung ist nicht mehr viel übrig. Gediminas' Sohn verlegte die Burg deshalb auf die Insel, um gegen die Angriffe der Deutschordensritter besser geschützt zu sein. Noch heute wird sehr häufig auf die Burg geschossen - doch sind es inzwischen nur noch zahllose Touristen und vor allem nur Schnappschüsse mit dem Fotoapparat. Doch 1655 war das anders – die Russen zerstörten die mächtige Festung. Sie wurde erst nach dem II. Weltkrieg wieder aufgebaut, was den Sowjets wiederum ein Dorn im Auge war – steht sie doch für die Freiheitsbewegung und die Eigenständigkeit eines selbstbewussten Litauen.

Heute beherbergt die Festung ein interessantes **historisches Museum**, das viel über Trakai und die Geschichte Litauens zu bieten hat.
Großfürst Vytautas holte während seiner Regierungszeit Karäer von der Halbinsel Krim hierher. Sie gehören einer altgläubigen, jüdischen Glaubensrichtung an und bewahren bis heute als kleinste ethnische Minderheit Litauens ihre Kultur und Sprache, leben in typischen, (meist) Holzhäusern, die mit der Giebelseite zur Straße hin stehen. An der Karaimų gatvė finden Sie das Gebetshaus und das Karäische Museum (Mo/Di geschl., sonst 10-18 Uhr), wo Sie sich eingehender mit der Kultur und Geschichte dieser Volksgruppe befassen können.
Den Ort durchquert man auf der Vytautas gatvė der Länge nach be-

quem auch zu Fuß. Alle Sehenswürdigkeiten reihen sich wie Perlen an ihr ohne lange Zugangswege auf. Die Touristinformation finden Sie in Haus Nr. 69 und nahe dabei die orthodoxe Kirche.
Die Straße gabelt sich dann bald – links in das Karäerviertel, auf dessen Bewohner wir schon eingegangen sind. Rechts hinüber gelangen wir zur Festung, wobei Sie zuvor natürlich die Reste der alten Burg besichtigen können. Die berühmte Wasserburg ist dann über eine Fußgängerbrücke von der Stadt erreichbar - und umgekehrt. Drinnen können wir nicht nur Studien über den Aufbau einer typischen Burganlage machen, sondern das bereits erwähnte Museum besuchen.

Typisches Haus im Karäerviertel

Sehenswert ist im Ort die zweitürmige Kirche St. Maria Verkündigung mit ihrer prachtvollen Barockzierde, die sie nach der russischen Zerstörung beim Wiederaufbau im 17. Jh. erhielt. Denn eigentlich ist sie einer der ältesten Kirchenbauten Litauens und datiert in das 15. Jh. zurück.

Da wir im Urlaub selbstverständlich auch der gemütlichen Einkehr in einem Restaurant nicht abgeneigt sind, freuen wir uns über das Angebot in Trakai. Unsere Entscheidung fällt auf ein Restaurant an der Promenade – des Blickes auf die Burg wegen. Hier lassen wir uns die litauische Küche mit einem guten Fisch und Cepelinai in verschiedenen Varianten oder die karäische Spezialität Kibinai (hackfleischgefüllte Teigtaschen) schmecken, bevor wir zum WOMO zurückkehren.
Nicht zuletzt möchten wir darauf hinweisen, dass an der Ortseinfahrt von Trakai häufig ein richtig schöner, reichhaltiger Bauernmarkt abgehalten wird. Hier haben wir für wenig Geld genug Heidelbeeren und Himbeeren nebst frischem Brot und Gemüse erstanden, um mit 16 Gläsern selbstgemachter Marmelade heimzufahren.

Sie haben Ihre Rundfahrt durch Litauen mit der Fähre begonnen und Tour 1 noch nicht erlebt? Dann besteht jetzt die Gelegenheit, über gut ausgeschilderte Fernstraßen zügig nach **Druskininkai** oder Kaunas zu gelangen und nachzuholen, was wir in Tour 1/2 erlebt haben.

Wir kümmern uns derweil um die **Weiterfahrt nach Lettland**. Frei nach dem Motto „Der Weg ist das Ziel" haben wir auf dieser Strecke quer durch Litauen ein paar Ziele für Sie gesucht und gefunden.

Möchten Sie nochmals zurück nach **Vilnius**, finden Sie unsere Route leicht, indem Sie die A1 Richtung Kaunas nehmen bis kurz vor Vievis.

Wir dagegen fahren von Trakai aus nochmals Richtung Camping- und Stellplatz, halten uns an der Abzweigung dorthin aber nordwestlich auf der 107, die nach knapp 18 km die A1 erreicht, kreuzen diese und halten uns auf der 108 in nordöstlicher Richtung. Zunächst überqueren wir die Neris, die sich durch die Flussebene schlängelt, und gelangen bald zur 171, auf die wir links abbiegen und nach **Kernavė** sausen. Lassen Sie sich dort von der unscheinbaren Ortseinfahrt nicht irritieren und besuchen das leider (noch?) nicht ausgeschilderte **Historische und Archäologische Museum**, das wir leider nur als Baustelle vorfanden (Bauzeit geplant bis 2010). Dafür wird das moderne Bauwerk sicher die Gelegenheit bieten, vieles über Geschichte und Kultur Litauens zu erfahren.

(083) WOMO-Stellplatz: Kernavė

GPS: N54° 53' 09.3" E24° 51' 09.6" (kein Straßenname) **max. WOMOs:** 1-2.
Ausstattung/Lage: Asphaltierter Parkplatz beim Historischen und archäologischen Museum mit Blick auf die Kirche, Mülleimer / im Ort.
Zufahrt: Kurz nach der Ortseinfahrt links abbiegen Richtung Kirche und bis zum Museumsparkplatz weiterfahren.

Das Historische und Archäologische Museum Kernavė

Das Reservat umfasst eine Freilichtausstellung von 196,2 ha mit mehr als 50 archäologischen und historischen Kulturdenkmälern, die dem UNESCO Weltkulturerbe zugerechnet werden.
Hier wurde vieles aus dem Erdreich geborgen und frei-

gelegt, was Mutter Natur und die Menschen im Laufe vergangener Jahrhunderte errichtet hatten. Am imposantesten sind fünf Schutzburghügel, in deren Schutz sich im Mittelalter eine hölzerne Stadt befunden hatte.
Kernavė wurde 1279 in der Chronik Hermanns von Wartberge und in der Livländischen Reimchronik zum ersten Mal erwähnt. Es war lange Zeit der wirtschaftliche und politische Mittelpunkt Litauens.
Es lohnt sich auch, dieses Gelände auf Schusters Rappen zu erkunden. Vergessen Sie dabei auch nicht die sehenswerte Backsteinkirche anzuschauen. Mehr Info: www.kernave.org.

Nach dem Besuch in Kernavė fahren wir zurück auf die 116, um auf die A2 nordwärts abzubiegen. Wir lassen **Ukmergė** links liegen und sausen zügig an endlosen Feldern vorbei bis kurz vor **Panevėžys**. Ein Stück nutzen wir den Autobahnring (A17), biegen aber an der zweiten Kreuzung links auf die südwärts führende 195 Richtung **Kėdainiai** ab. Hier haben wir zwei weitere, sehr interessante Besichtigungsziele für Sie gefunden, die ganz nebenbei jeweils einen schönen, ruhigen Stellplatz abgeben. Und einen sehr gastfreundlichen Bauernhof mit Stellplatzmöglichkeit gibt es darüber hinaus für Sie.

Fangen wir am südlichsten der drei Plätze an. Sie möchten doch auch einmal eine Herde Wisente sehen? Hier werden Sie erfolgreich sein, mit ganz viel Glück sogar in freier Wildbahn. Denn in dieser Region wurde eine Herde von 20-30 Tieren ausgewildert. Höhere Sichtungsquoten bietet natürlich der Wisentpark Stumbrynas, und einen netten Stellplatz dazu:

(084) WOMO-Stellplatz: Stumbrynas/Wisentpark

GPS: N55° 33' 26.8" E24° 13' 03.5" (Stumbrynas) **max. WOMOs:** 1-3.
Ausstattung/Lage: Nahe dem Eingang zum Wiesentpark, Sichtweite zum Gehöft. Schotterplatz mit Picknickbänken und Trockentoiletten/außerorts.

Zufahrt: Auf der 195 bis Krekenava fahren. Dort In östlicher Richtung nach Ramygala abbiegen, die Linkava überqueren. Nach 6,5 km beginnt eine Schotterstraße, bevor nach 1 km (und 600 m nach einem markanten Rechtsknick des Straßenverlaufs) links ab eine Schotterstraße Richtung Stumbrynas führt (3 km).

Der Wisentpark Stumbrynas

Im Wisentpark lebten zur Zeit unseres Besuches 2 Herden mit ca. 50 Tieren, jede mit einem Bullen. Die Gehege sind von Dienstag-Freitag täglich von 10-16 und samstags/sonntags 10-18 Uhr zu besichtigen. Zusätzlich gibt es noch einmal ebenso viele wild lebende Wisente, von denen eine Herde in den Wäldern um Stumbrynas, eine weitere in der Nähe von Ukmergė und eine Gruppe nahe Kėdainiai eine Heimat gefunden haben. Somit ist – zumindest vorläufig - in den Wäldern in dieser Region die Wiedereinbürgerung dieser gewaltigen Wildrinder gelungen. Hoffen wir, dass der Erfolg von Bestand ist!
Für einen geringen Eintrittspreis beobachtet man die Herden von einer Besucherplattform aus. Greift man etwas tiefer in die Tasche (EUR 3,00 je Person) kann man sich einer Besuchergruppe zu einer Führung in die Wälder anschließen. Dann besteht die Möglichkeit, die Tiere auch in freier Wildbahn zu beobachten.

Wieder in Krekenava zurück, setzen wir unsere Reise auf der Ostseite des Flusses auf der 195 nordwärts fort. Ein Stück nördlich von Krekenava haben wir auf einem einsamen Gehöft eine nette Übernachtungsalternative für Sie gefunden

(085) WOMO-Stellplatz: Ramunės ir Rigoleto Mykolaičių sodyba

GPS: N55° 38' 10.6" E24° 07' 23.4" (kein Straßenname). **max. WOMOs:** 1-2.
Ausstattung/Lage: Beim Gehöft (Poilsis kaime); Sauna, auf Voranfrage Frühstück/Mittagessen, Wasser (glasklare, gute Qualität!) aus dem hauseigenen Ziehbrunnen.

Stellplatz auf der Hoffläche auf Anfrage gegen einen angemessenen Obolus/außerorts.
Tel. +370/8698/50848, Mail: Mykolaiciai@yahoo.com
Zufahrt: Knapp 5 km nördlich von Krekenava den Fluss Upytė überqueren. 2,5 km später dem Schild J. Urbšio Gimtinė 5 km links ab folgen (Schotterweg, stellenweise sehr eng, nicht für große WOMOs). Nach 6 km weist ein Schild zu einem Gasthaus (Passrapola). Das Sträßchen endet nahe einem Moorgebiet beim gesuchten Gehöft.
Sonstiges: Die Besitzer zeigen Ihnen gerne wunderschöne Spaziergänge durch die einsame, hier noch intakte Natur. Sie können Tiere, besonders gut Vögel, beobachten oder einfach die Ruhe genießen.

Warum haben wir Sie gerade in diese gottverlassene Gegend gelockt? Ganz einfach – weil man hier das unverfälschte Litauen und vor allem Land und Leute und deren unvergleichliche Gastfreundschaft kennen lernt.

Wieder an der 195, geht unsere Reise durch Litauen ihrem Ende entgegen. Wir nähern uns der lettischen Grenze aber nicht, ohne noch eine Besonderheit anzusteuern.

Kaum 7 km sind wir wieder nach Norden gelangt, weist ein Schild auf das Linų Museum (Flachsmuseum) in Upytė hin. Dieser kleine Umweg lohnt sich, denn nicht nur ein interessantes, liebevoll zusammengestelltes Museum wartet auf uns, sondern gleich noch ein ebenso netter Stellplatz:

(086) WOMO-Stellplatz: Linų Museum Upytė

GPS: N55° 37' 47.3" E24° 13' 53.2" (Eriškių gatvė) **max. WOMOs:** 1-3.

Ausstattung/Lage: Parkplatz bei einem Gehöft und dem Flachsmuseum, das in der schönen, alten Windmühle untergebracht ist / Ortsrand.

Zufahrt: Von der 195 dem Hinweisschild „Linų Museum" folgen. In Upytė an der abknickenden Vorfahrt wieder ausgeschildert.

Das Leinenmuseum von Upytė:

Museumsbesuch auf Anfrage per Telefon +370/845/55 55 03 od. 55 55 14; mobil +370/861543097). Die Dame, die Sie hoffentlich auch erreichen, wird Ihnen das Museum – selbstverständlich gegen einen Obolus – gerne zeigen. Sie lernen dann auch gleich, wie man aus dem Flachs zunächst die Fasern kämmt, bis sie so fein sind, dass das Garn gesponnen und anschließend ein hochwertiger Leinenstoff gewoben werden kann. Es ist interessant, wie das wertvolle, robuste Gewebe in Handarbeit entsteht. Darüber hinaus können Sie das eine oder andere Stück erwerben und als Souvenir mit nach Hause nehmen.

Wir lassen Upytė mit der sehenswerten Holzkirche Richtung **Panevėžys** hinter uns. Diese Industriestadt hat im Krieg sehr gelitten und bietet kein attraktives Ortsbild mehr, es sei denn, Sie wären Fans der sowjetischen Plattenbauarchitektur. Doch als Einkaufsstätte ist sie natürlich willkommen und wir tauschen im wie immer modernen, gut sortierten Lebensmittelmarkt die letzten Litas gegen Ess- und Trinkbares ein, bevor wir „Adieu Litauen" sagen. Auf der A10/E67 (Via Baltica) brausen wir gut 60 km nordwärts Richtung Rīga.

Bis bald, schönes Urlaubsland Litauen – wir kommen wieder!

TOUR 7 (ca. 250 km / 2-4 Tage)

Bauska - Mežotne - Salaspils - Rīga - Jūrmala

Freie Übernachtung: Mežotne, Rīga/ethnogr. Museum, Jūrmala

Campingplätze: Vecozolnieki, Nameji, Rīga (City-Camping, ABC-Camping), Nemo/Jūrmala

Ver-/Entsorgung: Genannte Campingplätze.

Baden: Jūrmala.

Besichtigen: Bauska/Burg, Mežotne, Salaspils, Rīga (Altstadt und ethnografisches Museum), Jūrmala.

Essen: Mežotne, zahlreiche Restaurants in Rīga und Jūrmala.

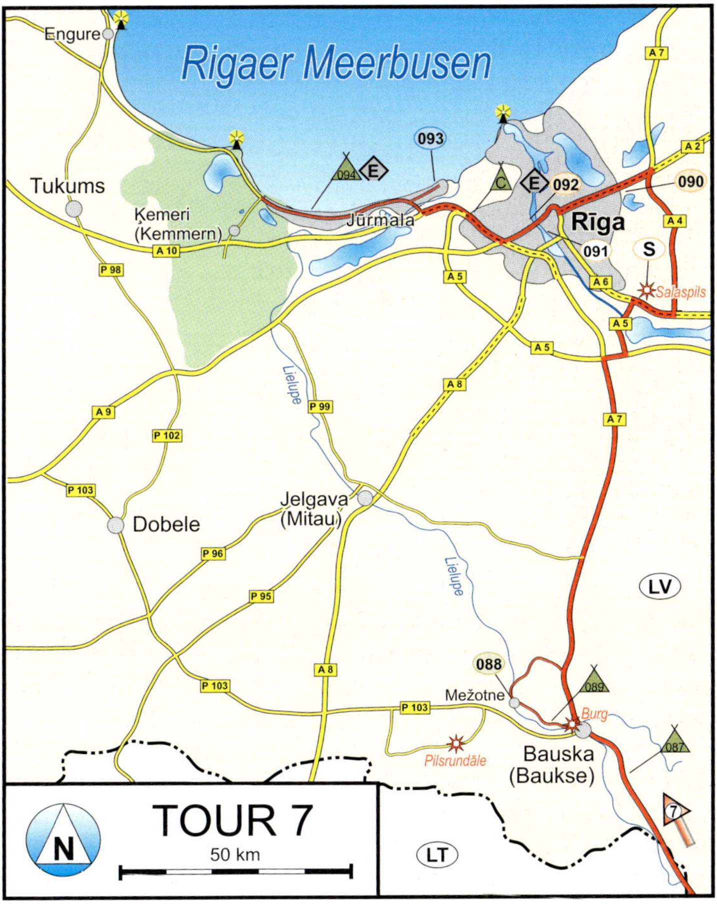

Die litauisch-lettische Grenze ist erreicht, das befürchtete Warten an der Grenze bleibt trotz „Via Baltica" aus - dem Schengen-Abkommen sei Dank. Nicht einmal der freundliche Gruß des Grenzbeamten oder eine Ausweiskontrolle, wie wir es in den letzten Jahren gewohnt waren. Die Grenzanlage liegt einfach gottverlassen da. Und schon fahren wir auf lettischem Boden nordwärts auf Bauska zu.

Kaum im Land, konnten wir beim ersten Mal bereits nach gut 10 km eine Pause einlegen. Die **Raststätte 4 Spārnu lerauktuve** (4 wings roadside inn) lud damals mit einem Hinweisschild auf die Möglichkeit fürs Abstellen von Zelten und Wohnwagen ein. Beim zweiten Besuch 2 Jahre später lädt ein Schild zum Kauf gleich der gesamten Anlage ein... Wir gehen jedoch davon aus, dass sich bei einem solch ansprechend gestalteten Objekt recht bald ein Investor findet - hier vorsorglich die **GPS**-Daten: N56° 21' 36.4" E24° 17' 03.3". Knapp 1 km weiter, ebenfalls nach rechts ausgeschildert, findet sich - etwas von der Straße zurückgesetzt - ein kleiner Campingplatz:

(087) WOMO-Campingplatz: Vecozolnieki

GPS: N56° 22' 03.8" E24° 16' 32.5" (an der Via Baltica)**offen:** ganzjährig.
Ausstattung: Dusche, WC, Warmwasser und Feuerstelle mit Motel hinter einem kleinen Birkenwald
Zufahrt: 200 m nach der Statoil-Tankstelle rechts ab über Schotterweg, schöner alter Garten mit etwas Abstand zur Via Baltica, abgeschirmt durch Hecken.

Da uns noch nicht nach einer Übernachtung ist, machen wir uns auf Richtung **Bauska** (Baukse). Ohnehin schreit unser Kühlschrank nach frischen Lebensmitteln, der Geldbeutel nach der neuen Währung und der Tank nach Dieselnachschub. All das lässt sich in einem Aufwasch im Einkaufszentrum in der Innenstadt erledigen, die uns außer ein paar Holzhäusern und der lutherischen Kirche ansonsten nicht viel bietet. Bauska ist

Mitte August: Erntezeit - und Zeit fürs Sammeln zum Flug nach Afrika

in allererster Linie ein Verkehrsknotenpunkt und damit als Industrie- und Handelsstandort von Bedeutung.

Die Burg von Bauska

Das war auch früher schon der Fall, weshalb der Livische Orden im 15. Jh. auf der Halbinsel zwischen den Flüssen Mēmele und Mūsa eine wehrhafte Burg errichtet hat, um den Süden des Reiches zu sichern. Sie wurde im Nordischen Krieg zerstört. Der Verfall dauerte dann 250 Jahre, bis man begann, die Ruine zu sichern und teils wieder aufzubauen. Ein Besuch reizt uns allein der Aussicht wegen. So halten wir uns Richtung Bauskas und Rundales Pilis und fahren an der (ebenfalls sehenswerten) orthodoxen Kirche vorbei. Nach der abknickenden Vorfahrt ist rechts der Zugang zur Burgruine und ein Parkplatz für die Schlossruine gefunden. Wenn Sie möchten, können Sie auch später wieder zurückkehren, denn wir streifen nach unserem Ausflug durch die Provinz **Kurzeme** nochmals diesen Landstrich und diese Stadt.

Bevor Sie sich auf der A7 Richtung Rīga begeben, bietet sich kurz nach der Brücke über die Mēmele nördlich des Stadtkerns ein Abstecher zu einem weiteren sehenswerten Herrenhaus an, das nach ausführlicher Renovierung in neuem Glanz erstrahlt.

Biegen Sie vor der Weiterfahrt Richtung Hauptstadt noch in Bauska links auf die Nebenstraße Richtung **Mežotne** ab. Das etwa 10 km entfernt liegende Schloss dagegen könnte am Abend Ihr Ziel sein. Es beherbergt nicht nur ein Hotel, sondern auch ein gutes Restaurant mit herrlicher Freiterrasse. Der Schlosspark (Bild Stellplatzkasten) lädt wie in guten alten Zeiten zum Lustwandeln ein. Und wenn es Ihnen nach einer Abkühlung ist - kein Problem. Im Fluss Lielupe kann man baden.

(088) WOMO-Gaststätte: Schloss Mežotne

GPS: N56° 26' 18.8" E24° 03' 12.8" (Mežotne/P87). **max. WOMOs:** 4-5. **Ausstattung/Lage:** Großer asphaltierter Parkplatz vor dem Schloss, Bade- und Picknickstellen sowie Trockentoilette im sehr gepflegten Schlosspark, Mülleimer am Parkplatz. Schlossrestaurant mit herrschaftlichem Ambiente, gutes Speiseangebot - heimische Küche. Bei Übernachtungswunsch auf dem Parkplatz an der Rezeption nachfragen.

Zufahrt: Von Bauska zunächst ein kurzes Stück Richtung Riga, dann (nach der Mēmelebrücke) links ab ausgeschildert.

Von Mežotne führt unser Weg zurück zum Ausgangspunkt Bauska. Wer statt des herrschaftlichen Restaurants eher einen Campingplatz sucht, wird auf der Zufahrt zweifach fündig. Besichtigt haben wir den näher bei Bauska liegenden Platz:

(089) WOMO-Campingplatz-Tipp: Camping Nameji

GPS: N56° 24' 33.5" E024° 10' 41.9" (an d. P87). **Öffnungszeiten:** Mai-Sept. **Ausstattung/Lage:** Gepflegtes Wiesengelände direkt beim Wohngebäude eines ehemaligen Bauernhofes. Wenig Schatten, Picknick- und Grillstellen, Stromanschluss auf WOMO-Stellplätzen, Spielplatz, Trockentoilette im Freigelände, WC/Dusche sowie Sauna im Gebäude. Volleyballfeld, Badeteich. Frischwasser an den Stellplätzen, WC-Entsorgung nur ohne Chemiezusatz (in die Trockentoilette).
Zufahrt: An der Zufahrt zum Schloss Mežotne, noch im Stadtgebiet Bauska nach dem Industrieviertel an der Straße ausgeschildert.

Nun aber folgen wir der Tatsache, dass viele unserer Leser ein großes Ziel vor sich sehen: Die **Hauptstadt Rīga** ist nicht mehr weit und die Via Baltica bringt uns schnell hin. Also Bauska - bis später! Wir kommen nochmal zurück.

Die KZ-Gedenkstätte Salaspils

Wer der Greuel des Naziregimes gedenken möchte, macht von der A7 einen Umweg über die A5 zur A6, fährt über die Daugava nach Salas-

pils und muss dort, etwas nördlich des Ortes auf die andere Autobahnseite fahren (Wendestelle - Vorsicht!).
Zwar mutet uns die Gedenkstätte bei unserer Recherche noch recht typisch sowjetisch an und auch ziemlich propagandagetrieben, wie nicht nur die riesigen Skulpturen zeigen.
Die Tage der Gefangenschaft, die in den Beton gemeißelt sind und mit dem Sowjetstern als Zeichen für den Tag der Befreiung enden, sind ein eindrückliches Zeichen für das lange Elend und Leiden, das die Nationalsozialisten über Lettland gebracht hatten. Doch sie verschweigen, dass das Ende der Gewalt für viele Letten damit nicht erreicht war. Denn Stalins Schergen standen den SS-Schwadronen in ihrer Brutalität und Ungerechtigkeit in nichts nach.

Jedoch ist es uns wichtig, kurz inne zu halten, um der unschuldigen Opfer der Gewaltherrschaft zu gedenken, besonders der Kinder, die hier von 1941-44 den Tod fanden, an denen medizinische Versuche gemacht wurden oder die als Zwangsblutspender für die Frontsoldaten missbraucht wurden, bevor viele in eines der Vernichtungslager weitertransportiert worden sind.

Sie können von Salaspils aus über die A6 oder direkt von Bauska kommend über die A7 ins Zentrum der Hauptstadt **Rīga** sausen - sofern nicht einer der häufigen Staus der Metropole Ihre Geschwindigkeit bremst. Vermeiden Sie angesichts der zahlreichen Baustellen, welche die Misere drastisch verschärfen, deshalb den Berufsverkehr und suchen sich möglichst verkehrsärmere Zeiten für die Fahrt in die Stadt aus.

Möchten Sie zunächst noch etwas in der Randzone weilen, folgen Sie uns zuvor und ins **Lettische Freilichtmuseum**. Fahren Sie von der Gedenkstätte aus auf der A6 etwas in südöstlicher Richtung bis kurz nach Salaspils und wechseln Sie auf die A4 Richtung Tallinn, bis die 4-spurige A2 erreicht ist. Jetzt geht es Richtung **Rīga**, bis uns ein braunes Schild auf das Museum aufmerksam macht. Auch hier Vorsicht - Sie müssen auf der Autobahn an der Wendestelle auf die Gegenfahrbahn wechseln - nicht immer ganz einfach bei der heutigen Verkehrsdichte... Doch belohnt werden Sie nicht nur mit dem sehenswerten Museum, das angibt, dass Sie für die ausführliche Besichtigung eigentlich zwei Tage benötigen, sondern mit einem Stellplatz für die Nacht auf dem bewachten Parkplatz.

(090) WOMO-Stellplatz: Ethnografisches Freilichtmuseum Lettlands

GPS: N56° 59' 41.5" E24° 16' 12.2" (Brīvības iela 440)**max. WOMOs:** 2-3.
Ausstattung/Lage: Asphaltierter Parkplatz direkt vor dem Museumseingang (bewacht und gebührenpflichtig) /am Stadtrand.
Wenn Sie hier übernachten möchten, melden Sie sich bitte bei den Parkplatzwächtern und bezahlen den etwas erhöhten Parktarif. Es bleibt auf alle Fälle eine preisgünstige Alternative oder Ergänzung zu den Stadtcampings, zumal ein ausführlicher Besuch im Museum mindestens ein tagesfüllendes Programm darstellen dürfte. Im Museum leider Hundeverbot. Info zum Museum: www.virmus.lv oder www.ltg.lv/deutsch/brivdabas.muzejs, Tel. +371/67994106 (Kasse -4515)
Zufahrt: An der A2 ist das Museum mit einem braunen Schild ausgeschildert. Vorsicht - hier muss man vom Gauja Nationalpark oder der A4 kommend eine der Wendestellen auf der Autobahn nutzen, ein Stück zurückfahren und direkt nach der Bushaltestelle rechts abbiegen.

Das Lettische Freilichtmuseum

Hier wurden auf dem 80 ha großen Gelände am Juglas See über 100 alte Gebäude, teils 300 Jahre alt, aus dem ganzen Lande zusammengetragen. Das Museumsgelände ist - ähnlich wie wir es vom litauischen Pendant kennen - nach den Regionen Semgallen, Kurzeme, Livland und Lettgallen aufgeteilt.

Immer wieder werden folklorische Darbietungen geboten, originalgetreu eingerichtete Häuser geben den würdigen Rahmen dazu und Sie gewinnen so einen ganz guten Eindruck vom Landleben früherer Jahrhunderte in unserem Urlaubsland.

Auf dem Weg zur Innenstadt (nach Überquerung des Flusses von der Brivibas iela links ab über die Smerla iela) kann Ihr Museumshunger im **Motormuseum** (Sergeja Eizensteina iela 6) erneut gestillt werden. Hier gibt es historisch bedeutende Karossen zu sehen. Sie werden auch lernen, dass auch sowjetische Staats- und Parteichefs wie ein gewisser Leonid B. gerne teuerste Limousinen des Klassenfeindes fuhren - manchmal auch zu schnell... Tel. +371/709-7171.

Bild: TPS

Nun aber - **Rīga** wartet auf unseren Besuch! Wir fahren zur A2, müssen uns aber ein kurzes Stück in den Verkehr stadtauswärts einreihen, um an der nächsten Ausfahrt (dieses Mal über eine Brücke) wieder auf die Fahrbahn stadteinwärts zu kommen. Die Betonpiste führt uns direkt in die Metropole - durch den dichten Verkehr und zahlreiche Baustellen mehr oder weniger zügig. Die Altstadt ist (weitgehend) autofrei. Und das ist gut so. Dafür erstaunt uns, dass wir selbst für WOMOs (wenigstens <6 m) problemlos einen Parkplatz finden.

Zunächst ist die Frage zu klären: Wo bleibt das WOMO während des Stadtbesuches? Zwischen Altstadt und dem Daugavaufer bietet sich der große Parkplatz an (**Parkplatz Rīga Altstadt GPS 091 -** N56° 56' 50.0" E24° 06' 12.5", gebührenpflichtig). Folgen Sie der Ausschilderung zur Tourist-Information (im Uhrzeigersinn um die Altstadt). Zwischen den beiden großen Daugava-Brücken) ist der Platz zwischen Fahrbahn und Daugava in der 11. Novembra krastmala kaum zu übersehen. Möchten Sie jedoch gleich den City-Campingplatz aufsuchen und sich dort einrichten? Auch kein Problem!

(092) WOMO-Stellplatz: Rīga City Camping

GPS: N56° 57' 21.2" E24° 04' 40.7" (Ķīpsalas iela) **Öffnungszeiten:** Mai-Sept.
Ausstattung/Lage: Campingwiese hinter den Messehallen auf der Daugavainsel Ķīpsala. Der Platz ist seinem Charakter nach eher ein gebührenpflichtiger WOMO-Stellplatz denn ein Campingplatz. Und er ist eher zweckmäßig als schön angelegt. Er bietet aber gute und saubere Sanitäranlagen (Dusche/WC/ Stromanschluss, WOMO-Ver-/Entsorgung, Bodenablass für Grauwasser). Das überzeugendste Argument aber ist die kurze Distanz zur Altstadt (20 - 30 Minuten zu Fuß oder per Bus/Bushaltestelle an der schon für sich sehenswerten Hängebrücke Vanšu tilts über die Daugava mit unübertreffenlichem Blick auf die Altstadt)/im Ort.

Zufahrt: Auf der 11. novembra krastmala unter der Brückenrampe hindurch, dann gleich rechts und die zweite Abfahrt wieder rechts, dann nochmals auf die K. Valdemāra iela rechts ab. Kurz vor Ende der Brücke führt eine Abfahrt rechts ab und **vor** dem RIMI-Markt erneut rechts in die Ķīpsalas iela. Von dort ist der Platz nach den großen Parkplätzen der Messehallen nach links gut ausgeschildert.
Alternative: An der Zufahrt zum Rīga City Camping liegt (kurz nach dem Hotel Islandia auf dem Parkplatz des bei unserer Recherche geschlossenen Hallenbades) ein weiterer Stellplatz. Die Sanitäranlagen im Hallenbad sind dort nutzbar, die Kosten sind etwas günstiger. Aber dafür ist der Platz auch weniger ruhig gelegen.

Der **Campingplatz „ABC Camping"** liegt weit außerhalb in der Šampētera iela, ist nicht ausgeschildert und in unseren Augen eher eine Notlösung, wenngleich einige Annehmlichkeiten des benachbarten Hotels nutzbar sind (z.B. Sauna). (**GPS**: N56° 55' 56.0" E24° 00' 58.6").

Bevor wir in die Stadt starten, hier ein **wichtiger Hinweis**: Zunächst sollten Sie sich im Vorfeld Gedanken machen, wie lange Sie in Rīga bleiben möchten. Es rechnet sich, wenn Sie zahlreiche Museen besuchen und da und dort mit den öffentlichen Verkehrsmitteln hinkommen möchten, die **Rīga Card** zu erwerben. Es gibt Sie mit einer Gültigkeitsdauer von 24-72 Stunden in der Tourist-Information. Das eingetragene Datum und die Uhrzeit bestimmen, wann die Gültigkeit beginnt und endet. Zahlreiche Museen gewähren bei Vorlage freien Eintritt, andere einen kräftigen Rabatt. Busse und Bahnen nutzen Sie während der Gültigkeit gratis. Sie können eine einstündige Führung durch die Altstadt buchen oder erhalten einen kräftigen Nachlass für die Sightseeing-Tour mit einem Bus. Nähere Info: www.rigacard.lv

Die Katze:
Rigas Wahrzeichen

X

Rundgang durch die Altstadt von Rīga

X

Nun aber genug der Vorrede - auf in die Stadt des Jugendstils! Vergessen Sie nicht, für Ihren Fotoapparat genug Filme bzw. im Digitalzeitalter Speicherkarten zu reservieren. Sie werden dauernd den Auslöser drücken, weil Sie noch eine und noch eine und noch eine (etc.) schöne Häuserkette entdecken. Es ist unglaublich, mit welcher Pracht die Fassaden Ende des 19./Anfang des 20. Jahrhunderts mit Stuckverzierungen gestaltet worden sind. Und noch beachtlicher ist, mit wie viel Liebe zur Stadt und zum Detail der Aufbau nach den Zerstörungen des 2. Weltkrieges gelang.

Blick vom Vorplatz des Bankhochhauses über die Daugava

Vom Campingplatz ist es ein netter Spaziergang in die Altstadt. Zwar spaziert man parallel zum dichten Großstadtverkehr über die Daugava, kann aber den tollen Blick auf die Silhouette der Stadt genießen. **Tipp:** Gehen Sie auf der Seite des Bankhochhauses und genießen von deren Vorplatz die Sicht auf die Stadt. Samstags allerdings werden Sie dieses Plätzchen mit der einen oder anderen Hochzeitsgesellschaft teilen müssen, die hier die Aufnahmen für ihr Erinnerungsalbum machen.

Beim Schloss (Bild oben) erreichen Sie die Altstadt und gelangen am Daugavaufer entlang zur Tourist-Information beim Schwarzhäupterhaus.

Dort sollten Sie sich den Prospekt „Rīga zu Fuß“, der Ihnen zwei Vorschläge für Ihren Stadtrundgang aufzeigt, geben lassen. Wenn Sie es einer klassischen Stadtführung vorziehen, können Sie darüber hinaus einen Audio-Stadtführer leihen. Die Stadtführungen und Sightseeing-Touren per Bus starten ebenfalls dort am Rathausplatz.

Ein Muss ist unseres Erachtens das neben dem Schwarzhäupterhaus gelegene **Okkupations-Museum** (kostenloser Eintritt, offen Mai-Sept tägl. 11-18 Uhr, Okt-April 11-17 Uhr, Montag geschlossen). Die Stiftung Okkupationsmuseum möchte hier Zeugnis darüber ablegen, was während der 51 Jahre dauernden zunächst deutschen, nach dem Krieg dann sowjetischen Besatzung mit Lettland und seiner Bevölkerung geschah. Die Nachwelt soll erfahren, welche Verbrechen an den Bürgern verübt wurden und der Opfer gedenken, die unter der Gewaltherrschaft zu leiden hatten, ihre Heimat oder ihr Leben verloren. Das Museum ist auf Spenden angewiesen, weshalb um eine freiwillige Gabe in die Spendenbox gebeten wird, um die Dokumente der Geschichte für die Nachwelt zu erhalten.

Gegenüber der prächtigen Fassade des Schwarzhäupterhauses erhebt sich die Fassade des schmucken Rathauses, das eine gelungene Kombination aus alter Bausubstanz und moderner Architektur darstellt. Über den schönen Livenplatz (Līvu laukums - siehe Bild) gelangt man zur Frei-

heitsstatue auf der anderen Seite der Altstadt. Die drei goldenen Sterne, getragen von einem stolzen lettischen Mädchen, verkörpern die Einheit der drei Provinzen Kurzeme, Latgale und Zemgale. Es erfüllt die Letten mit Stolz, dass sie die Zerstörung der Statue durch das Sowjetregime verhindern konnten. Umso mehr ist sie ein äußeres Zeichen des ungebrochenen Freiheitswillens der Letten.

Von den Plätzen der Stadt hat es uns der Livenplatz besonders angetan. Das mag der Grund sein, weshalb wir uns dort gerne zum Essen in einem der Freiluftrestaurants einfinden oder im Café Nostalgia einkehren. Dort kommen tatsächlich nostalgische Gefühle auf - der prachtvollen Ausstattung, dem guten Essen und dem freundlichen Personal sei Dank!

Den architektonischen Rahmen erhält der Livenplatz von einigen schmucken Fassaden, darunter die St. Johannis- oder Kleine Gilde sowie die St. Marien- oder Große Gilde.

Den beiden Gildehäusern gegenüber findet sich das sogenannte Elektrizistische Gebäude mit Jugendstilelementen. Am besten gefällt uns Leseratten natürlich der lesende Junge auf der Dachhaube. Natürlich ist auch das sogenannte Katzenhaus (Bj. 1909) der Erwähnung wert - trägt es doch immerhin das eingangs schon erwähnte Wahrzeichen der Stadt - die Katze mit dem schönen Katzenbuckel.

Der große Domplatz wurde in heutiger Form erst Ende des 19. Jh. geschaffen, indem die mittelalterliche Bebauung abgerissen worden ist. Der St. Marien Dom ist heute eine evangelisch-lutherische Bischofskirche. Sehenswert ist vor allem der Kreuzgang mit der Statue des Bischofs Albert, einer Kopie des im 1. Weltkrieg zerstörten Originals, sowie die prächtige Orgel mit 124 Registern und 6718 Pfeifen - seinerzeit das größte und modernste Musikinstrument weltweit. Vor dem Dom können sie die Statue für Johann Gottfried Herder bewundern.

Etwas weiter die Jekaba iela hinauf, im Schatten der St. Jakobikirche, befindet sich eine der vielleicht schönsten mittelalterlichen Fassaden, die sogenannten Drei Brüder aus dem 16. Jh. (Bild unten).

Die St. Jakobikirche in der Klostera iela ist die heutige erzbischöfliche Kirche des Bistums Rīga der katholischen Kirche. Sie blickt auf eine interessante Geschichte zurück, war sie doch zunächst das erste protestantische, dann gleichzeitig katholisches wie auch protestantisches Gotteshaus und ist jetzt eben katholisch.

Vorbei am Schloss, das wir ja schon eingangs gesehen hatten (es beherbergt heute das lettische Parlament) suchen wir uns einfach durch die prächtigen Gassen hindurch einen schönen Weg zurück zum Rathausplatz.

Als Höhepunkt haben wir uns die Besteigung des Turmes der im 2. Weltkrieg nahezu vollständig zerstörten Petrikirche vorgenommen. Investieren Sie den Preis für die Fahrt im Aufzug - es lohnt sich - auch wenn wir glaubten, ein alpenländischer Wettersturz habe uns ereilt, als wir über die Stadt blickten...

Ein weiterer gastronomischer Tipp sind die Restaurants der Kette „Lido", die sich in der ganzen Stadt verteilen, vier davon in der Rīgaer Neustadt und das Restaurant Alus seta bei der Kathedrale. Hier wird heimische Kost angeboten und in unterschiedlichem Ambiente serviert - vom SB-Restaurant über Bistros bis zur gemütlichen, guten Gastronomie oder im Freizeitpark mit gleichem Namen etwas südlich der Hauptstadt, der uns aber nicht von uns besichtigt wurde.

Wir haben uns nun ausschließlich um die Altstadt gekümmert - und das ist noch längst nicht alles, was in Rīga von Interesse ist. Wenn Sie noch ein wenig Zeit haben, sollten Sie noch einen Blick in die lebhaften Markthallen werfen, die ursprünglich als Montagehallen für Zeppelin Luftschiffe errichtet worden waren. Heute spielt sich ein wesentlicher Teil des eigentlichen Einkaufserlebnisses von Rīga hier ab - es lohnt sich!

Doch wissen wir nicht, wie viel Zeit Sie der Stadt widmen möchten, was Sie besonders interessiert oder ob Sie den Besuch hier doch eher kurz halten, um die Natur des Landes zu erleben.

Wir jedenfalls sagen der Hauptstadt „Tschüß", gehen gemütlich zurück zum WOMO, werfen einen letzten Blick auf die beeindruckende Stadt und sind sicher: Es gibt ein Wiedersehen!

Sie sehen - für Rīga sollte man wenigstens 2 Tage, besser noch etwas mehr Zeit nehmen. Denn außer den schick restaurierten Häusern und Kirchen wartet ein bunter Querschnitt von Museen auf Ihren Besuch, wie es sich für eine solche Metropole auch gehört. Vom Kunstmuseum über das Nationalmuseum bis hin zum schon erwähnten Okkupationsmuseum ist sicher für alle Besucher etwas dabei.

Bei aller Pracht der lettischen Hauptstadt - was wäre ein Besuch ohne einen Abstecher in den Badeort Jūrmala? Eigentlich ein Zusammenschluss mehrerer Fischerdörfer, hat sich **Jūrmala** seit dem 19. Jahrhundert zum prächtigen Bade- und Kurort nicht nur für die Bürger von Rīga, sondern auch für viele (meist gut betuchte) Gäste von weither entwickelt. Es war schon zu Zeiten des Zaren schick, hier einen standesgemäßen Badeurlaub zu verbringen. So geben sich seit langem die Schönen und die Reichen aus halb Europa die Klinke in die Hand.

Und auch heute scheint es wieder in zu sein, dass jemand, der etwas auf sich hält und genug vom nötigen Kleingeld zusammen hat, sich hier eine mehr oder weniger prächtige Villa baut. Oder man richtet sich - sicher eine schöne Alternative - ein zu Sowjetzeiten heruntergekommenes historisches Domizil wieder her. Natürlich bleibt es (leider) auch hier nicht aus, dass manch architektonischer Fehlgriff auf den Sandboden gestellt worden ist. Doch keinesfalls kann man **Jūrmala** seine schöne Atmosphäre absprechen.

Man sollte schon mal den herrlichen Sandstrand genießen und an den zahlreichen Villen vorbeiflanieren oder -fahren. Insgesamt bleibt - neben dem endlosen, weißen Sandstrand, der Ausgangspunkt und Ziel der Reisenden ist und war - ein schöner Eindruck in uns haften. Vielleicht haben Sie gar die Gelegenheit, hier am Abend nach der Stadtbesichtigung einen tollen Sonnenuntergang zu genießen?

Dennoch möchten wir Ihnen den Eindruck nicht ersparen, dass Jūrmala nicht unbedingt das klassische WOMO-Reiseziel ist. Wir sind uns auch nicht sicher, ob wir „reisenden Vagabunden“ auf Dauer die höchst willkommene Klientel im Badeort der Reichen sind.

Doch haben wir zwei Alternativen für Sie gefunden, wo Sie eine (mehr oder weniger) ruhige Nacht verbringen können. Beide sind nicht kostenlos. Das fängt schon damit an, dass Sie - über die Autobahn A10 von Rīga kommend - gleich mit einer City-Mautstation begrüßt werden. Halten Sie also das nötige Kleingeld bereit.

Als erstes zeigen wir Ihnen unseren WOMO-Badeplatz, dessen Sandstrand Sie sicherlich über die Investition von ein paar Lats hinwegtrösten wird.

(093) WOMO-Badeplatz: Lielupe/Ragakāpas dabas parks

GPS: N56° 59' 52.1" E23° 54' 02.2" (Bulduru prospekts). **max. WOMOs:** 2-3.
Ausstattung/Lage: Asphaltierter Parkplatz, direkt hinter den bewaldeten Dünen am schneeweißen Sandstrand, wenige Schritte zu einem kleinen Strandrestaurant, WC und Mülltonne/außerorts. Parkgebühr/bewacht. Bei Einkehr im Restaurant wird die Gebühr nicht berechnet.

Zufahrt: An der City-Mautstelle bezahlen, dann zunächst über das Viadukt im großen Bogen weiterfahren, über die Bahn hinweg und danach rechts ab.
Weiter durch den Meza prospekts bis zur Stoppstelle, dort links und gleich wieder rechts in den Bulduru prospekts. Am Ende dessen liegt der (gebührenpflichtige!) Parkplatz mit Traumstrand. Zumindest offiziell Hundeverbot, auch wenn Einheimische ohne mit der Wimper zu zucken hier mit den Hunden spazieren gehen. Aber bitte - halten Sie wenigstens ein Tütchen bereit, um die Hinterlassenschaft Ihres Vierbeiners sauber wegräumen zu können.

Wandertipp: Naturlehrpfad im Naturpark Ragakāpa

Am Badeplatz startet ein 2 km langer Wanderweg in den Naturpark mit bewaldeten Dünen. Es handelt sich um einen bequemen Holzbohlenweg. Wandern Sie teils über Treppen, teils auf ebenen Holzbohlen und teils auf weichem, sandigem Waldboden durch den hellen Kiefernwald. Sie haben keine wesentlichen Steigungen zu befürchten, auch wenn die Dünen 3-17 m hoch sind. Der Pfad gibt Auskunft über die Flora und Fauna des Küstenstreifens und führt durch die sehenswerte Natur zum Dorf Bulluciems.

Wenn Sie dem Badeplatz einen modernen Campingplatz vorziehen, müssen Sie vom beschriebenen Parkplatz den Bulduru prospekts bis ans Ende durch fahren, immer weiter geradeaus. Lassen Sie die schicken Villen und Hotels an sich vorbei sausen. Natürlich können Sie (gegen Gebühr) auch parken und den Strand genießen oder in einem Café oder Restaurant einkehren. Bleiben Sie bis zum Campingplatz auf alle Fälle aber immer auf der langen Küstenstraße, bis die gelb-blaue Toreinfahrt des Campingplatzes Nemo erreicht ist.

(094) WOMO-Campingplatz: Jūrmala - Nemo

GPS: N56° 57' 33.5" E23° 38' 41.9" (Atbalss iela). **Öffnungszeiten:** Mai-Sept.
Ausstattung/Lage: Gut ausgestatteter, im Sommer stark frequentierter Campingplatz direkt am Traumbadestrand von Jūrmala. Gute Sanitärausstattung, Ver-/Entsorgungsstation, Stromanschluss, Waschmaschine/Trockner etc. Dafür bezahlt man hier auch einen (für baltische Verhältnisse) recht hohen Preis. Info: www.nemo.lv, Tel. +371/773 392.
Zufahrt: In Jūrmala von Ost nach West der Hauptdurchgangsstraße entlang der Küste folgen, bis die geschlossene Bebauung zu Ende ist. Dann liegt der Platz gut sichtbar ausgeschildert in der Nebenstraße Atbalss iela (an der Einfahrt ein blau-gelbes, überdimensional gebogenes Rohr).
Sonstiges: Leider konnten wir den Platz für Sie kaum besichtigen. Entgegen allen Ankündigungen, der Platz sei bis Ende September offen, war außer Handwerkern keine Menschenseele zu sehen. Die Ausstattung, die wir entdecken konnten, ist durchweg in Ordnung und der Platz zählt zu den guten und modernen des Landes. Erwarten Sie aber in der Hauptsaison, besonders an den Wochenenden nicht den ruhigen Strandcampingplatz zum Erholen und Genießen. Auch hier ist es häufig laut und lebhaft, wie überall. Diese Erfahrung wurde uns von WOMO-Reisenden berichtet, die drei Übernachtungen hier gebucht hatten und dann wie wir doch die Ruhe einsamerer Strandparkplätze suchten.

In Kürze wissen Sie aber: Wir haben nach ruhigeren Alternativen und freie Übernachtungsalternativen für Sie gesucht (und diese gefunden). Folgen Sie uns auf der Reise entlang den Küsten der Provinz **Kurzeme**. Traumstrände finden wir auch dort - versprochen!

Sind Sie böse, wenn Sie in Lielupe den Strand abends für sich haben?

TOUR 8 (ca. 250 km / 2-4 Tage)

Ķemeri Nationalpark - Engure - Kap Kolka - Ventspils

Freie Übernachtung:	Ķemeri (Info-Center,Slokas und Meln ezers, Engures ezers, Mērsraga baka, Gipka, Kap Kolka, Oviši, Briežu dārzs.
Campingplätze:	Klapkalnciems, Apšuciems, Engure, Camping Pūrciems, Purvziedi, Miķeļbāka, Ventspils.
Ver-/Entsorgung:	Miķeļbāka, Campingplatz Ventspils.
Baden:	Ragaciems, Mērsrags, Gipka, Miķeļbāka, Oviši, Būšnieku ezers, Ventspils.
Besichtigen:	Vaide/Hörnersammlung, Mazirbe/Livenzentrum, Irbene, Leuchtturm Oviši, Ventspils/Burg.
Wandern:	Ķemeri Nationalpark, Engures ezers, Kap Kolka, Petersmoor.
Essen:	Ventspils (Brauereiwirtschauft in der Burg).

Nun liegt das pulsierende Leben in **Rīga**, der schönen Hauptstadt Lettlands, und ihres Badeortes **Jūrmala** hinter uns. Es zieht uns in ruhigere Gebiete. Der **Ķemeri Nationalpark** liegt vor uns und damit ein weiteres, jedoch weitaus ruhigeres Naherholungszentrum.

Den früher schmucken Kurort **Ķemeri** (Kemmern) erreichen Sie von der P128 kommend auf einer breit ausgebauten Straße. Der Ort gab dem Gebiet seinen Namen und beherbergt das

Informationszentrum des Nationalparks. Von der Ausstrahlung und dem Glanz eines ehrwürdigen Kurorts hat er aber viel eingebüßt - leider. Doch lässt sich die alte Schönheit noch erahnen. So ist der Bahnhof einen Besuch wert oder das alte Kurhotel. Und im - zugegeben ebenfalls etwas heruntergekommenen - Kurpark lohnt sich ein ausgedehnter Spaziergang. Wenn Sie das Naturparkzentrum aufsuchen (Hauptsaison 10-19 Uhr), erhalten Sie wie üblich ausführliches Informationsmaterial und eine Auswahl von Tourenvorschlägen. Es liegt vor der Ortseinfahrt rechts ab. Vom Parkplatz aus kann man die eine oder andere Wandertour machen. Auf Anfrage bei der Parkverwaltung kann man dort auch schon mal nächtigen.

(095) WOMO-Stellplatz: Ķemeri Nationalpark/Infozentrum

GPS: N 56° 57' 07.7" E23° 30' 48.1" (v. Turistu iela re. ab). **max. WOMOs:** 1-2.
Ausstattung/Lage: Geschotterter Parkplatz, ca. 50 m zum Nationalparkzentrum im Blockhaus. Mülltonne, diverse Wandermöglichkeiten,. .
Zufahrt: Von Jurmala nach Kemeri kommend zunächst die Abzweigung zu SP Nr. 096 Slokas ezers, kurz später rechts ab (Schild).

Der Ķemeri Nationalpark

Das seit 1997 als Naturpark geschützte Gebiet umfasst 38.165 ha. Mehr als die Hälfte ist mit abwechslungsreichen, naturnahen Wäldern bewachsen, ein Viertel umfassen Sumpf- und Moorgebiete und 10% Wasserflächen. Entsprechend reich sind Flora und Fauna, wozu zahlreiche Vogelarten wie der Schwarzstorch oder Seeadler zählen. Eine Besonderheit sind Bruchwasserläufer, die im Sommer anzutreffen sind. Spechte finden im Totholz des Moores reichlich Nahrung und geben deshalb das Bild für das Logo des Nationalparks ab. Besonders zur Zeit des Vogelzugs ist der Park einen Abstecher wert.
In den weitläufigen Wäldern finden sich mit Schützengräben und Kriegsgräbern noch Spuren der Weltkriege. Jedoch steht die Natur und deren Erhalt selbstverständlich im Vordergrund.
Ornithologisch Interessierte erhalten im Infozentrum Fragebögen, um ihre Beobachtungen einzutragen. So soll sich das Bild über die vielfältigen Lebewesen vervollständigen. Info im Internet: www.kemeri.gov.lv

Wanderungen im Ķemeri Nationalpark

Wanderfreunde finden von Ķemeri aus mehrere Touren für ihr Hobby. Eine davon führt in den Erlenbruch (ca. 0,5 km). Start ist direkt beim Informationszentrum.
Eigentlich gibt es südlich der A10 Riga-Ventspils, gut 100 m nach der Abzweigung in den Ort, den Holzbohlenweg ins Hochmoor. Ein 2,5 km langes Sträßchen endet auf dem Parkplatz, wo der 2 km lange Rundweg beginnt. Allerdings ist zur Zeit unserer Nachrecherche die Benutzung offiziell untersagt, weil einige der Holzbohlen verfault sind - und für die Instandsetzung fehlt vorläufig das Geld. Fragen Sie deshalb im Informationszentrum nach.
Ein Alternative ist der Forstlehrpfad am Slokas ezers - 4km führt der Weg durch tiefe Wälder, teils auf Holzbohlen. Zum guten Schluss gibt es den Beobachtungsturm am Seeufer, wo sich bestens Vögel entdecken lassen. (Geführte Wandertouren auf Anfrage im Infozentrum).

So lassen auch wir uns von den Ausflugstipps aus dem Informationszentrum zum nahen **Slokas ezers** locken, wo uns ein Picknickplatz am Wasser mit dem schon erwähnten Vogelbeobachtungsturm erwartet.

(096) WOMO-Wanderparkplatz: Slokas ezers

GPS: N56° 57' 26.3" E23° 32' 47.2" (kein Straßenn.) **max. WOMOs:** 1.
Ausstattung/Lage: Geschotterter, kleiner Parkplatz kurz vor dem Seeufer. Direkt beim Parkplatz wurde ein großer Vogelbeobachtungsturm errichtet/außerorts.
Zufahrt: Kurz nach der nördlichen Ortsausfahrt Richtung Jūrmala dem Schild folgen (2 km Schotterweg, eng, nur für kleinere WOMOs < 6m).
Stellplatzalternative Meln ezers - GPS 097: N56° 58' 06.5" E 23° 31' 51.2" (an der Zufahrt von/nach Ķemeri zur P128 westlich der Straße. Kleiner Parkplatz (geschottert) am See, Vogelbeobachtung, Infotafel, Mülltonne/außerorts.

In **Jaunķemeri** wird wieder die Küste erreicht. Wir gondeln auf der P128 durch die Fischerdörfer, wo man da und dort auch frischen oder geräucherten Fisch erstehen kann („Zivis"). Gut 3 km nach **Ragaciems** kann Ihr WOMO auf dem (im Sommer gebührenpflichtigen) Parkplatz eine Pause einlegen. Der Platz ist ausgestattet mit Picknickbänken, Trockentoilette. An besucherstarken Tagen werden am Kiosk Erfrischungen angeboten. Hinter den bewaldeten Dünen brechen sich die Ostseewellen an einem makellosen, schönen Sandstrand (Bild).

Im weiteren Verlauf stehen Ihnen weitere, gleichartige Plätze zur Verfügung. Der Firscherort **Klapkalnciems** bietet darüber hinaus den **Campingplatz Ronīši** (**GPS 098:** N57° 02' 29.9" E23° 21' 57.3"). Kurz nach **Apšuciems** liegt der **Kemping Čiekuri** (**GPS 099:** N57° 03' 56.2" E23° 17' 34.4"). Gelegenheit zum Verweilen bietet sich also genug.

Ein gutes Stück nach der Ortsausfahrt **Plieņciems** halten wir uns Richtung Kolka. Die Küstenstraße ist zu schön, um sie zu verpassen. Sie wird uns noch ein paar schöne Stellplatzalternativen bescheren. Wir fahren durch **Engure** (Einkaufs- und Einkehrmöglichkeit, Tankstelle, 1,4 km nach Ortsausfahrt ein weiterer **Campingplatz**) und erreichen den **Naturpark Engures ezers**. In **Abragciems** gibt es einen weiteren Campingplatz. Auf der Fahrt können wir auf einer astreinen Asphaltstraße durch den Kiefernwald gondeln.

Gut 600 m nach der Ortsausfahrt **Bērzciems** sollten Sie etwas Zeit für eine Rast oder eine nette Wanderung einplanen. Denn wo bekommen Sie sonst so bequem Wildpferde, ja sogar wild lebende Rinder zu sehen? Folgen Sie dem Schild zum Engures ezers bis zu einem schönen Picknickplatz.

(100) WOMO-Picknickplatz: Engures ezers

GPS: N57° 15' 28.1" E23° 08' 10.5" (kein Straßenn.) **max. WOMOs:** 1-2.

Ausstattung/Lage: Picknickbänke teils überdacht, Trockentoilette und Mülltonne, mehrere Naturpfade/außerorts. Ornithologisches Forschungszentrum wenige Schritte entfernt (wenn man ankommt, rechts ab) im eingezäunten Gelände.
Zufahrt: 600 m nach Ortsausfahrt Bērzciems links ab, dann 2,2 km Schotterweg bis zum Picknickplatz.

Wandern zu Wildpferden und -rindern

Nicht erwarten sollten Sie wilde Bisonherden, wie wir sie aus Wildwestfilmen kennen. Aber immerhin leben in der Uferzone des Engure Sees eine Herde ausgewilderter Pferde und eine weitere Herde, bestehend aus rund 10 wild lebenden Rindern.

Sie wandern auf bequemem Waldweg zur ornithologischen Forschungsstation und von dort weiter entlang des Zauns bis zu einer Picknickstelle (Tisch/Bank, Trockentoilette).
Dort nutzen Sie den Durchgang zum Beobachtungsturm, gehen noch knapp 10 Minuten über die Weide der Tiere und genießen von oben den Überblick über die Sumpf- und Moorgebiete bis weit über den See mit einer reichen Vogelwelt.

Friedlich grasende Pferde am Moorsee

Fährt man weiter Richtung Kolka, folgt der Fischerort **Mērsrags**. Er bietet Ihnen weitere Stellplatzalternativen. Für die Erlebnishungrigen ist der Platz am See geeignet:

(101) WOMO-Picknickplatz: Engures ezers/Bebri

GPS: N57° 19' 07.1" E23° 05' 29.5" (kein Straßenn.). **max. WOMOs:** 1-2.
Ausstattung/Lage: Parkplatz mit Picknickbänken, Seezugang, Trockentoilette und Mülltonne. Auf Anfrage Bootsvermietung (Ruderboote) für eine geringe Mietgebühr/außerorts.
Zufahrt: 400 m nach Ortseinfahrt Mērsrags weist ein Schild zum See. Es folgen 2,6 km Schotterstraße bis zum Picknickplatz.

Einen Stellplatz mit einem netten Sandstrand, der mit ein paar Felsbrocken übersät ist, finden Sie am Leuchtturm, etwas abseits des Ortes.

(102) WOMO-Badeplatz: Mērsraga baka

GPS: N57° 21' 56.2" E23° 07' 19.5"(kein Straßenn.). **max. WOMOs:** 2-3.

Ausstattung/Lage: Parkplatz am Meer, Picknickbänke, Mülleimer, Infotafel und Trockentoilette. Am Fuß des Leuchtturms, der Sendemasten und ein paar Häuserruinen gibt trotz der Felsbrocken einen passablen Badestrand ab/außerorts.
Zufahrt: Im Ort, 200 m nach dem Museum, rechts abbiegen (Schild: Parkplatz). Nach 400 m holpert man auf Schotter, bis der Parkplatz nach 2,6 km erreicht ist.

Die Weiterfahrt bietet noch ein paar Höhepunkte. Kaltene bietet neben einer Fischfabrik am Hafen zwar einen schönen Strand. Doch die Zufahrt möchten wir nicht jedem WOMO zumuten. Ein etwas größerer Ort ist **Roja**, das mit einem großen Schild unübersehbar auf sich aufmerksam macht. Es hat Einkaufs- und Einkehrmöglichkeiten, Tankstelle und einiges mehr zu bieten. Im Roja Museum erfahren Sie viel über die Küstenfischerei. Beim Ortsausgang führt ein Holpersträßchen nach 250 m auf einen zwar nicht allzu schönen Parkplatz (Mülleimer). Das ändert sich aber, wenn man über die Holzbohlen zum Sandstrand mit Spielplatz geht. Wenn also das Wetter passt - nichts wie rein in die Fluten!

Der Fischerort **Ģipka** ist 10 km weiter erreicht. Direkt nach dem blauen Ortsschild finden Badefreunde die nächste Gelegenheit, ihr WOMO etwas abseits der Straße abzustellen und dem kühlen Nass zu frönen:

(103) WOMO-Badeplatz: Ģipka

GPS: N57° 33' 52.3" E22° 40' 02.6" (kein Straßenn.) **max. WOMOs:** 1-2.

Ausstattung/Lage: Mülleimer, Informationstafel zum Ģipka-Naturreservat, das 2004 eingerichtet worden ist. Zur Hauptsaison wird kassiert, wunderschöner Sandstrand/außerorts.

Zufahrt: Beim (blauen) Ortsschild Ģipka rechts abbiegen, nach 600 m der gebührenpflichtige Parkplatz.

Wenn Sie eher einen Campingplatz bevorzugen, empfehlen wir den **Camping Pūrciems**. Der Platz ist sehr schön angelegt und liegt ruhig etwas abseits der Straße (**GPS 104**: N57° 34' 59.0" E22° 37' 53.0"). Er bietet Stromanschluss, Hütten, Picknickbänke mit Feuerstellen - insgesamt eine sehr schöne Anlage (Zufahrt 3,3 km nach dem Badeplatz ausgeschildert). Sind Sie Naturliebhaber, ist der nahe **Dünenlehrpfad** eine gute Empfehlung für Sie! (Parkplatz **GPS:** N57° 34' 36.0" E22° 37' 39.5" vor der Zufahrt

Auf dem Dünenlehrpfad (TPS)

zum Campingplatz) und schnüren die Wanderschuhe. Eine Informationstafel am Parkplatz gibt Auskunft über den Pfad, die Natur und die Gehzeit (knapp 1 km - also kaum eine gute Viertelstunde).

Nach der Ortsdurchfahrt **Melnsils** sind es noch 3 km, bis das Schild „**Slītere Nationalpark**" uns empfängt. Dort erreichen wir zunächst den Ort **Kolka**. Fahren Sie hier nicht einfach so durch. Denn wo können Sie bei so wenigen Einwohnern gleich drei Kirchen unterschiedlicher Konfessionen besichtigen? Die russisch-orthodoxe und die evangelisch-lutherische Kirche sind dabei weitaus größer als das am Ortsende gelegene, hölzerne katholische Gotteshaus. Nicht vergessen möchten wir auch, auf die Einkehr- und Einkaufsgelegenheit hinzuweisen. Denn es folgt ein größerer Abschnitt ohne jegliche Alternativen. Die gibt es erst in Ventspils wieder (nach 78 km).

Nun also liegt mit dem **Kap Kolka (Kolkas rags)** das Hauptziel unseres Abstechers vor uns. Wo die Straße scharf links abknickt, halten wir uns rechts und finden uns nach gut 400 m auf dem großen (gebührenpflichtigen) Parkplatz wieder.

(105) WOMO-Picknickplatz: Kolkas rags (Kap Kolka)

GPS: N57° 45' 23.7" E22° 36' 01.5" (Kolka). **max. WOMOs:** >5.
Ausstattung/Lage: Tisch & Bank, Informationstafel über das Kap und den Nationalpark/außerorts. Parkgebühr ist im Kiosk zu bezahlen (günstiger Preis bei Übernachtung). Es wird eine Toilette sowie ein Imbiss oder Kaffee angeboten, der Parkplatz ist tagsüber bewacht.

Zufahrt: An der abknickenden Vorfahrt rechts ab (300 m).
Sonstiges: Mehrere Picknickbänke mit Grillstelle im Wald, ein schöner (Bade-)Strand erstreckt sich (fast) rundherum. Die umgestürzten Bäume am Strand liegen bewusst da, was dem Strand einen wildromantischen Charakter verleiht. Die bizarren Stämme und knorrigen Äste halten den Sand fest, nachdem am 8./9. Januar 2005 bei einem schweren Sturm ca. 20 m Strand verloren gingen. **Info: www.kolkasrags.lv**

Einen weiteren Parkplatz (**GPS 106:** N57° 45' 23.6" E22° 35' 27.6") finden Sie an der abknickenden Durchgangsstraße geradeaus (Wandermöglichkeit/Küstenwanderweg, Mülleimer und Trockentoilette). Doch zahlen wir gern ein paar Lats, weil die Gegenleistung angemessen ist.

ACHTUNG: Direkt bei der Landzunge, wo sich die Wellen der Ostsee und des Rigaer Meerbusens treffen, wird aufgrund gefährlicher Strömungen und Wellengangs ausdrücklich vor den Gefahren des Badens gewarnt. Doch die Sandstrände beiderseits sind wahrlich groß genug, um ein ruhiges Fleckchen zu finden. Baden sollten aber überall nur geübte Schwimmer!

Wichtiger Hinweis zum Naturschutz

Der Hinweis der Nationalparkverwaltung auf Wahrung des Naturschutzes sollte hier, wie auch sonst, eigentlich selbstverständlich sein. Es ist ausdrücklich nur gestattet, auf den offiziellen Wegen zu fahren. Verboten ist es, Zelte außerhalb der markierten Flächen aufzuschlagen, Müll zurückzulassen und Pflanzen zu entnehmen. Ausnahme sind Beeren und Pilze für den Eigenbedarf.

Auch wenn Kap Kolka noch so sehr zum Verweilen verführt und ein beeindruckendes Landschaftsbild abgibt - es gibt noch mehr schöne Stellen im Nationalpark. Nur wird der Weg dorthin etwas beschwerlicher: Unsere Reifen dürfen sich ein ganzes Stück über einen stellenweise nicht gerade guten Schotterbelag quälen. Eine angepasste Fahrweise ist deshalb anzuraten. Doch für die Mühe belohnen uns mehrere Besichtigungsobjekte, Stellplätze und einfache, aber schöne Campingplätze. Und eine Wanderung haben wir auch für Sie probiert.

(TPS)

Hier werden zahllose Geweihstangen gesammelt

Das erste Ziel ist in **Vaide**. Nach 7 km biegen wir rechts ab. Der Zufahrtsweg ist leider ein ziemlich schmaler Forstweg, aber gut befahrbar, wenn auch etwas holperig. Bei der **Hörnersammlung** handelt es sich um eine Ausstellung zahlreicher Hörner und Geweihe, die der heute betagte, frühere Förster in den umliegenden Wäldern aufgesammelt hatte. Verbunden ist das Ganze mit einem schönen, wenn auch einfachen **Campingplatz Purvziedi - GPS 107:** N57° 43' 36.8" E22° 27' 38.1", der sich in einer Senke befindet (Trockentoilette, Grillstelle, kleiner See).

Wieder auf der P124 geht die Reise 11 km weiter Richtung Ventspils, bis uns das Schild **Mazirbe** darauf aufmerksam macht, dass sich hier das **Livenzentrum** befindet.

Das Livenzentrum von Mazirbe

Die Fischerdörfer werden von der vermutlich kleinsten Volksgruppe Lettlands, den Liven, bewohnt. Sie haben mit ihrer Kultur und Sprache leider nur in geringer Anzahl die Sowjetzeit überstanden. Denn sie hatten sehr unter den Restriktionen zu leiden, welche die militärische Sperrzone mit sich brachte. Besonders die ihnen eigene Fischerei war verboten - zu groß war den Sowjets die Gefahr, einige ihrer Schäflein übers Meer Richtung Westen zu verlieren. Naturgemäß sind das schlechte Voraussetzungen für ein Volk von Fischern. Andererseits hatte die Natur die Gelegenheit, sich weitgehend ohne menschlichen Einfluss zu entwickeln. So hat eben alles seine zwei Seiten...

(TPS)

Interessant ist auch der Schiffsfriedhof. Wie kamen die Leute darauf, ihre Schiffe einfach in den Wald zu werfen, wo sie verrotten? Die Liven verbrannten früher ihre ausgedienten Fischerboote - ein Brauch, den die Sowjets verboten. So warf man die Holzkähne einfach in den Wald, wo sie zur Sicherheit von den Soldaten unbrauchbar gemacht wurden, auf dass, wie gesagt, niemand „versehentlich nach Westen verloren geht".

Fahren Sie an der Abzweigung ein Stück Richtung **Talsi**, erreichen Sie nach einem guten Stück Fahrt durch den Wald einen (ausgeschilderten) Parkplatz - Ausgangspunkt für eine unvergesslich schöne Wanderung in das Petera Moorgebiet .

Wanderung in das Petersmoor

Der 3,9 km lange, teils auf Holzbohlen verlaufende, teils erstaunlich steil auf- und abgehende Wanderpfad führt durch eine eigentümliche Grundmoränenlandschaft - Relikt der letzten Eiszeit. Achten Sie aufmerksam auf die Spuren der im Nationalpark lebenden Tiere. Luchse, Elche, vielleicht auch Bären hinterlassen da und dort Kratzspuren an den Stämmen der Kiefern. Dass Sie die Tiere zu Gesicht bekommen, ist sehr unwahrscheinlich. Sie (die Tiere) sind viel zu ängstlich.

Doch kann es durchaus sein, dass Ihnen, kurz vor Ende der Tour, am Moorsee der eine oder andere Vogel begegnet, den Sie zu Hause vermutlich nicht entdecken werden: Schwarzstorch und Seeadler sind hier zu Hause. Genießen Sie diese Tour durch den Märchenwald, bevor wir den Nationalpark hinter uns lassen.

Leider ist der Wanderparkplatz zur Übernachtung im WOMO ungeeignet, es sei denn, Sie quetschen sich mit einem kleinen WOMO an die Absperrung oder riskieren wegen der Schieflage Rückenschmerzen und dass Ihr Weinglas gegen das Abrutschen gesichert werden muss. Also zurück zur P124, wo noch ein gutes Stück auf Schotter Richtung Ventspils zu fahren ist. Der Nationalpark liegt bald hinter uns. Gut 20 km südwestlich lohnt sich ein Abstecher Richtung Ostsee. In **Miķeļbāka** wartet Lettlands höchster Leuchtturm. Den obligatorischen Sandstrand gibt es auch hier obendrein. Wenn Ihnen das zusagt, finden Sie auch gleich eine Bleibe für die Nacht:

(108) WOMO-Campingplatz-Tipp: Miķeļbāka

GPS: N57° 35' 49.7" E21° 57' 55.9" (kein Straßenname).
Öffnungszeiten: Mai-Sept.
Ausstattung/Lage: Sehr ruhig gelegene Wiese, gute Sanitärausstattung, wenn auch nicht hochmodern. Wandermöglichkeit, Fußwegnähe zum Sandstrand, Ver- und Entsorgung/außerorts.

Zufahrt: Von der P124 der Ausschilderung Miķeļbāka/Miķeļtornis folgen, nach 2 km sind Parkplatz und Campingplatz ausgeschildert.
Alternative: Für Ihren Spaziergang zum Leuchtturm (Bild unten), zum Strand (oder für die Nacht, wenigstens außerhalb der Öffnungszeit des Campingplatzes) - könnte Ihre Wahl auch auf den 200 m entfernten Parkplatz beim Leuchtturm fallen (Mülleimer, Trockentoilette).

Auf der Weiterfahrt darf sich unser WOMO freuen, dass es wieder auf Asphalt dahinrollt.

Das Radioteleskop Irbene

Technisch Interessierte mögen in **Irbene** Station machen. Hier wird bewiesen, dass Sowjetmilitärs äußerst große Ohren hatten: Eine frühere Spionagestation der Roten Armee fristet ihr (nun ziviles) Dasein. Vom Weltraumteleskop wurde der Westen und alles im Auge behalten, was den Sowjets gefährlich erschien. Heute zivil genutzt, steht die Anlage auch für die Besichtigung offen (Zufahrt über einen etwas holprigen, typischen Panzerweg - leider nicht ausgeschildert. Hier deshalb die GPS-Daten der Abzweigung: N57° 34' 03.0" E21° 51' 57.5".

Ein ähnlich schöner, ruhiger und in der Nähe des Sandstrandes gelegener Picknickplatz wie zuvor findet sich in **Ovīši**.

(109) WOMO-Badeplatz: Ovīši

GPS: N57° 34' 15.7" E21° 43' 34.2" (kein Straßenn.). **max. WOMOs:** 1-2.
Ausstattung/Lage: Tisch & Bank, Trockentoilette, Mülltonne. Zugang zum Traumsandstrand 10 Minuten durch bewaldete Dünen/Ortsrand.

Zufahrt: Von der P124 rechts ab Richtung Ostsee ausgeschildert. Zufahrt gut 2,5 km problemlose Schotterstraße (nach 2,4 km Gabelung: Rechts ab zum Picknickplatz, links ab zum (bedingt übernachtungstauglichen) Parkplatz „Ovišu bāka".

Ovišu bāka (Leuchtturm von Ovīši)

Selbstverständlich findet sich auch hier ein Superlativ. Der älteste Leuchtturm Lettlands wartet mit einem netten Museum darauf, von Ihnen besucht zu werden. Die Mühe des ausgedehnten Spaziergangs zum Leuchtturm und des Treppen steigens lohnt sich. Die Sicht ist überaus schön. Und Sie können versuchen, mit der netten, älteren Dame, die Ihnen die Tür aufschließt, die jeweiligen Fremdsprachenkenntnisse zu trainieren. Das erwähnen wir, weil sich bei unserem Besuch die Freundlichkeit und die Offenheit der Letten zeigte, indem die Dame sich sehr bemühte, uns auf Englisch (und mit ein paar Brocken Deutsch) Informationen über den Turm und die Seefahrt zu vermitteln. Da sage noch einer, man mühe sich hier nicht um seine Gäste!

Nun ist es nicht mehr weit zum Fährhafen **Ventspils**. Wobei wir wissen, dass wir eher Öl- und Handelshafen sagen sollten. Aber in Sachen WOMO-Urlaub sprechen wir doch eher von der Scandlines-Fähre, die zwischen Ventspils und Rostock pendelt. Die P124 führt geradeaus Richtung A10. Doch folgt man nach gut 13,5 km ab der Abzweigung Ovīši dem Schild nach Ventspils, kommt man am **Būšnieku ezers** vorbei.

Ein Parkplatz und am See ein netter Badestrand laden zum Verweilen ein (**GPS:** N57° 26' 15.2" E21° 39' 21.6", Picknickbänke, Mülltonne, Hundeverbot/Talsu iela). Zum Übernachten ist es uns jedoch etwas laut hier. Dazu taugt eher der Parkplatz am **Tierpark Briežu dārzs**:

(110) WOMO-Stellplatz: Tierpark Briežu dārzs

GPS: N57° 25' 53.6" E21° 39' 10.7" (Talsu iela). **max. WOMOs:** 1-2.
Ausstattung/Lage: Schotterparkplatz, etwas abseits der Durchgangsstraße, Mülleimer. Geringer Eintritt im Tiergehege/außerorts.
Zufahrt: Von Oviši nicht zur A10, sondern der ersten Ausschilderung Ventspils folgen. Kurz später liegt rechts der Badeplatz. Gleich danach folgt auf der linken Seite der Parkplatz des Tierparks.
Sonstiges: Der Park wurde im Jahr 2007 eröffnet. Mit etwas Glück beobachten Sie Rot- und Schwarzwild oder Rentiere. Da es ein modernes Gehege mit weitläufigem Gelände ist, haben die Tiere aber viel Auslauf und Unterschlupfmöglichkeiten. Sie können also auch Pech haben und müssen sich mit der Beobachtung der Bäume begnügen. Wir begrüßen das - die Tiere danken den Betreibern für ein naturnahes Tierleben.

In Ventspils fällt uns dann auf, wie sauber, modern und aufgeräumt die Stadt sich ihren Gästen zeigt, gar nicht so, wie es das Wort „Ölhafen" erwarten lässt. Natürlich gibt es die endlosen Güterzüge, die ihre Fracht zum Hafen bringen. Und der Hafen ist, wie ein Hafen halt so ist.

Ventspils - Hafenstadt mit Zukunft

Aus touristischer Sicht ist vor allem die 1290 erbaute Ordensburg zu erwähnen, die heute nach der Renovierung das Stadtmuseum und in den Kellergewölben eine rustikal-gemütliche Brauereiwirtschaft beherbergt, wo Sie deftig tafeln können.
Für die WOMO-Gäste ist der Fährhafen von Bedeutung. Auch der gute Campingplatz ist zu nennen, in dessen direkter Nachbarschaft sich der Besuch des Küstenfreilichtmuseums lohnt. An manchen Tagen gibt es

dort Rundfahrten mit dem Dampfzug, oder Sie können in der Draisine Ihre Bahnen auf einem kleinen Rundkurs ziehen.

Wer es gemütlich mag, spaziert vom Museum auf dem Ankerpfad mit zahlreichen schwergewichtigen Stahlhaken durch den Strandpark zum endlosen Sandstrand, wo sich die Reise durchs Baltikum bestens beginnen oder beenden lässt - wenn Sie nicht mittendrin sind oder das Wetter gerade mal schlecht sein sollte.
Ist das der Fall, könnte der Aquapark Ventspils von Mai-September mit beheizten Schwimmbecken und Riesenrutschen einen Trost bieten. Ein Hallenbad gibt es zur Not auch noch. Und wenn es ganz schlimm kommt, findet sich sogar ein Skihang - der Schneeberg Lemberga hūte. Aber daran denken wir nicht und gehen von gutem Urlaubswetter aus.
Zwischen all den gut ausgeschilderten Attraktionen werden Ihnen an (sicher da und dort auch auf) den Straßen allerlei Rindviecher auffallen - bunte Exemplare aus Kunststoff, die in der Stadt verteilt sind und ein lustiges, buntes Bild abgeben. Und natürlich möchten wir keinesfalls den überall vorhandenen Blumenschmuck vergessen, der von der schönen Blumenuhr am Korpa prospekts gekrönt wird.

(111) WOMO-Campingplatz: Küstencamping Ventspils

GPS: N57° 23' 03.0" E21° 32' 09.1" (Vasamīcu iela) **Öffnungszeiten:** Ganzjährig.

Ausstattung/Lage: Großzügiger, weitläufiger Platz. Von einem ruhigen Platz wagen wir aber nicht zu sprechen. Für viele Reisende ist es ein Durchgangsplatz, an Wochenenden wird gerne auch gefeiert. Aber sehr gute Ausstattung, vom Stromanschluss bis zur Ver-/Entsorgungsstation. www.camping.ventspils.lv

Zufahrt: Von der Innenstadt durch die Vasarnicu iela (ausgeschildert). Freie Stellplatzalternative: Fährhafen - aber nur bedingt attraktiv.

TOUR 9 (ca. 325 km / 2-4 Tage)

Ventspils - Talsi - Sabile - Kuldīga - Jūrkalne - Pavilosta - Liepāja

Freie Übernachtung:	Usma, Talsi, 3x bei Sabile, Abavas rumba, 2x Kuldīga, Jūrkalne, Ziemupe.
Campingplätze:	Usma ezers, Nabīte Kempings, Pavilosta, (Gaili).
Ver-/Entsorgung:	Campingplätze Usma, Nabīte Kempings, Pavilosta.
Baden:	Usma ezers, Abavas rumba, Jūrkalne, Ziemupe, Liepāja.
Besichtigen:	Talsi, Sabile, Pedvāle Museum, Kuldīga, Liepāja.

Ventspils ist Ausgangspunkt für einen Ausflug weg von der Küste, hinein ins grüne, hügelige Herz der Provinz **Kurzeme**. In einer Rundfahrt verbinden wir Naturerlebnisse mit dem Besuch in sehenswerten Ortschaften, die gut und gerne in nostalgischen Filmen als Kulisse dienen könnten (und dies auch schon waren). Zunächst jedoch steht der **Usmas ezers** (Usma See) auf dem Programm. Er wird von Ventspils in einem „Sprung“ von gut 45 km über die A10 zügig erreicht. Unterwegs ist das Städtchen **Ugāle** erwähnenswert. Zunächst dominieren Plattenbauten, dann aber entdecken wir dort eine schöne Eichenallee und die alte evangelische Kirche mit sehenswerter Orgel.

Später, am Westufer des Usmas ezers, finden wir dicht nacheinander zwei Campingplätze - einen modernen Vertreter (sehr gut ausgestattet und etwas teurer) und einen für Liebhaber eher naturnaher Plätze mit Trockentoilette (dafür eben preisgünstiger). Wählen Sie selbst:

(112) WOMO-Campingplatz-Tipp: Usmas Kempings

GPS: N57° 14' 24.3" E22° 10' 08.6" (Usma) **Öffnungszeiten:** Mai-Sept.
Ausstattung/Lage: Wiesengelände direkt am See, schattig, Bootsanleger, Bootsverleih, geführte Bootstouren, Spielplatz, Picknick- und Grillstellen, moderne Sanitärausstattung/Sauna, Waschmaschine, Ver- und Entsorgung, Stromanschluss. Restaurant (Fisch/Fleischgerichte und Pfannkuchen sind zu empfehlen)/außerorts. www.usma.lv
Zufahrt: Ab A 10 Richtung Usma ausgeschildert, nach 1 km links ab.
Alternative: WOMO-Campingplatz: Mežmalas kempings.
GPS 113: N57° 13' 41.6" E22° 10' 06.9" **Öffnungszeiten:** Mai-Sept.
Ausstattung/Lage: Wiesengelände direkt am See, schattig, Picknick- und Grillstellen, Spielplatz, Trockentoiletten. Kein Frischwasser/keine Chemietoilettenentsorgung/außerorts.
Zufahrt: Ab A 10 Richtung Usma ausgeschildert, direkt an der Straße.

Selbstverständlich wurde auch an die Liebhaber freier Übernachtungsplätze gedacht. Etwas weiter südlich, am Rand des Ortes Usma, findet sich auch hierfür eine nette Gelegenheit:

(114) WOMO-Badeplatz: Usma

GPS: N57° 12' 30.4" E22° 09' 09.2" (kein Straßenn.) **max. WOMOs:** 1-2.
Ausstattung/Lage: Mülleimer, Volley-/Basketballfeld, Bolzplatz wenige Meter weiter, Grill-/Picknickstellen, schattige Wiese, kleine Seebühne/Ortsrand.
Zufahrt: Von der A 10 bis Usma, im Ort an der abknickenden Vorfahrt geradeaus, kurz nach der sehenswerten Holzkirche links am Seeufer.

Die Sage über die Entstehung des Usma-Sees

Eines Abends kam eine Mutter mit ihrem Kind aus der Sauna. Da bemerkte das Kind einen schwarzen fliegenden See und rief - „...usmīgs, ...usmīgs“. In dem Augenblick fiel der See herunter und blieb an dieser Stelle liegen. Aus dem Livischen übersetzt bedeutet der Name „Nebelsee“. Jede Landzunge, jede der sieben Inseln und jede Bucht hat einen eigenen Namen, der noch aus den alten Zeiten stammt.
Die Moritzinsel verdankt ihren Namen dem Ereignis im Jahr 1727. Der sächsische Graf Moritz versteckte sich damals hier von dem russischen Heer. 1912 wurde die Insel zum ersten Naturschutzgebiet Lettlands erklärt.
Die Seeufer sind sandig und vom Wald umgeben. Das Gewässer hat 10 Zuflüsse, aber nur einen Abfluss - Engure.

Die weitere Fahrt um den See ist (mit dem WOMO zumindest) nicht zu empfehlen. Wenn Sie Ihren Wagen mit Mountain Bikes bestückt haben, bietet sich auch eine Radtour an. Unser Versuch mit dem WOMO endet auf einem üblen Feldweg, den wir selbst mit unserem 4x4-Fahrzeug nicht wagten. Also zurück zur A10 - die Campingmöglichkeiten auf der Ostseite des Sees bleiben zunächst also ungeprüft, sollten aber dennoch erwähnt sein, sollten Sie eine Alternative benötigen.

Unser nächstes Reiseziel heißt **Talsi (Talsen)**, das über die A10 und dann ein Stück nordwärts auf der P120 schnell erreicht ist. Etwas oberhalb des Zentrums parken wir unser WOMO an der (sehenswerten) Kirche auf dem „Baznicas laukums" (Kirchplatz) und spazieren in die Altstadt hinab. Wenn Sie möchten, können Sie auch auf dem zentrumsnahen, zwischen den zwei Seen liegenden Parkplatz parken oder übernachten

(115) WOMO-Stellplatz: Talsi

GPS: N57° 14' 38.2" E22° 35' 30.5" (Fabrikas ieala). **max. WOMOs:** 1-2.

Ausstattung/Lage: Asphaltierter Platz, zentrumsnah, Einkehrmöglichkeiten, Spazierweg in den alten Ort sowie zur Burg, kann etwas unruhig sein/ im Ort.

Zufahrt: Auf der P127 in den Ort, dort links in die Fabrikas iela abbiegen (am See vorbei, danach links).

Auf der Fahrt zu diesem Parkplatz passieren Sie das Ortsmuseum **Talsu novada muzejis**, welches mit einem Parkplatz oberhalb der Straße liegt. Entscheiden Sie selbst, ob Sie hier übernachten oder es bei der Besichtigung belassen. Die Stadt, die ihre gemütlichen Holzhäuser und Straßen in frischen Farben herausputzte, ist auf alle Fälle einen Besuch wert.

Auf der Weiterfahrt überqueren wir die A10 südwärts und gelangen durch die schöne Hügelkette, die kurländische Schweiz, in den ebenso sehenswerten Ort **Sabile (Zabeln)**. Nicht der Ort an sich ist so sehenswert, sondern seine einzigartige Attraktionen. So finden Sie hier den angeblich nördlichsten **Weinberg**, dessen Ertrag allerdings nicht vermarktet wird. Ob der säuerlichen Note oder der geringen Menge wegen, wissen wir nicht. Offiziell ist es Letzteres. Sehr gut gefällt uns an der Hauptdurchgangsstraße Richtung Kandava die Sammlung netter Stoffpuppen, die auf private Initiative ein ausgesprochen schönes Bild hergeben. Für Ihr WOMO haben wir währenddessen einen passablen Park- und Stellplatz gefunden:

(116) WOMO-Stellplatz: Sabile Busbahnhof

GPS: N57° 02' 46.7" E22° 34' 16.6" (an d. P130). **max. WOMOs:** 1-2.
Ausstattung/Lage: Mülleimer, Toilette, asphaltierte Parkfläche/im Ort.
Zufahrt: Richtung Kuldīga, gegenüber der Kirche.

In der Umgebung des schönen Städtchens gilt es, dann noch ein paar schöne Plätze zu finden, um sich der (Ess-)Kultur in einem Freiluftmuseum zu widmen oder einfach einen erlebnisreichen Tag auf einer Anlage mit Sommerrodelbahn zu haben. Beides lässt sich jeweils mit einem Restaurantbesuch verbinden:

(117) WOMO-Stellplatz: Sommerrodelbahn Zviedra cepure

GPS: N57° 01' 28.0" E22° 35' 33.9" (kein Straßenn.). **max. WOMOs:** 2-3.

Ausstattung/Lage: Geschotterter Parkplatz bei der Sommerrodelbahn, Mülleimer, Gaststätte. Im Winter Skibetrieb/Lifte/außerorts.
Zufahrt: Von Sabile zunächst Richtung Kuldīga (Kuldīgas iela), über die Abava-Brücke hinweg, dann ausgeschildert über eine Schotterstraße, die zuletzt in sehr engen Kurven steil hinab zum Ziel führt, wo Sie sich neben dem lustigen Tankfahrzeug (oder an Stelle dessen) auf den Parkplatz einreihen können.

(118) WOMO-Gaststätte: Pedvāle Dare/Freilichtmuseum

GPS: N57°02' 01.0" E22°34' 01.9" (Pedvāle) **max. WOMOs:** 4-5.
Ausstattung/Lage: Geschotterter Parkplatz, Freiluftmuseum/außerorts.
Zufahrt: Von Sabile Richtung Kuldīga, dann ausgeschildert und weiter über eine Schotterstraße.

Pedvāle Freilicht-Kunstmuseum

Schon im frühen 13. Jahrhundert besiedelt, befand sich ab dem 15. Jh. hier ein deutsch-baltisches Hofgut. Als der letzte Besitzer, Wolfgang von Firks, 1939 nach Deutschland übersiedelte, wurde das Gut in den Kriegs- und Sowjetzeiten für die Kolchose genutzt, verfiel in dieser Phase jedoch nach und nach. Im Jahr 1992 war es der Künstler Ojārs Feldbergs, der das Gut erwarb und es seither Stück für Stück wieder auf Vordermann bringt. Mit Fördermitteln der EU und der UNESCO ist es ihm gelungen, einen Ort mit Atmosphäre zu schaffen, mit Hotel und einem gemütlichen, guten Restaurant. Auch wenn noch viel Arbeit vor ihm liegt, lohnt sich ein Besuch, um einzukehren und den Verdauungsspaziergang zwischen seinen interessanten Skulpturen im Freigelände zu genießen (geringer Eintritt). Wenn Sie ein Viertele mehr genießen möchten - fragen Sie freundlich nach, dann ist der große Parkplatz auch Ihr Übernachtungsdomizil - Storchengeklapper inbegriffen.

Meister Adebar - auch in Pedvāle Ihr ständiger Begleiter...

... es sei denn, Meister Feldbergs zeigt persönlich seine Kunst.

Nun geht es weiter Richtung **Kuldīga**, der Stadt, die gut und gerne eine Filmkulisse für einen Streifen hergäbe, der in den Vorkriegsjahren spielt. Aber das hat Atmosphäre - überzeugen Sie sich selbst! Auf den Weg dorthin hat Mutter Natur noch ein nettes Plätzchen für uns parat:

(119) WOMO-Badeplatz: Abavas Rumba

GPS: N57° 04' 13.6" E22' 31° 48.5" (unterh. d. P130). **max. WOMOs:** 4-5.
Ausstattung/Lage: Mülleimer, Grill-/Picknickstellen und Zeltplatz auf der Wiese zwischen Abavaufer und Waldrand, Trockentoilette, Kanuanlegestelle; Parkgebühr/außerorts.
Zufahrt: An der P 130 Richtung Kuldīga 2 km nach Ortsausfahrt Sabile links ab, ausgeschildert. 3 Parkplätze, Zufahrt Schotterstraße.

Der Begriff „Wasserfall" mag durchaus überzogen sein. Ein netter Platz zum Verweilen ist es aber allemal.

Dennoch fahren wir auf der P120 weiter und überqueren die Abava bei **Renda**. 22 km weiter passieren wir das Ortsschild von **Kuldīga**. Schon vor der Brücke über die Venta, welche bei der **Neuverfilmung „Die Brücke"** 2008 sozusagen Filmkarriere im Deutschen Fernsehen machte, sollten Sie den

Parkplatz links beim Café ansteuern. Von dieser Flussseite ist der Blick auf den langgezogenen Wasserfall besonders schön. Wenn Sie möchten, dient der Parkplatz (auf Anfrage/gegen Gebühr) auch als Stellplatz:

(120) WOMO-Stellplatz: Kuldīga Ventas Rumba

GPS: N56° 58' 13.0" E21° 58' 50.2" (Stendes iela).
max. WOMOs: 1-2.
Ausstattung/Lage: Asphaltierte Parkfläche, Café, Mülleimer, Spielplatz, Zugang zur Venta/nahe der Fahrbahn am Ortsrand.
Zufahrt: An der P120 vor der Ventabrücke links hinter einem Café.

Eine Parkplatzalternative im Zentrum haben wir auch für Sie gesucht und gefunden.

X

(121) WOMO-Stellplatz: Kuldīga Zentrum

GPS: N56° 58' 00.4" E21° 58' 10.7" (Leona Paegles iela). **max. WOMOs:** 1-2.

Ausstattung/Lage: Asphaltierte Parkfläche, nahe der Fahrbahn/im Ort.
Zufahrt: Von der Ventabrücke der vorgeschriebenen Fahrtrichtung folgen, auf das Rathaus zufahren, davor rechts und gleich wieder links. Auf holprigem Kopfsteinpflaster bis zur Einmündung, dort gegenüber Parkplatz an der Mucenieku iela. Falls Sie hier übernachten möchten: Der Parkplatz zieht sich etwas um die Ecke herum. Im hinteren Bereich ruhiger. Dort gegenüber findet sich auch ein Lebensmittelladen/Bäckerei.

Rundgang durch Kuldīga

Kirchhof bei der katholischen Dreifaltigkeitskirche

Wie in den anderen „Filmstädtchen" fällt es schwer, Vorschläge für Ihren Stadtrundgang zu unterbreiten. Es ist gleich, ob Sie von der Ventabrücke oder vom zentrumsnahen Parkplatz starten. Nehmen Sie sich für Ihren Rundgang wenigstens einen halben Tag Zeit, um zum Wasserfall hinabgehen zu können, die gemütlichen Gassen mit den schönen, alten Holzhäusern und die Burg sowie den Schlosspark zu genießen. Man hat immer den Eindruck, dieses Städtchen sei alt. Man entwickelt schier nostalgische Gefühle. Doch ungepflegt ist es nirgends - für uns ein unbedingtes Muss! Natürlich gehört angesichts dessen die Einkehr in einem Café oder Restaurant mit einem gemütlichen Essen dazu. Gelegenheit dazu finden Sie rund ums Rathaus und am Parkplatz am Schlossplatz, die durch die Liepājas iela, verbunden sind. Die Tourist-Information finden Sie in der Baznīcas iela beim Rathaus, dessen Vorplatz übrigens besonders sehenswert ist. Dort haben Sie die Gelegenheit zum Einkauf netter Souvenirs, die nicht kitschig sind oder als Ramsch bezeichnet werden müssten. Ein Beispiel dafür sind die von der freundlichen alten Dame in einer Werkstatt neben der Tourist-Information gefertigten Tücher und Flickenteppiche (Bild).

Nun orientieren wir uns Richtung Liepāja und verlassen diese schöne, alte Stadt auf der P108 Richtung Nordwesten entlang dem Lauf der Venta. Nach knapp 14 km weist ein Schild rechts zu einem Campingplatz, den wir seiner Lage und Ausstattung wegen nicht unerwähnt lassen möchten:

(122) WOMO-Campingplatz-Tipp: Nabīte Kempings

GPS: N57° 04' 32.8" E21° 48' 49.3" (Lielais Nabas ezers/kein Straßenname).

Öffnungszeiten: Mai-September, Gästehaus ganzjährig.

Ausstattung/Lage: Wiesengelände direkt am See, wenig Schatten, Bootsanleger und -verleih, Spielplatz, Picknick- und Grillstellen, moderne Sanitärausstattung mit Sauna, Waschmaschine, Ver- und Entsorgungsstelle/außerorts.

Zufahrt: An der P 108 ausgeschildert, 1,8 km durch den Wald auf kleiner Schotterstraße, von der aus stellenweise herrliche Ausblicke auf den mäandrierenden Flusslauf der Venta möglich sind. Achtung: Kleines Hinweisschild an der P108!

Kaum sind wir wieder auf der P108 (rechts abbiegen), setzen wir auch schon wieder den Blinker links, um über Edole zurück Richtung Küste zu fahren. In Edole lohnt sich ein Blick auf das mit Millionenaufwand restaurierte Schloss. Doch uns überzeugen 30° C und stahlblauer Himmel, ans Meer zu fahren.

Auf der P109 gelangen wir zügig bis **Jūrkalne**, wobei ein kleines Stück Schotterpiste zu meistern ist. An der Küstenstraße angekommen, fahren wir zunächst ein Stückchen nordwärts, wo bald ein braunes Schild mit Aufschrift „Jeminas zieme latviesu begliem zu Zviedriju 1944–45g." nach links weist. Wir finden am Strand nicht nur eine Gedenkstelle für die Opfer des 2. Weltkrieges, sondern erneut einen herrlichen Sandstrand hinter den Dünen.

(123) WOMO-Badeplatz: Jūrkalne

GPS: N57° 03' 50.6" E21° 25' 05.5" (Nähe der P111) **max. WOMOs:** 4-5.

Ausstattung/Lage: Geschotterter Parkplatz, in der Hauptsaison Parkgebühr, dann tagsüber bewacht. Trockentoilette, Mülltonne. Teils schattig/außerorts. Etwa 250 m zum Denkmal und dahinter zum Sandstrand.

Zufahrt: 2,2 km nach erstem Ortseingangsschild Jūrkalne rechts ab, Zufahrt 250 m Schotterweg; schräg rechts Zeltplatz/Picknickstellen.

Auf der Weiterfahrt wieder südwärts folgen einige touristisch mehr oder weniger erschlossene Badestrände an der Ostsee mit Gelegenheit zum „Panieren“ am Sandstrand. Die meisten Parkmöglichkeiten sind gebührenpflichtig. Die am besten ausgestatteten gibt es bei **Pāvilosta**. Im Ort finden sich ein paar Parkmöglichkeiten (N56° 53' 19.3" E21° 10' 31.1"). Besser stellen Sie Ihr WOMO aber am kleinen Fischerhafen ab, wo sich zuletzt ein neuer Campingplatz etabliert hat.

(124) WOMO-Campingplatz-Tipp: Pāvilosta Marina by the Wind

GPS: N56° 53' 18.1" E21° 10' 14.6" (Ostmalas iela). **offen:** Mai-Sept.
Ausstattung/Lage: Stellplätze mit Stromanschluss, moderne Sanitäreinrichtung mit Ver-/Entsorgung, direkt am Jacht-/Fischerhafen. In den Ort ca. 500 m. Toller Badestrand. Internetzugang/Ortsrand.
Zufahrt: Ab Ortsmitte in Höhe der Zufahrt zum Hafen ausgeschildert.

Wir haben uns sonntags bei Kaiserwetter von Blechkolonnen am Wegrand mit wenig Platz für WOMOs abschrecken lassen. Doch hören wir beim abendlichen Bier im Gespräch mit anderen WOMO-Gästen an einem der nächsten Badeplätze (und auch durch Leserzuschriften) von tollen Badeerlebnissen hier. Schließlich gibt es auch ruhigere Tage. Wir aber nisten uns für eine Nacht in **Ziemupe** ein, um uns am Strand in der Sonne zu räkeln und den Sonnenuntergang zu genießen.

(125) WOMO-Badeplatz: Ziemupes jūrmala (Strand)

GPS: N56° 44' 40.8" E21° 03' 41.0" (Ziemupe). **max. WOMOs:** 1-2.
Ausstattung/Lage: Geschotterte Parkfläche, Café, Mülleimer, Spielplatz, Trockentoilette, Frischwasser, direkter Zugang zum Sandstrand, Parkplatz gebührenpflichtig. Angeschlossener Campingplatz mit Stromanschluss/außerorts.
Zufahrt: Von der P 111 Richtung Ziemupe ausgeschildert, nach 6 km Abzweigung nach Liepāja passieren, nach weiteren 1,8 km links ab, an der nächsten Gabelung wieder links und nach 600 m dann rechts.

Zur Weiterfahrt nach **Liepāja** werden Sie nicht um Schotterwege herumkommen. So holpern wir auf der küstennahen Variante bald nach dem Badeplatz rechts ab, wo unser Ziel ausgeschildert ist. Es folgt ein weiterer Badeplatz (ausgeschildert) und der Ort **Saraiķi**. Hier fahren wir rechts ab, bis ehemals militärisch genutzte Flächen vor der Stadt erreicht sind. Der teils üble Straßenzustand passt gut zu den verfallenen Militäranlagen, zwingt aber zur langsamen Fahrt.

Liepāja - eine Stadt wächst aus dem Schatten ihrer (militärischen) Vergangenheit heraus

Liepāja war zur Zarenzeit bereits ein bedeutender Kriegshafen mit umfangreicher Stahl- und Werftindustrie. Entsprechend trostlos ist der erste Eindruck heute in den Randgebieten, denn die Anlagen sind seit der Wende (weitgehend) ungenutzt und verfallen nach und nach. Wie ein Lichtblick erheben sich aber mittendrin die goldenen Kuppeln der Alexander Newski Kathedrale, die vom Zaren für seine Getreuen errichtet wurde. Welcher Kontrast zur Pracht des Gotteshauses sind die zerfallenden Kasernen! Es ist ein Bild, das sich hoffentlich bald erübrigen wird, wenn saniert oder abgerissen wird, was zerfällt.

Ein dunkles Kapitel lettischer Geschichte ist im Militärgefängnis im früher militärischen **Stadtteil Karosta** zu besichtigen. Es war einmal Teil der größten Militäranlage im Baltikum.

Doch die Stadt ist nicht nur eine ehemalige Militäranlage. Die Innenstadt

hat einen Besuch verdient. Sie ist im Zentrum bereits schön hergerichtet, und sie bietet gemütliche Gassen mit neoklassizistischen Häusern und nette Einkehrmöglichkeiten.
Parken Sie Ihr WOMO am besten am Parkplatz oder einem Parkstreifen im Zentrum nahe der Tourist-Information, wo man sich dann gleich aktuelles (und überwiegend kostenloses) Informationsmaterial besorgen kann. Dahinter findet sich auch schon die ausgedehnte grüne Lunge, der **Stadtpark Roze laukums** und an dessen Rand die Dreifaltigkeitskirche mit einer imposanten alten Orgel. Nennenswert ist auch die St.-Anna-Kirche, die nach den Zeiten der Missachtung religiöser Praktiken wieder hergerichtet wurde. Sie besticht durch einen barocken Altar und zahlreiche Heiligenbilder.
Für das leibliche Wohl sorgen wir im Restaurant des Rock-Cafés, wo wir gut und preiswert essen können. Es befindet sich wenige Schritte neben der Tourist-Information im Zentrum und ist der Tradition der zahlreichen Hard-Rock-Cafés angelehnt. Eine ganz eigene, aber passende und schöne Atmosphäre herrscht hier. Aber da dies bekanntlich Geschmackssache ist, werden Sie sicher eine gute Alternative finden, wenn Sie möchten.

Ein Höhepunkt in und um Liepāja ist jedoch ganz sicher der endlose Sandstrand, vor dem die blaue Ostsee mit bester Wasserqualität glitzert. Wo noch vor gar nicht langer Zeit Militärwagen das Stadtbild dominierten und Kriegsschiffe auf den Ostseewellen patrouillierten, schickt sich Liepāja also an, auf den Tourismus zu setzen. Eine Idee, der wir gern nachkommen.

Verbindung zu Tour 3 /4 (LT) oder Fähre von/nach Lübeck?

Sie können von hier aus Richtung Klaipėda starten, sollte es Sie nach Litauen ziehen oder Ihre Reise dem Ende entgegen gehen.
Vielleicht haben Sie auch die Fähre nach Lübeck gebucht und nehmen hier Abschied vom Baltikum. Natürlich denken wir auch an diejenigen, die hier erst von der Fähre rollen und sich in unsere Touren einklinken, nachdem seit 2009 hier eine Verbindung nach Deutschland eingerichtet worden ist.
Haben Sie etwas mehr Zeit für die Heimfahrt, gondeln Sie einfach entlang des Nemunas (Memel) und über Polen heimwärts (sh. Tour 1).

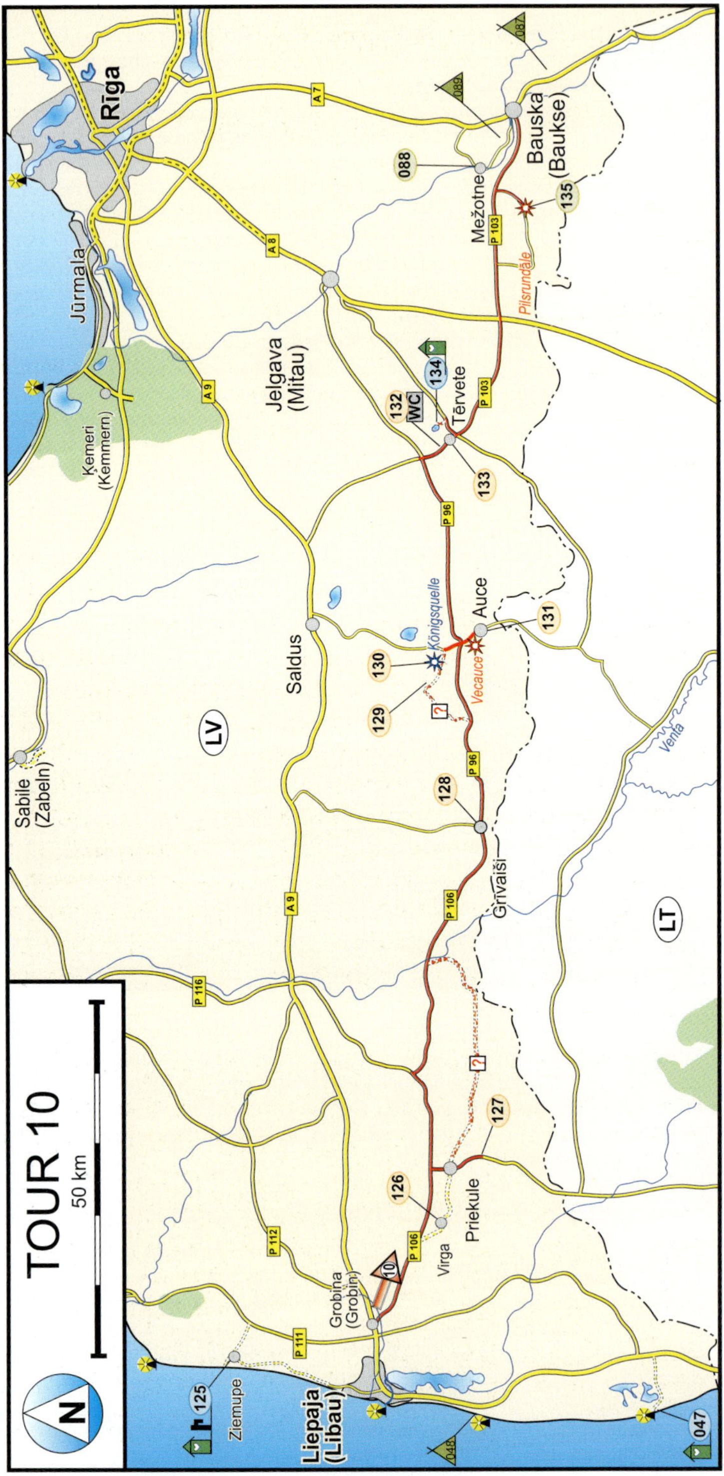
TOUR 10
50 km
N
Rīga
Jūrmala
Ķemeri
(Kemmern)
Jelgava
(Mitau)
Bauska
(Baukse)
Mežotne
Pilsrundāle
Tērvete
WC
Auce
Vecauce
Königsquelle
Saldus
Sabile
(Zabeln)
LV
LT
Venta
Grīvaiši
Priekule
Virga
Grobina
(Grobin)
Liepaja
(Libau)
Ziemupe
A 7
A 8
A 9
P 103
P 96
P 106
P 116
P 112
P 111
087
088
089
047
048
125
126
127
128
129
130
131
132
133
134
135
10

TOUR 10 (ca. 230 km / 4-6 Tage)

Liepāja- Priekule - Auce - Tervete - Pilsrundāle

Freie Übernachtung:	Virga, Grīvaiši, Königsquelle, Vecauce, Tērvete, Pilsrundāle.
Campingplatz:	Liepāja (Gaii - siehe Tour 4).
Ver-/Entsorgung:	Campingplatz Liepāja (s. o.).
Baden:	Tērvete.
Besichtigen:	Virga Denkmal, Vecauce, Museum Tērvete, Pilsrundāle.
Wandern:	Tērvete Naturpark.
Essen:	Balta māja (Pilsrundāle).

Doch für uns ist lange noch nicht Schluss. Wir fahren nun weg von der Ostsee und parallel der lettisch-litauischen Grenze ins Landesinnere. Zunächst orientieren wir uns Richtung Rīga, biegen dann aber in **Grobina (Grobin)** von der A9 rechts ab auf die P106 und gelangen zügig (Schild Richtung **Priekule**).

Etwa 15 km nach der Abzweigung macht uns ein Schild neugierig, das mit der Aufschrift „Karla zabaks" auf eine Sehenswürdigkeit hinweist. In Virga findet sich das Ziel der Neugierde: Ein Denkmal, gewidmet dem Schwedenkönig Karl XII, welcher im Nordischen Krieg hier weilte und eine Verletzung erlitt, ist in Nachbarschaft zum Dorfteich und mitten auf einem netten Picknickplatz eingerichtet. Doch nicht das Denkmal allein - der Platz rundherum mit dem Teich, den Schatten spendenden Bäumen und den zwitschernden Vögeln sind uns Grund genug für eine Picknickpause.

(126) WOMO-Picknickplatz: Virga - Denkmal Karl XII.

GPS: N56° 28' 24.7" E21° 24' 51.2" (Virga). **max. WOMOs:** 1.

Ausstattung/Lage: Geschotterte Parkfläche, Sitzbänke, Picknicktisch, Mülltonne; daneben Dorfteich/im Ort.

Zufahrt: An der P 106 als Sehenswürdigkeit ausgeschildert, an der Abzweigung nach 1 km links halten.

Die Fahrt setzt sich auf einer Schotterstraße fort, die in die P106 mündet. Nach gut 13 km ist **Priekule** erreicht. Die Stadt ist kein wichtiges Reiseziel, bietet aber doch da und dort nett renovierte Gebäude, Einkaufsmöglichkeiten und eine schöne Kirche. Nicht unerwähnt lassen sollte man den Gutshof der Familie Korff am Ortsausgang Richtung Südosten. 2,5 km weiter kann ein typisches, mondänes Kriegerdenkmal aus Sowjetzeiten besichtigt werden - Zeitzeuge der jüngeren Geschichte (**GPS 127:** N56° 25' 54.7" E21° 35' 42.5").

Da es sicher schönere Ziele gibt, kehren wir zurück auf die P106, welche 3 km nördlich von Priekule ostwärts führt und einen immerhin 182 m hohen Gebirgsrücken überquert - das allerdings ein gutes Stück auf Schotter.

Eine Alternative ist die Fahrt über **Vainode**, über die man - ebenfalls auf Schotterpisten - bei **Nigrande** am Flusslauf der **Venta** wieder auf die P106 trifft. Beide Strecken führen durch hügelige, mit Feldern und Wäldern abwechslungsreich anmutende Landschaften. Die Gegend ist dünn besiedelt. Nur da und dort passiert man ein Gehöft oder durchfährt ein Dorf - ein geruhsamer Teil Lettlands mit viel Naturgenuss.

Auf der Weiterfahrt wird (nach 7 km) die **Zana** überquert, bevor nach weiteren 22 km der Grenzort **Ezere** erreicht wird. Diesen lassen wir aber aus und streben auf der P105 weiter nach **Grīvaiši**, wo die P96 abzweigt und eine Parkmöglichkeit am ehemaligen Gasthof Grīvaišu krogs zur Rast einlädt.

(128) WOMO-Stellplatz: Grīvaišu krogs

GPS: N56° 25' 27.1" E22° 25' 48.8" (P105/P96). **max. WOMOs:** 1-2.

Ausstattung/Lage: Rasen- und Schotterfläche beim Friedhof/Ortsrand bei einem Gehöft.

Zufahrt: An der Abzweigung P 105 zur P96 der Ausschilderung Auce und dem braunen Hinweisschild „Grīvaišu krogs" folgen, dann links.

Nun darf Ihr WOMO auf der P96 wieder eine Staubwolke hinter sich herziehen - trockenes Wetter vorausgesetzt. Nach etwa 25 km wartet in **Auce** Schloss Vecauce auf Besucher zur Besichtigung oder zur Einkehr. Es sei denn, Sie möchten zuvor einen Abstecher zu zwei „Geheimtipps“ mit uns unternehmen.

Folgen Sie uns also zu einem **Abstecher zur Königsquelle**, einer weithin bekannten Heilquelle, an der sich die Einheimischen in Scharen mit kühlem Quellwasser bedienen. Nicht umsonst wurde dem Wasser schon im Mittelalter eine große Heilkraft zugesprochen. Von **Grīvaiši** sind wir knapp 16 km auf Schotter dahingepoltert und folgen nun bei einem alten Bruchsteingehöft einem kleinen Schottersträßchen nach links (Ausschilderung: Kokmuiža 13 km). Wir passieren eine Kirchenruine und kurven durch eine hügelige, mit Sümpfen durchsetzte Grundmoränenlandschaft, die uns die letzte Eiszeit hinterlassen hat.

Nach 7 km hält man sich nur für ein paar Meter Richtung Auce, dann aber gleich wieder links Richtung Lielauce. Wir erreichen eine frühere Kolchosensiedlung, wo einige Strommasten mit Storchennestern zum Verweilen einladen. Fast hätten wir angesichts des munteren Treibens in den Nestern den alten Burgberg **Incēnu pilskalnis** übersehen. Auf den Spaziergang hinauf haben wir aber keine Lust und fahren weiter. Knapp 2 km weiter, noch in Sichtweite des Burgbergs, zweigt ein Sträßchen rechts ab. Dem folgen wir und erreichen 1,2 km später, am Beginn einer Steigung, einen Parkplatz an einem herrlichen Moorsee. Das wäre nicht der schlechteste Übernachtungsplatz - allerdings etwas klein und nicht ganz eben. Wir schlafen trotzdem gut bei solch schöner Kulisse!

(129) WOMO-Stellplatz: Moorsee Nähe Kokmuiža

GPS: N56° 30' 08.2" E22° 46' 30.4" (kein Straßenname). **max. WOMOs:** 1.
Ausstattung/Lage: Kleiner, nicht ganz ebener Parkplatz am Moorsee neben der Straße / außerorts.
Zufahrt: Der Straße nach dem Burgberg folgen, nach knapp 2 km rechts ab auf eine weitere kleine Schotterstraße abbiegen und bis zum Moorsee fahren (Holzhaus nicht übersehbar). Stellplatz liegt aber auf der anderen Seite des Sees.

Doch folgen Sie uns noch etwas weiter - wir haben auch Alternativen für all diejenigen, die gern etwas mehr Platz haben (oder wenn schon ein anderes WOMO schneller war als Sie):

(130) WOMO-Stellplatz: Kevela avoti (Königsquellen)

GPS: N56° 29' 00.7" E22° 49' 26.1" (kein Straßenname). **max. WOMOs:** 1.
Ausstattung/Lage: Geschotterte Parkfläche, Quellwasserentnahme möglich, Kanister und Schöpfgefäß erforderlich/außerorts.

Zufahrt: 3,6 km nach dem zuletzt beschriebenen Parkplatz am Moorsee links ab. Von Auce kommend ausgeschildert „Ķevela avoti". Nach 700 m weist ein Holzschild rechts ab „Karola avoti", danach nochmals rechts und ein kurzes Stück weiter, Quellenzugang rechts sichtbar.

Die Königsquelle

Mit Kanister und Schöpfkelle machen wir uns auf zur **Königsquelle**, deren Wasser angeblich schon heilsam für die Kriegsverletzungen des Schwedenkönigs Karl XII gewesen sein soll.

Alle Wasseraustritte, die über eine Treppe erreicht werden, sollen eine heilende Wirkung für ein anderes Zipperlein haben. Nicht umsonst wird das gute Wasser aus einer eingefassten Quelle ganz in der Nähe auch in Flaschen abgefüllt und verkauft.
Also - lassen auch Sie es sich schmecken (... und gegen allerlei Zipperlein möge es Ihnen helfen. Wenn Sie diese nicht haben - umso besser. Dann hilft es eben zur Vorsorge).

Kaum sind wir wieder an der Einmündung zur Schotterstraße zurück und links abgebogen, erreichen wir die P104, fahren rechts ab und durchfahren eine Schatten spendende Allee, durch deren Baumkronen **Schloss Vecauce** durchlugt. Keine Frage - das will besichtigt werden.

Auce und Schloss Vecauce

Die Stadt auf der Hochebene Ostkurzemes ist die einzige, die jedes Jahr am 4. März mit dem Konzert „Ein Lied für meine Stadt“ Namenstag feiert. Und im Juli gibt es ein Blasorchesterfestival mit Stadtfest. Man versteht sich also gut aufs Feiern.

Darauf weisen auch die Festsäle im Schloss Vecauce hin, das 1842-45 im Stil englischer Landschlösser nach Plänen des Berliner Architekten F. A. Stieler erbaut wurde. Es ist eines der ältesten seiner Art in Lettland und wird umgeben von einem 13 ha großen, herrlichen Park, durch den es sich gemütlich spazieren lässt. Heute beherbergt das Gut ein Kultur- sowie das Touristenzentrum von Auce. Verwaltet wird das Gut von der Landwirtschaftsakademie Lettlands.
Frisch Vermählte mögen das Hochzeitszimmer für eine Übernachtung ins Auge fassen (zumal auf dem Dach Meister Adebar auf Arbeit wartet...). Sollten Ihr WOMO die Aufschrift „Just married“ tragen und dahinter Blechbüchsen scheppern - das Zimmer wird gern an Sie vermietet. Wäre ja auch mal ein Anlass, das WOMO außen vor zu lassen?
Und wenn Sie im WOMO hier nächtigen - fürs leibliche Wohl ist auch gesorgt, und zwar unschlagbar günstig: Im Schloss wird mittags nach alter Tradition eine Kantine für die arbeitende Bevölkerung betrieben. Fragen Sie nach - auch WOMO-Gäste sind willkommen. Bei all dem schönen Angebot ist das also vielleicht ein Stellplatz für Sie?

(131) WOMO-Stellplatz: Schloss Vecauce

GPS: N56° 28' 04.8" E22° 53' 16.1" (Akademijas iela 1). **max. WOMOs:** 2-3.
Ausstattung/Lage: Asphaltierte Parkfläche vor und hinter dem Schloss, Mülleimer, Mittagessen im Schloss möglich (Kantine), Besichtigung der Festsäle möglich, Dusche und WC auf Anfrage, Anmeldung erforderlich, kleine Gebühr, Tel. +371/374-5302. Lage: Im Ort.
Zufahrt: An der Ortsdurchfahrt Vecauce Pils ausgeschildert.

Beim Verlassen der Stadt bewundern wir noch das schmucke Rathaus oder können einen Blick in die lutherische und die katholische Kirche werfen. Dann aber geht es ostwärts, wo weitere Attraktionen warten.

Auf der P96 geht es weiter zügig voran. An der P103 biegen wir rechts ab und gelangen nach Tērvete, mitten im gleichnamigen Naturpark gelegen. Und hier warten nach etwa 30 km Fahrt ein paar nette Attraktionen auf Groß und Klein.

Die Stellplatzfrage beantwortet sich schnell, als wir den großen gepflasterten Parkkplatz im lichten Kiefernwald beim 2009 neu errichteten Naturparkzentrum entdecken.

(132) WOMO-Stellplatz: Tērvetes - Zwergenwald

GPS: N56° 29' 16.1" E23° 22' 22.5" (an d. P103). **max. WOMOs:** 2-3.

Ausstattung/Lage: Gepflasterte Fläche am Parkeingang, Picknick-/Spielplatz, WC während Öffnungszeit, Cafeteria/Restaurant, Kasse für Parkeintritt, Elektroanschluss, Mülleimer/außerorts.
Zufahrt: An der Durchgangsstraße Dobele-Tērvete links ab.

Wandern im Tērvetes Naturpark

Nicht nur kleine (und große!) Hexen und Teufel können sich auf Schusters Rappen in den Park begeben. Vielmehr sind auch Sie eingeladen, zu Fuß den gut mit Wegen, Spielplätzen und vielem mehr ausgestatteten Park zu erkunden. Besonders verbunden fühlt man sich der Schriftstellerin Anna Brigadere (1861-1933). Sie verbrachte ihre Kindheit hier und wird auch Ihnen in Gestalt einer hözernen Skulptur begegnen. Ihrer Feder entstammt die Kindergeschichte vom kleinen Jungen Spriditi, der nach einem Streit mit der Stiefmutter und der Freundin Lienite in die weite Welt hinauszieht, um sein Glück zu suchen.
Nahe dem Hof der Dichterin, wo sie lange lebte, können Sie gut und gemütlich im Restaurant (offen tgl. 9-21h - Bild nächste Seite oben) einkehren, bevor Sie sich im WOMO auf dem Parkplatz für die Nacht einrichten. Doch kümmern wir uns erst einmal darum, was es in diesem herrliche Park so alles zu erleben gilt, bevor wir uns die Einkehr redlich verdient haben.

Vom Parkplatz gelangen Sie in den Märchenwald, wo allerlei liebe Wesen auf kleine (und große) Gäste warten: Der Waldkönig, der auf alles aufpasst, seine Gehilfen, Ratgeber und Freunde, Prinz und Prinzessin, Herolde und viele mehr. Aber Vorsicht - nebenan ist auch der Hexenwald gelegen! Hier lebt auf der Hütte, die auf einem Hühnerbein steht, die Waldhexe. Sie ist eine gute Hexe, die Kinder liebt und allen Waldbewohnern und Gästen helfen will, die irgendeinen Kummer haben. Im Sommer, so um die Mittagszeit, lässt sie sich auch gern schon mal blicken und bittet zum Hexentanz.

Bild: TPS

Es gibt aber auch ein kleines Ungeheuer und einen Teufel, die hier leben. Sogar das Gespenst Urgucis und ein kleiner Drache treiben ihr Unwesen. Letzterer soll aus dem Ei eines alten Raben geschlüpft sein...
Doch alles nicht so schlimm - all das wird vom Pfad der Waldmutter umgeben, welche das Buch der Natur zu lesen lehrt und große und kleine Wanderer mit der Natur vertraut macht. Man kann also getrost in den Hexenwald gehen, denn die Bewohner sind eigentlich eine ganz nette Gesellschaft, die gerne Gäste haben und sich auf Sie freuen.
Es sei denn, die Gäste sind boshafter als die Waldbewohner selbst...
Wer im Übrigen den Überblick behalten will, besteigt einen der schönen Aussichtstürme im Hexenwald oder schon beim ersten Stellplatz am Museum. Denn es könnte Ihnen gehen, wie uns - dass Sie im Gewirr der vielen Wege fast den Überblick verloren hätten. Kommt halt davon, wenn man den Plan für den Park erst hinterher mitnimmt....
Wanderwege von 1 km bis 6,3 km Länge warten auf Sie - da sollte für jeden Geschmack etwas dabei sein. Denken Sie aber an gutes Schuhwerk, denn stellenweise wird es durchaus erstaunlich steil. Und wer nicht (mehr) gut zu Fuß ist, nutzt das Touristenbähnchen.

Nicht weit entfernt, im Ort, findet sich eine weitere, sicherlich nicht ganz so ruhige Stellplatzalternative beim Museum:

(133) WOMO-Stellplatz: Naturpark Tērvetes - Museum

GPS: N56° 28' 49.7" E23° 22' 45.0" (an d. P103). **max. WOMOs:** 2-3.
Ausstattung/Lage: Asphaltierte Fläche am Museum, Aussichtsturm + Semgalisches Museum (Gebühr), Mülleimer, kurzer Fußweg zum Museum und zum Naturpark/Ortsrand.
Zufahrt: An der Durchgangsstraße von Tērvete.

Möglicherweise ist ein solch erlebnisreicher Tag mit Hexen, Teufeln und gutem Essen (nicht nur aus der Hexenküche) auch dazu angetan, an einem See beendet zu werden, wenn das Wetter dazu passt. Bevor wir also Tērvete verlassen und auf der P103 Richtung Osten weitersausen, können Sie noch zum Tērvete See fahren (und vielleicht dort übernachten?):

(134) WOMO-Badeplatz: Tērvetes ezers

GPS: N56° 29' 41.3" E23° 24' 26.6" (nahe d. P127). **max. WOMOs:** 1-2. **Ausstattung/Lage:** Parkpatz (geschottert) Mülleimer, Trocken-WC, kleiner Badestrand.
Zufahrt: Von der P127 links Richtung Jelgava halten, dann Tervetes Sanatorium/ Schild Tervetes udens kratuve folgen. Nach 200 m rechts in den Wald, dann noch problemloser Waldweg 1,5 km zum See.

Nach diesen kinderfreundlichen Zielen im Tērvete Naturpark möchten wir natürlich den Höhepunkt der Sehenswürdigkeiten der zu Kurzeme gehörenden Provinz **Zemgāle** (Semgallen) kennenlernen: **Pilsrundāle** (Schloss Ruhental). Um dorthin zu gelangen, haben wir einen Sprung von knapp 45 km auf der P103 Richtung Osten vor uns. Dann ist das Schloss gut ausgeschildert. Unsere Ankunft ist spät am Nachmittag und damit für die Besichtigung zu spät. Doch für einen Spaziergang durch den **Schlosspark** und die anschließende Einkehr im **Restaurant Balta Maja** ist es allemal früh genug, zumal wir anschließend auf dem großen Parkplatz des Schlosses hinter der Gaststätte willkommene Gäste im WOMO sind.

(135) WOMO-Gaststätte: Pilsrundāle/Baltā Māja

GPS: N56° 24' 54.9" E24° 01' 55.1" (Pilsrundāle). **max. WOMOs:** 1-3. **Ausstattung/ Lage:** Große Parkfläche schräg gegenüber der Gaststätte/Ortsrand. Ca. 5-10 Minuten Fußweg zum Schloss Rundāle.
Zufahrt: Von der P103 ausgeschildert (Pilsrundāle). Gaststätte nahe dem Parkplatz.

Das Restaurant ist mit viel Liebe zum Detail und vor allem mit viel Aufwand von den Besitzern, der Familie Ikerts, aus Ruinen des Gutshofes vor den Schlossmauern gezaubert worden. Heute bietet man nicht nur eine gemütliche Gaststube und Gästezimmer sowie die Möglichkeit, vor dem Gasthaus (als Alternative zum großen, nachts verschlossenen Parkplatz) im WOMO zu nächtigen. Eine vorzügliche Speisekarte rundet all das ab. Ihr Besuch lohnt sich! Info: Tel. +371/29121-374, www.hotelbaltamaja.lv.

Nun aber zur Hauptattraktion, dem Schloss, das wir natürlich unbedingt besichtigen möchten.

Pilsrundāle - Schloss Ruhental

Wenn wir schreiben, das Schloss sei das „Versailles der Ostsee", ist es geflunkert. Denn die Ostsee ist weit weg. Aber der Vergleich mit Versailles stimmt. Zu schön war dieses Geschenk der Zarin Katharina der Großen an ihren geliebten Herzog Ernst Johann Biron.

Das Schloss wurde 1736-40 und 1763-68 unter dem italienischen Architekten Bartolomeo Francesco Rastrelli in zwei Bauphasen erstellt - als Sommerresidenz des Herren von Biron. Pilsrundāle gilt als größte Barockanlage des Baltikums und umfasst 138 Räume. Einen wesentlichen Teil kann man besichtigen, wobei die Anlage auch für repräsentative Belange der lettischen Regierung genutzt wird.

Nehmen Sie sich genug Zeit für den Spaziergang durch den weitläufigen Schlossgarten, in dem einmal über 300.000 Linden gepflanzt worden waren. Die Blütenpracht ist schier unermesslich und man gewinnt einen Eindruck, welche Heerscharen von Gärtnern und Gesinde nötig gewesen sein müssen, diese Anlage zu unterhalten.

In Bauska, schließt sich der Kreis unserer Rundfahrt durch Kurzeme und wir können in Tour 11 in Lettlands Osten starten.

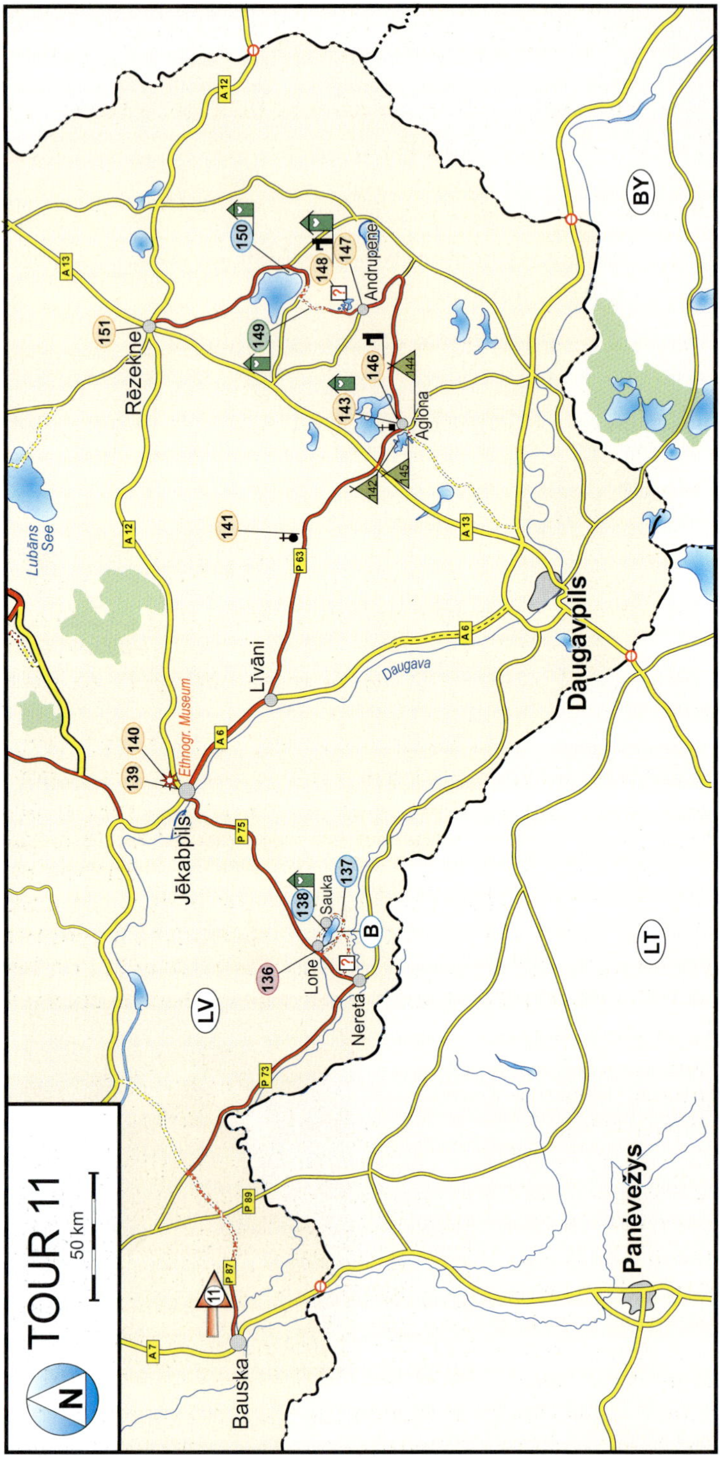
TOUR 11
50 km
N
Bauska
A 7
P 87
11
P 89
P 73
Nereta
Lone
136
B
Sauka
138
137
LV
P 75
Jēkabpils
139
140
Ethnogr. Museum
A 6
Līvāni
Daugava
P 63
141
A 12
Lubāns See
Rēzekne
151
A 13
149
150
148
147
Andrupene
143
146
144
Aglona
142
145
A 13
A 6
Daugavpils
LT
Panėvežys
BY

TOUR 11 (ca. 350 km / 2-4 Tage)

Bauska - Sauka Naturpark - Jēkabpils - Aglona - Rāznas ezers - Rēzekne

Freie Übernachtung:	Saukas ezers (3x), Jēkabpils (2x), Moskvina Lusanu Nams, Aglona (2x), Andrupene, Salāju ezers, Mākonkalns, Rāznas ezers, Rēzekne.
Ver-/Entsorgung:	Aglonas Alpi
Campingplätze:	Aglona (3x).
Baden:	Saukas ezers, Rāznas ezers
Besichtigen:	Jēkabpils/Museum, Aglona Kloster/Kirche, Rēzekne Burg/Kirche.
Wandern:	Mākonkalns.

Die Osthälfte Lettlands - sicher ist das der unbekanntere, vordergründig unspektakuläre Teil des Landes. Doch damit wird man diesem Gebiet nicht gerecht. Schließlich warten einige Höhepunkte auf Sie, die es zu besuchen lohnt. Folgen Sie uns weiter ins Landesinnere, in die Provinzen **Zemgale, Latgale und Vidzeme**.

In **Bauska** nutzen wir zunächst die A7 (Richtung Rīga), bevor wir auf die P87 Richtung Skaistkalne und Aizkraukle abbiegen. Die Strecke führt uns über Vecsaule. 5 km danach darf unser WOMO mal wieder auf Schotter hüpfen. Doch die Strecke ist gut ausgebaut. Nach 10 km Holperstrecke lohnt sich in **Bārbele** ein Halt, um die sehenswerte Kirche direkt an der Kreuzung mit der P89 zu besichtigen. Außer dem für uns lustigen Ortsnamen aber bietet es nichts Überwältigendes, weshalb wir weiterfahren, bis zur P73. Unser WOMO hat nun auch Urlaub: Wir schweben gut 40 km förmlich über eine blitzsauber ausgebaute, frisch asphaltierte Piste. Ruhige, fast menschenleere Landstriche gleiten an uns vorbei. Bei Nereta, wo man die evangelisch-lutherische Kirche besichtigen kann, die mit ihrem

roten Turmhelm aus den Wäldern heraussticht, biegen wir links Richtung Jekabpils ab. Nun liegen 10 km auf der P75 vor uns, bevor wir mit dem „Saukas dabas parks“ einen Geheimtipp für Sie gesucht und gefunden haben. Folgen Sie uns von Lone aus auf den **Abstecher in den Sauka Naturpark (Saukas dabas parks)**, auch wenn es teils holperig und staubig wird: Die Piste ist durchweg geschottert. Man könnte schon nach 4 km dem Hinweisschild „Saukas ezers 12 km“ rechts ab folgen und durch eine hügelige, abwechslungsreiche Landschaft fahren. An der Gabelung nach 7,9 km bei einem Gehöft geht es links, nach 1 km rechts. Noch einmal 2,7 km später erreicht man eine Einmündung mit Informationstafel.

Einfacher ist es jedoch, bis **Lone** zu fahren und dort die P75 nach rechts zu verlassen. Noch im Ort passiert man das Restaurant Krogs Pie Viktora. Dann beginnt auch von hier aus die Schotterpiste, die zwar eng und kurvig, aber gut befahrbar ist. 400 m nach dem Ortsausgang weist ein Schild „Bincani Restaurant“ auf eine Einkehrmöglichkeit hin. Nicht schlecht, vielleicht auch für die Nacht, denken wir und setzen den Blinker, um kurz später auf einem herrlichen Stellplatz den Zündschlüssel zu ziehen, wobei das Restaurant leider Vergangenheit ist.

(136) WOMO-Picknickplatz: Bincani

GPS: N56° 16' 12.5" E25° 25' 28.9" (kein Straßenn.) **max. WOMOs:** 1-3.
Ausstattung/Lage: Mülleimer, Grill-/Picknickstellen, Wiesengelände etwas oberhalb des Sees, Zugang zum Wasser über Bootsanleger/ außerorts.
Zufahrt: An der Straße von Lone am Südufer des Sauka Sees 400 m nach dem Ortsausgang Lone nach links ausgeschildert. Guter, allerdings enger und kurviger Schotterweg bis zum Gehöft (etwa 1 km).
Für die Übernachtung beim Hof fragen Sie bitte den Besitzer um Erlaubnis und bezahlen eine geringe Gebühr. Dafür steht ein netter, überdachter Picknickplatz mit Stromanschluss zur Verfügung.
Etwa 200 m weiter, fast unten am See finden Sie eine Camping-/Picknickmöglichkeit (frei), nochmals 200 m später den Badeplatz. Baden allerdings nur bedingt möglich - es handelt sich um einen Bootsanleger. Bootsvermietung beim Hof erfragen.

Wieder an der Straße um den See, geht die Fahrt nach links weiter. Man folgt dem Sträßchen etwa 2 km den Schildern für die Radtour folgend, bis nach knapp 6 km eine rechtwinklige Rechtskurve erreicht ist. Leider wurde der Badeplatz Markundani, den wir früher von hier links ab erreichten und sehr schön empfanden, nicht mehr sehr gepflegt. Wenn Sie es ausprobieren möchten (viellieicht zu Fuß?), dann nehmen Sie den Fahrweg nach links. Der Weg knickt bald rechts ab und endet auf der Zeltwiese (**GPS:** N56° 15' 23.6" E25° 28' 02.5"). Anderenfalls fahren Sie weiter auf dem Weg um den See. Wir gelangen nun (nach 1,2 km) zu der eingangs beschriebenen Zufahrtalternative zum **Saukas ezers** (hier scharf links abbiegen) und stehen nach 2,7 km an der erwähnten Infotafel, wo die Fahrt links fortgesetzt wird. Doch lohnt es nicht, allzu sehr zu beschleunigen. Unterhalb der Straße folgen zwei kleine Parkplätze.

Badeplatz Markundani

(137) WOMO-Badeplatz: Bergi

GPS: N56° 14' 59.5" E25° 30' 31.3"(kein Straßenn.). **max. WOMOs:** 1-3.
Ausstattung/Lage: Kleiner Parkplatz unterhalb der Straße, ebenso kleiner Sandstrand, Mülltonne / außerorts.
Zufahrt: An der Abzweigung mit der Infotafel links abbiegen und bis zum ersten Parkplatz unterhalb der Schotterstraße fahren.
Stellplatzalternative: Ein Stück weiter versteckt sich ein weiterer kleiner Parkplatz , wiederum mit einem kleinen Sandstrand zwischen den Bäumen am in der Sonne blau schimmernden See. Dieser Platz heißt „Avotini" und lädt ebenfalls zum Verweilen ein, wobei der Parkplatz hier etwas dürftiger ausgefallen ist.

Die beiden Plätzchen sind also nicht gerade gut ausgebaut und taugen nur für kleinere WOMOs, so schön sie auch liegen. Und sie bieten keine weitere Ausstattung. So betrachten wir besonders den zuletzt beschriebenen Platz eher als Ausweichmöglichkeit. Doch dieser See hat schon etwas!

Deshalb folgen Sie uns - wir hatten bereits schöne Plätze beschrieben und werden auch bald, kurz nach Sauka, einen wiederum großzügigen Stellplatz finden, der zum Verweilen oder für eine Übernachtung direkt am Badestrand geradezu einlädt. Der Ort **Sauka**, der dem See den Namen gab, folgt 2 km später. Es handelt sich im Wesentlichen um die Kirche und eine Streusiedlung nebst Herrenhaus und kleiner Fabrik. Wichtig ist uns jedoch das folgende Naturerlebnis. So haben wir den nachstehenden Stellplatz für Sie gesucht und gefunden:

(138) WOMO-Badeplatz: Sauka Ezera Gravani

GPS: N56° 15' 59.7" E25° 28' 24.7" (kein Straßenn.). **max. WOMOs:** 1-3.
Ausstattung/Lage: Mülleimer, Grill-/Picknickstellen, schattige Wiese direkt am See, Zugang zum See, Beobachtungsturm, Toilette/außerorts.
Zufahrt: An der Straße um den Sauka See von Nordost kommend in Sauka etwa 100 m nach dem Ortsausgangsschild dem Schild zu einem Angelplatz folgen (gemaltes Holzschild 'Fisch').
Camping ist frei - zum Angeln ist eine Genehmigung erforderlich (Tel.-Nr. steht unterwegs ausgehängt).

Achtung: Zufahrt auf schmalem, stellenweise holperigem Schotter-/ Feldweg; Vorsicht in Bodenwellen/Gefahr des Aufsitzens bei langem Radüberhang oder geringer Bodenfreiheit.

Wenn Sie Ihre Drahtesel dabei haben, wäre dieser Ausflug von gut 25 km selbstverständlich eine mehr als schöne Radtour. Von welchem der beschriebenen Stellplätze Sie die Tour starten, müssen Sie selbst entscheiden. Wir können nur sagen - der Abstecher lohnt sich!

Zurück an der Straße um den See, geht die Reise weiter links ab ins nur knapp 7 km entfernte **Lone**.

Von Lone aus kann die Reise weitergehen. Die gut 40 km bis **Jēkabpils (Jakobsstadt)** liegen dann schnell hinter uns. Nach der Ortseinfahrt orientieren wir uns links ab Richtung Zentrum und erreichen nach 2,4 km einen großen betonierten Parkplatz. Die großen Sockel lassen noch gut erahnen, dass hier einmal Lenin oder Stalin in Bronze gegossen gestanden hatten. Doch die Zeiten sind vorbei, in denen diese Herren und ihre Vasallen unser schönes Urlaubsland hinter dem Eisernen Vorhang versteckt hatten. Wer es gern zentrumsnah mag und den einen oder anderen Mofarocker ertragen kann, könnte hier auch eine Übernachtung einlegen.

(139) WOMO-Stellplatz: Jēkabpils/Zentrum

GPS: N56° 29' 59.4" E25° 51' 20.0" (Oskara Kalpaka Laukums). **max. WOMOs:** 1-3. **Ausstattung/Lage:** Mülleimer, Sitzbänke auf betoniertem Parkplatz in Zentrumsnähe/im Ort.
Zufahrt: Von der P75 kommend der Ausschilderung „Centrs" folgen. Parkplatz liegt deutlich erkennbar kurz vor dem Zentrum.

Doch Sie können es in Jēkabpils auch deutlich gemütlicher haben und Ihren Stellplatz mit einem Besuch im regionalen Freilichtmuseum verbinden.

(140) WOMO-Stellplatz: Jēkabpils Freilichtmuseum Seku Sela

GPS: N56° 29' 44.7" E25° 52' 24.1" (Filozofu iela). **max. WOMOs:** 1-2. **Ausstattung/Lage:** Mülleimer, Parkplatz auf kleinem Wiesengelände gegenüber dem Museumseingang/im Ort.
Zufahrt: An der Straße vom Stellplatz Zentrum weiter Richtung Daugavpils fahren, bis in Sichtweite einer Kirche das Museums-Piktogramm nach links weist. In der Nebenstraße gleich die nächste Straße links ab in die Filozofu iela.

Sonstiges: Kleines, aber feines Freilichtmuseum, in dem einige Hofgebäude alter Bauernhöfe in Lettland zusammengetragen wurden. Sie können hier gut Einblick nehmen, wie die Einwohner früherer Tage gelebt und gearbeitet haben. Eine alte Bockwindmühle überragt all das mit ihren langen Holzflügeln. Besonders sehenswert sind in unseren Augen die sehr gepflegten Außenanlagen (Bild).

Nun ist es Zeit, diesem netten Städtchen adieu zu sagen und über die Daugavabrücke hinweg weiterzufahren. Wobei uns das große Einkaufszentrum am Fuß der Brücke noch willkommener Anlass ist, unsere Vorräte zu füllen, bevor wir der A6 entgegenstreben.

Auf dieser nicht allzu stark befahrenen Fernstrecke durch die zwar nicht abwechslungsreiche, aber irgendwie doch schöne Landschaft ist es kein Problem, zügig vorwärts zu kommen. In **Līvāni** überqueren wir die Dubna. Etwa 200 m nach der Brücke geht es links auf die P 63 Richtung Preili. Nach dem Bahnhof und Bahnübergang folgt ein großer Soldatenfriedhof, bei dem wir kurz innehalten, bevor wir auf der P 63 weiter sausen.

Ungefähr 7 km nach **Sutri** macht uns eine gelb getünchte Kirche am Waldrand neugierig. Wir biegen links ab Richtung **Pieniņi** und erreichen das orthodoxe Gotteshaus. Nach gut 300 m stehen wir auf dem zugehörigen Parkplatz

(141) WOMO-Stellplatz: Moskvina Lusanu Nams

GPS: N56° 18' 15.1" E26° 38' 34.0" (nördl. der P63). **max. WOMOs:** 1.
Ausstattung/Lage: Geschotterter Parkplatz bei der hölzernen, weit übers Land sichtbaren orthodoxen Kirche. An Gottesdiensttagen erwarten wir von unseren Lesern natürlich das nötige Fingerspitzengefühl bei der Stellplatzwahl.

Zufahrt: Auf der P63 von **Līvāni** Richtung **Preili** kommend sieht man die Kirche bereits frühzeitig über die Felder auf der linken Seite. Die Zufahrtstraße führt nach **Pieniņi** (ausgeschildert).

Unsere Reiseroute führt über **Preili** und von dort weiter auf der P62 in Richtung des Höhepunktes dieser Tour - **Aglona**. In einem Kreisverkehr kreuzen wir die Autobahn. Je näher der im katholischen Südosten Lettlands liegende Wallfahrtsort kommt, desto mehr fällt auf, dass sich am 15. August zu Mariä Himmelfahrt eine Unzahl frommer Pilger hier einfindet. Wir sind eine Woche früher hier und bemerken schon eine ganze Weile immer wieder Wanderer am Straßenrand, die das gleiche Ziel haben wie wir. Bis sie ihr Ziel aber erreicht haben, werden wir mit unserem WOMO über alle Berge sein.

Kurz vor der Ortseinfahrt Aglona führt ein 1,2 km langes Schottersträßchen (eng) rechts ab bis zum See, wo im lichten Kiefernwald der **Pussala kempings** auf Gäste wartet (einfacher Standard ohne fließend Wasser, Strom oder Ver-/Entsorgung; Trockentoiletten (**GPS 142:** N56° 08' 17.2" E26° 58' 38.6"). Doch es soll bald besser kommen. Zuvor erwartet uns die beeindruckende **Wallfahrtskirche in Aglona**. Hinter dem Hügel mit dem Friedhof, kurz nach der Ortseinfahrt, liegt das weitläufige Gelände des Klosters mit der strahlend weiß gestrichenen, in der Abendsonne rötlich leuchtenden Kirche.

(143) WOMO-Stellplatz: Aglona/Wallfahrtskirche

GPS: N56° 07' 30.3" E27° 00' 45.7" (Aglona/Zentr.) **max. WOMOs:** 3-4.
Ausstattung/Lage: Asphaltierter Parkplatz gegenüber dem Klostergelände, Mülleimer/am Ortsrand mit Blick auf das Klosterportal (Bild).
Zufahrt: Direkt an der Ortsdurchfahrt bei der Gabelung der Straße.

Ist Ihnen der Parkplatz für die Übernachtung zu unruhig, können Sie den modernisierten Campingplatz etwas abseits des Ortes aufsuchen. Folgen Sie an der Straßengabelung im Dorf der Ausschilderung Kempings Aglonas Alpi und lassen das frühere Schloss, das heute ein christlich orientiertes Gymnasium beherbergt, rechts liegen.

(144) WOMO-Campingplatz-Tipp: Aglonas Alpi

GPS: N56° 06' 25.4" E27° 01' 32.5" (kein Straßenn.). **Öffnungsz.:** Mai-Sep.
Ausstattung/Lage: Weitläufiges Wiesengelände, WOMO-Stellplätze nahe dem Sanitärcontainer auf dem Hügel, teilweise schattig, Bootsanleger, Bootsverleih, Spielplatz, Picknick- und Grillstellen, Waschmaschine, Ver- und Entsorgung, Stromanschluss.
Zufahrt: An der Wallfahrtskirche in den Ort und dann der Ausschilderung folgen (2 km über Schotterstraße).

Ein weiterer Campingplatz auf dem Gelände eines Bauernhofes liegt direkt am Ufer des Sees beim Kloster:

(145) WOMO-Campingplatz-Tipp: Deelmes

GPS: N56° 07' 17.4" E27° 00' 04.1"(kein Straßenn.). **Öffnungsz.:** Mai-Sep.
Ausstattung/Lage: Wiesengelände am See, WOMO-Stellplatzmöglichkeit etwas abseits, aber sehr ruhig beim Wohngebäude. Stromanschluss möglich, Sanitäreinrichtung und Strom/Wasser sind geplant, bei Recherche aber noch nicht realisiert. Tel. +371/27037229.
Zufahrt: An der Wallfahrtskirche in den Ort, dort rechts ab und der Uferlinie folgen (etwa 1 km über Schotterstraße).

Die Kirche und das Dominikanerkloster Aglona

Das Kloster wurde im 17. Jh. gegründet, nachdem das erforderliche Land dem Orden gestiftet wurde. Die beeindruckende Basilika wurde zum Jahrhundertwechsel fertig. Entsprechend reich ausgestattet ist das Innere des Gotteshauses, in dem nicht fotografiert werden darf. Aber es fällt Ihnen sicher auch nicht schwer, die beeindruckenden Gemälde und üppigen Stuckverzierungen in Erinnerung zu behalten.

Religiöser Mittelpunkt ist die Muttergottes im Hauptaltar aus dem 16. Jh., deretwegen die Pilger jährlich zu Mariä Himmelfahrt hierher kommen. Dann bevölkern Tausende junger und alter Pilger, die idealerweise zu Fuß ankommen die Wiesen rund ums Kloster - ein beeindruckendes Erlebnis.

Für uns mit dem WOMO aber heißt es, schnell vor den Menschenmassen zu entweichen. Wobei wir selbstverständlich uns auch gut vorstellen könnten, dass Sie gerade deshalb nach Aglona kommen, wie es auch Papst Johannes Paul II. im Jahre 1993 getan hatte, um den Gläubigen für die Standhaftigkeit im Glauben und im Widerstand gegen das atheistische Regime zu danken.

Den Zweck Ihres Besuches können und möchten wir nun aber nicht abschätzen und kümmern uns deshalb um den Zweck dieses Buches, mit dem wir Ihnen schöne Reisetipps geben möchten.

Die Heilquelle von Aglona

Bevor die Reise weiter geht, haben wir noch eine Ausweichmöglichkeit für Sie, verbunden mit einer Besonderheit, die sich hinter den Klostergebäuden versteckt. Aglona hat noch eine Quelle zu bieten, der im Mittelalter große Heilkraft zugesprochen wurde, was mit der Erscheinung der Muttergottes in Verbin-

dung gebracht wurde. Heute wird der Quelle dies zwar abgesprochen und sie wurde entweiht. Dennoch ist der Glaube an die Wirkung noch nicht ganz verblasst. Zahlreiche Besucher, nicht nur die Pilger, bedienen sich an dem auffällig kühlen Nass. Dem schließen wir uns an und füllen mit dem Kanister gerne auch unsere Vorräte auf, wozu wir unser WOMO hierher gesteuert haben. **GPS 146:** N56° 07' 38.5" E27° 01' 09.0" (südl. der P60).
Zufahrt: Über die Straße Richtung Dagda, nach dem Friedhof nach rechts Richtung Kloster, dann links, Schotterweg, nur bedingt übernachtungstauglich (sehr eng).

Abendstimmung am Ciriša See

Nicht unerwähnt lassen möchten wir den Naturpark am Ciriša ezera, der leider etwas im Schatten der Kirche bleibt, deshalb aber nicht weniger schön ist. Wenn Sie also etwas wandern oder baden möchten? Wir begnügen uns damit, den Sonnenuntergang zu genießen und anderntags früh zu starten.

Auf der P 60 geht es weiter ostwärts Richtung Dagda. Wir genießen die hügelige, mit Seen, Wiesen und Wäldern abwechslungsreiche Landschaft. Sie bietet da und dort Parkplätze mit netten Badeplätzen. Höhepunkt für uns ist jedoch zu beobachten, wie sich zahllose Störche auf einer Wiese sammeln. Für sie geht es dem weiten Flug nach Afrika entgegen, während uns noch zahlreiche Ferienerlebnisse im Baltikum ins Haus stehen.

Nach 30 km wechseln wir von der P 60 auf die P 57 Richtung Malta. Bald erreichen wir **Andrupene,** besichtigen die schmucke Kirche mit ihrem separaten Glockenturm und picknicken gemütlich auf dem (stellplatztauglichen) Parkplatz davor (**GPS 147:** N56° 11' 00.1" E27° 23' 34.0", Lebensmittelladen gegenüber, Mülleimer). Ein paar Meter weiter findet sich noch ein weiterer Parkplatz am Museum/Schule (ausgeschildert an der Straße Richtung Zosna), wo Sie Ihr WOMO auch platzieren können. Am Ortsausgang halten wir uns Richtung Zosna. Bald ist der Naturpark **Salāju ezera dabas parks** erreicht. Wenn es Ihnen nach einem Päuschen oder einer Übernachtung am See ist, dann entscheiden Sie, ob Sie hier etwas verweilen möchten: **Parkplatz** (**GPS 148:** N56° 12' 32.9" E27° 23' 06.1", **Privatgelände** mit Bootsvermietung, Trockentoiletten, Brunnen, Spielplatz, im Wald, Zufahrt ziemlich ruppig und nur für kleine WOMOs geeignet, an der Straße von Andrupene nach **Lipuški**, ausgeschildert nach rechts.

Oder folgen Sie uns in nördlicher Richtung über **Rukmoni** zu einer „Bergwanderung". Das mag etwas überzogen sein. Doch ist der **Mākonkalns** mit seinen 248 m Höhe für lettische Verhältnisse schon ein hoher Berg. Da er sich aus dem flachen Umland heraushebt, bietet er eine entsprechend tolle Aussicht.

(149) WOMO-Wanderparkplatz: Mākonkalns

GPS: N56° 16' 45.1" E27° 24' 55.2" (kein Straßenn.). **max. WOMOs:** 1-2.
Ausstattung/Lage: Schotterplatz mit Trockentoilette und Mülltonne. Ausgangspunkt zur „Besteigung" des Mākonkalns (Treppe), oben schöne Aussicht auf den **Raznas ezers**, Freilichtbühne, Mauerreste/außerorts.
Zufahrt: An der Straße von Rukmoni nach Lipuški, links ausgeschildert.

Spaziergang/Wanderung auf den Mākonkalns

Vom Wanderparkplatz führt ein Pfad - genauer gesagt weitestgehend eine Holztreppe - steil hinauf. Schon nach einer Viertelstunde findet man sich (vermutlich schnaufend) auf der Burgruine ein. Dort oben bietet sich nicht nur eine herrliche Aussicht, sondern auch die Gelegenheit zum Picknick in den Resten der Burg. Eine kleine Freilichtbühne und eine Trockentoilette runden das Angebot ab.

Der Blick hinab auf den **Rāznas ezers** kann nur eins zur Folge haben: Dort unten möchten wir einen faulen Badetag einlegen. Schnell sind wir über die Schotterstrecke am Seeufer und biegen in **Lipuški** rechts ab auf die P56. Bald dürfen wir auch wieder auf Asphalt fahren. Doch es ist ein Streckenzustand, dass man fast die Schotterstraße bevorzugen würde. Die Piste wendet sich am Südzipfel des Sees wieder nordwärts und führt uns zu einem gepflegten Badestrand.

(150) WOMO-Badeplatz: Rāznas ezers/Lesinski

GPS: N56° 18' 25.3" E27° 30' 48.1" (neben d. P56). **max. WOMOs:** 4-5.
Ausstattung/Lage: Mülleimer, Spielplatz, Volleyballfeld, Wiesengelände, Dixi-Toiletten, Grillstellen, Picknickbänke, z. T. flaches, glasklares Wasser, Tretbootverleih, Parkgebühr, besonders am Wochenende gut besucht.
Zufahrt: An der Uferstraße von Lipuški nach Kaunata/außerorts.

ACHTUNG: Die erste Parkplatzzufahrt (die wir genutzt haben) ist mit einem Höhenbalken (max. 3 m) ausgestattet. Grund ist nicht etwa , dass man Sie als Gäste nicht haben will, sondern dass dann und wann ein größeres WOMO sich schon auch mal auf der Wiese festgefahren hatte. Es gibt aber ein Stück weiter zwei weitere Parkplätze, die ohne die Höhenbegrenzung befahrbar sind.

Unsere Erwartungen an einen schönen Badetag werden voll und ganz erfüllt. Auf dem weitläufigen, mit Holzlatten abgezäunten Strandbereich stören uns die zahlreichen Badegäste, die im Zelt hier übernachten, keineswegs. Viele Familien mit Kindern haben sich eingefunden und feiern den makellos schönen Sommerabend. Leider bleibt uns auch das nächtliche Erlebnis in Erinnerung, als ein Auto mit hoher Geschwindigkeit ins Schleudern gerät, den Zaun durchbricht und wenige Meter hinter unserem WOMO zu stehen kommt. Doch außer dem Totalschaden an Auto und Zaun kamen keine Menschen zu Schaden - Glück gehabt! Derartiges bleibt Ihnen hoffentlich erspart und Sie können einfach den Strand und vielleicht einen ähnlich schönen Sonnenuntergang genießen, wie wir.

Nun ist es nicht weit nach **Rēzekne**, dem alten Hauptort des Verwaltungsbezirks Letgallens. Leider ist die Stadt im Krieg stark zerstört worden, weshalb heute keine zusammenhängende Altstadt zu besichtigen ist. Doch sind wir froh, gute Einkaufsmöglichkeiten zu finden. Auch für die Besichtigung der neugotischen Backsteinkirche und den Resten der Burg bleibt Zeit. Wenn Sie gerne zentrumsnah übernachten, können Sie folgendem Stellplatztipp folgen:

(151) WOMO-Stellplatz: Rēzekne - Kirche

GPS: N56° 29' 58.3" E27° 20' 23.1" (Latgales iela). **max. WOMOs:** 1-2. **Ausstattung/Lage:** Asphaltierter Parkplatz im Zentrum bei der Backsteinkirche/im Ort. **Zufahrt:** Von P 55 ins Zentrum, bei der doppeltürmigen Kirche (Backsteinfassade) nicht zu übersehen.

Wir starten zur Weiterfahrt und bewundern an der Atbrīvošanas aleja das **Befreiungsdenkmal Latgales Mara** inmitten eines Kreisverkehrs. Es hat eine wechselvolle Geschichte hinter sich. Errichtet 1939, war es den Sowjets ein Dorn im Auge. Von den Deutschen wurde es 1941 wieder aufgestellt und - wie könnte es anders sein - von den Sowjets 1950 auf Nimmerwiedersehen entfernt. 1992 wurde nach der Unabhängigkeit Lettlands dann folgerichtig das heutige Denkmal enthüllt.

Nun ist es an der Zeit, sich dem Norden Lettlands und damit der Provinz Vidzeme mit dem beliebten Naherholungsgebiet der Hauptstädter zu widmen: Wir fahren in Richtung des **Gauja Nationalparks** weiter.

TOUR 12 (ca. 420 km / 3-5 Tage)

Rēzekne - Cēsis - Sigulda - Saulkrasti - Salacgrīva - Ainaži

Freie Übernachtung:	Lubāns-See (2x), Madona Ezers krasts, Cēsis (2x), Driškina ezers, Zvārtes iezis, Amata, Līgatne, Turaida, Gravžaki, Kirche von Krimulda, Saulkrasti, Lauču akmens, Tūja (3x), Veczemju klintis, Vejavas, Salacgrīva, Ainaži.
Ver-/Entsorgung:	Campingplatz Laucu akmens.
Campingplätze:	Inesieši, Cēsis, Līgatne, Sigulda, Meleku līcis.
Baden:	Madona Ezers krasts, Driškina ezers, Saulkrasti, Tuja, Veczemju klintis, Salacgrīva, Ainaži.
Besichtigen:	Teufelsstein von Auzini, Cēsis (Schloss, Altstadt), Turaida, Münchhausen-Museum.
Wandern:	Teufelsfelsen und Amata, Naturpfad Līgatne, Kubesele Naturpfad, Münchhausen-Naturpfad.
Essen:	Atpūta in Cēsis

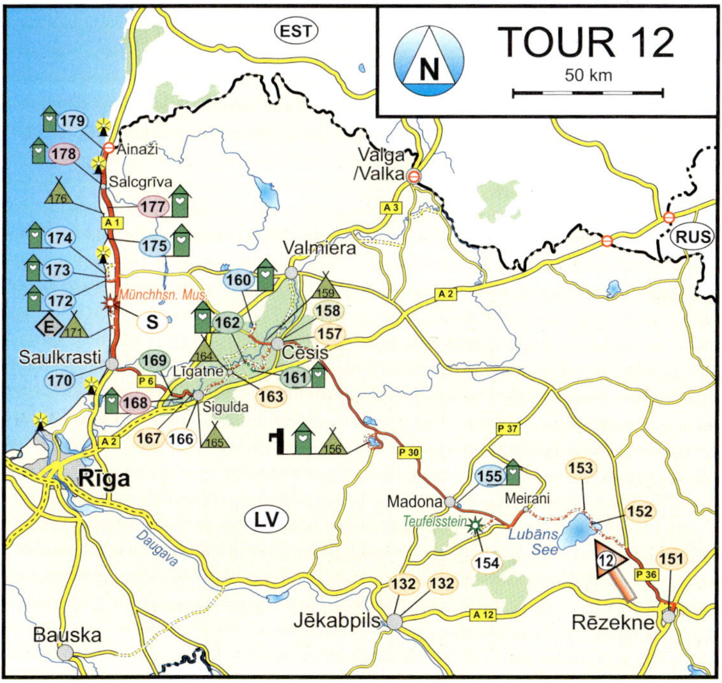

Nun geht unsere Reise durch Lettland allmählich ihrem Ende entgegen. Doch sehen Sie es einfach so: Das Schönste sollte man sich bekanntlich auf den Schluss aufheben. Mit Blick auf den Gauja Nationalpark ist das sicherlich nicht so weit hergeholt, denn es erwartet uns ein bleibendes Naturerlebnis. Nicht umsonst gilt der Park als beliebtes Naherholungsgebiet der Hauptstadtregion. Und wenn es Ihnen dort ebenso gut gefällt, wie uns, können Sie zum Ende der Reise durchs Baltikum noch einmal auf der Fahrt von Estland nach Hause vorbeikommen, da die Route den Gauja Nationalpark nochmals streift.

Doch müssen wir von **Rēzekne** aus erst einmal dorthin kommen. So fahren wir zunächst nach Nordwesten (auf der P36 Richtung Gulbene). Sie können auch die einfacher zu findende A13 zum Stadtring nehmen, ein kurzes Stück Richtung Jēkabpils fahren (A12) und dann auf die P36 wechseln.

Wir suchen ja für Sie immer wieder schöne Plätze in der Natur. Zur Abwechslung gibt es dann und wann etwas zu besichtigen oder zu unternehmen. So auch in **Dricāni** nach 14 km auf der P36, wo wir das markante Kirchlein auf dem Hügel als Besichtigungsziel aussuchen. Wir genießen am Straßenrand davor parkend den Sommer beim Nachmittagskaffee mit zuvor im nahen Dorf erstandenem Kuchen.

Genau 9 km weiter nordwestlich biegen wir dann links ab (wieder einmal eine Schotterstraße) Richtung **Gaigalava** und von dort zum **Lubāns ezers**. Wir sprachen zwar von Natur. Doch wenn wir ehrlich sind, handelt es sich um einen Stausee, bei dem die Natur aber nicht zu kurz kommt. Nicht umsonst wurden mehrere Naturpfade und Vogelbeobachtungstürme eingerichtet. Hier sind vor allem Vogelfreunde richtig. Aber auch der Elch ist hier, wie zahlreiche andere seltene Tierarten, zu Hause.

Der erste Parkplatz ist 6,7 km nach Ortsausfahrt Gaigalava erreicht (**GPS 152:** N56° 45' 54.7" E26° 58' 11.1", kleiner Parkplatz rechts der Schotterpiste).

Das Plätzchen ist Ausgangspunkt für einen Spaziergang ins Moorgebiet oder zur Vogelbeobachtung, könnte aber auch als Stellplatz dienen, wenn man sich nicht an den vorbeifahrenden Autos stört, die bei trockenem Wetter eine Staubfahne hinterlassen. Wir beobachten fasziniert Silberreiher, die hier ja eigentlich nichts zu suchen hätten und normalerweise in wärmeren, südlicheren Gefilden vorkommen.

Hinsichtlich des Parkplatzes großzügiger geht es an der Schleuse des Stausees 4,3 km später zu. Gegenüber wurde das Blockhaus des Informationszentrums des Naturparks errichtet, was den Stellplatz für Naturfreunde noch etwas interessanter machen dürfte.

(153) WOMO-Stellplatz: Infozentrum Lubāns-See

GPS: N56° 49' 00.4" E26° 54' 28.2" (kein Straßenname) . **max. WOMOs:** 1-2.
Ausstattung/Lage: Geschotterter Parkplatz an einer Schleuse, Grillstelle, Picknickbank, Mülleimer, Infotafel, Infozentrum/außerorts.
Zufahrt: An der Straße von Gaigalava nach Degumnieki, ausgeschildert mit dem Picknickplatzzeichen, gegenüber neues Holzblockhaus.

Die Schotterpiste führt über **Degumnieki**, bis in **Meirāni** die P82 erreicht ist, wo sich unser WOMO auf Asphalt erholen darf. Etwas weiter südlich wechseln wir auf die P84 Richtung Madona. 7,4 km später weist ein braunes Schild auf die Sehenswürdigkeit „velna skroderis" nach 4 km hin. Damit Sie nicht auch so rätseln müssen wie wir, haben wir hier die Auflösung für Sie:

Velna skroderis - Der Teufelsstein von Auzini oder: Der schneidernde Teufel

Vorausgeschickt sei der Hinweis, dass es sich um ein schönes, natürliches Besichtigungsziel handelt, das mit einem Spaziergang verbunden ist, leider aber nur bedingt mit einer Stellplatzmöglichkeit. Wir müssen 4 km auf Schotter dahinholpern, um das WOMO an der Hofzufahrt zum Hof Auzini abzustellen (**GPS 154:** N56° 47' 10.6" E26° 22' 54.1").
Nach einem kurzen Spaziergang und der Überquerung der Hängebrücke stehen wir auf dem zweitgrößten Findling Lettlands. Er wurde erst 1982 vollständig freigelegt und weist ein Volumen von rund 100 m³ sowie eine Oberfläche von 30 m² auf. Es ist doch immer wieder schön, wie die Letten versuchen, irgendetwas zu finden, was zumindest rekordverdächtig scheint und damit attraktiv für die Gäste ist.

Deshalb ist es doch auch für uns interessant, etwas mehr über den Stein zu erfahren und vor allem die schöne Naturlandschaft rundherum zu erleben. Wie ist der Stein also entstanden? Eine alte Sage gibt darüber Auskunft: Der Teufel wollte im Streit mit dem lieben Gott den Fluss zuschütten und sammelte dazu alle Steine, die er finden konnte. Einen Sack voller Steine hatte er schon in den Fluss Aiviekste geschüttet. Dort befinden sich jetzt die Flussschnellen von Aiviekste. Mit der zweiten Steinfuhre hatte er sich übernommen und der Sack platzte. Er nahm einen Stock als Nähnadel und Haferhalme vom Feld, um das Loch zu stopfen. Damit er die nötige Ruhe finde, setzte er sich auf den größten Stein. Als der Hahn des Hofes Auzini krähte, musste der Teufel verschwinden und vergaß in der Eile den Stein mitzunehmen...

Kurz vor Madona weist uns ein Schild auf einen Picknickplatz am See hin, den wir natürlich aufsuchen. Wir selbst können den Badeplatz nicht nutzen, weil wir uns an dem Sonntag hier eingefunden haben, an dem auf dem See ein Motorbootrennen stattfindet und kein Parkplatz mehr für unser WOMO frei ist. Aber Sie haben da sicherlich mehr Glück.

(155) WOMO-Badeplatz: Madona Ezers krasts

GPS: N56° 50' 37.4" E26° 14' 49.7" (kein Straßenn.). **max. WOMOs:** 3-4.
Ausstattung/Lage: Mülleimer, Volleyballfeld, Wiesengelände, Badesteg, Trockentoilette/Ortsrand.
Zufahrt: Ausgeschildert kurz nach dem Ortseingang und etwa 150 m nach der Kirche mit dem Picknickplatzzeichen, z. T. Schotterzufahrt, am Anfang ziemlich eng mit Bäumen und Büschen am Straßenrand, jedoch mit Vorsicht problemlos befahrbar.

Auf der P30 gelangen wir in nordwestlicher Richtung weiter Richtung Cēsis. Unterwegs haben wir einen richtig schönen Campingplatz gefunden, den wir gerne empfehlen. Die Betreiber haben die Zeichen der Zeit erkannt, die Landwirtschaft aufgegeben und ihr Gelände umgestaltet. Herausgekommen ist ein naturnaher Campingplatz mit tollem Badestrand. Hoffentlich entwickelt sich der Platz nicht zur Dauercampereinrichtung mit Zäunchen um und Dach über den Wohnwagen. So, wie er ist, ist er eine schöne Übernachtungsmöglichkeit, und preiswert dazu! Achten Sie auf den an der Strecke befindlichen Ort **Vecpiebalga**, um den Platz am Inesis See nicht zu verpassen.

(156) WOMO-Campingplatz-Tipp: Avotini Inesieši

GPS: N57° 02' 20.3" E25° 47' 58.4" (kein Straßenname) **Öffnungszeiten:** Mai-Sept. **Ausstattung/Lage:** Weitläufiges Wiesengelände direkt am See (Bild), nur teilweise schattig, Spielplatz, große Spielwiese mit Fußball-, Volleyball- und Basketballfeld, Trampolin, Seezugang, kleiner Strand, Picknick- und Grillstellen, Trockentoiletten, Sauna. ww.avotini.viss.lv, Tel. +371/6537207/außerorts.
Zufahrt: In Vecpiebalga beim Friedhof (dort großer Parkplatz) von der P33 links ab, der Straße ein Stück Richtung Kaive und der Ausschilderung „Viesu Māja Inesieši Atpūtas Bāze Avotini" folgen. Von dort Schotterweg zu dem Gehöft mit der freundlichen Besitzerfamilie Pēterson, die sich statt der Vieh- und Landwirtschaft nunmehr der Urlaubsfreude der Besucher widmet (... und angesichts des Angebotes sehr moderate Preise berechnet).

Bei **Taurene** überqueren wir erstmals die **Gauja**, die sich einen weiten Weg von der Quelle zur Ostsee gesucht hat. Genau das ist es, was unsere drei Urlaubsländer so schön macht. Hier finden Sie nicht überall begradigte, unnatürlich verfälschte Flussläufe, wie zu Hause.

Hier im Baltikum mäandrieren die Flüsse meist noch durch die endlosen Wälder und bilden herrliche Flusslandschaften. So auch die Gauja, die in einem großen Bogen durch die Landschaft fließt. Weshalb wir das hier anmerken? Der **Gauja Nationalpark** ist nun bald erreicht. Zuvor müssen wir noch die A2 überqueren, auf der wir gegen Ende unserer Rundreise wieder hierher gelangen können.

Der Gauja Nationalpark

Gegründet wurde der Nationalpark 1973 als erster Nationalpark Lettlands. Zielsetzung ist einerseits die Bewahrung der Natur bei gleichzeitiger Nutzung für einen sanften Tourismus. Die Fläche beträgt fast 92.000 Hektar und ist in fünf Zonen eingeteilt. Zwei davon sind absolute Schutzzonen, die von Touristen nicht besucht werden dürfen.
Der Nationalpark erstreckt sich entlang eines Teils des Flusslaufes der Gauja und einiger Zuflüsse, die sich durch rote Sandsteinfelsen ihren Weg gebahnt haben.
Fast die Hälfte der Fläche ist bewaldet, was es möglich macht, dass sich neben 900 Pflanzenarten auch 149 Vogelarten und 48 Säugetierarten hier wohl fühlen. Darüber hinaus finden Sie um die 500 Denkmäler und kulturell oder historisch interessante Objekte.
Für die Touristen sehenswert sind vor allem die Städte Cēsis und Sigulda, das Museumsreservat Turaida und die Naturpfade von Līgatne. Vieles davon streifen auch wir mit unseren WOMO-Tourenvorschlägen. Mindestens ebenso vieles aber dürfen Sie auch selbst entdecken - ganz nach Ihrem Geschmack, Ihrem Etat für die Reise und vor allem in Abhängigkeit von der zur Verfügung stehenden Urlaubszeit.

Die P30 führt uns direkt in die alte Stadt **Cēsis** (Wenden), die nicht nur für das im ganzen Land bekannte (und gute!) Bier berühmt ist.

Für dieses Städtchen, in dem das Wappen mit dem auf der Burg stehenden Ritter fast allgegenwärtig ist, sollten Sie sich unbedingt etwas Zeit nehmen. Denn es konnte - trotz erheblicher Kriegsschäden - einen schönen Charakter bewahren. Es mischen sich mittelalterliche Eindrücke mit Häuserzeilen aus der Gründerzeit. Und was der Innenstadt erspart blieb, sind die hässlichen Plattenbauten aus den Nachkriegsjahrzehnten. Diese gibt es zwar auch, aber nicht im Zentrum. Nehmen Sie sich also etwas Zeit für den Stadtrundgang.

Wir haben zwei zentrumsnahe Parkplätze gefunden, auf denen Ihr WOMO gut aufgehoben ist.

Die erste, zentral gelegene Möglichkeit besteht an der Pils iela, wenige Schritte von der Tourist-Information entfernt. Doch sollten Sie diesen Parkplatz unserer Auffassung nach nicht über Nacht nutzen. Eher dient der folgende Parkplatz diesem Zweck:

(157) WOMO-Stellplatz: Cēsis - Altstadtrand

GPS: N57° 18' 43.3" E25° 15' 51.1" (Bērzaines iela). **max. WOMOs:** 1-3.
Ausstattung/Lage: Asphaltierter Parkplatz an der Bērzaines iela gegenüber Super Netto Lebensmittelmarkt; ca. 5 Min. zur Altstadt zu Fuß, Parkplatz etwas schräg/bedingt übernachtungstauglich/im Ort.
Zufahrt: Auf der P30 von Madona über Priekuli kommend zunächst Richtung Zentrum halten, dann gegen den Uhrzeigersinn um die Altstadt herum, der Ausschilderug P14/Limbaži bis zum Stellplatz folgen. Erkennungszeichen: Skulptur an der Kreuzung, dann noch ca. 40 Meter.

Für den Fall, dass Sie die Übernachtung mit einem Restaurantbesuch verbinden möchten, haben folgenden Tipp parat:

(158) WOMO-Gaststätte: Atpūta

GPS: N57° 18' 13.1" E25° 14' 29.6" (Pētera iela). **max. WOMOs:** 1-3.
Ausstattung/Lage: Zwei Parkplätze (geschottert bzw. gepflastert) bei dem im Frühjahr 2007 neu eröffneten Restaurant/Hotel. Preiswertes, gutes Speiseangebot. Nach Einkehr im Restaurant gewährt man (auf Anfrage) gerne auch die Übernachtung auf einem der Parkplätze.
Zufahrt: Vom Stellplatz Altstadtrand an der Berzaines iela (P14 Richtung Limbaži) folgen, bei abknickender Vorfahrt geradeaus in die Gaujas iela und von dieser ein Stück weiter in die Petera iela abbiegen. Dort nach ca. 400 m das Gasthaus.

Möchten Sie etwas länger in Cēsis verweilen und den örtlichen Campingplatz aufsuchen? Auch das ist kein Problem!

(159) WOMO-Campingplatz-Tipp: Žagarkalns

GPS: N57° 18' 25.1" E25° 13' 16.1" (Mūrlejas iela). **Öffnungszeiten:** Mai-Sept.
Ausstattung/Lage: Weitläufiges Wiesengelände am Ufer der ruhig dahin fließenden Gauja, nur teilweise schattig, Spielplatz, große Spielwiese mit verschiedenen Sportfeldern. Bademöglichkeit am Fluss, Picknick- und Grillstellen, Trockentoiletten und Toi-Toi-Toiletten, dort auch Campingtoiletten-Entsorgung. Boots- und Fahrradverleih, River-Rafting. Auf dem Campingplatz Hundeverbot! www.zagarkalns.lv
Kostenloser Internetzugang (WiFi).
Zufahrt: Auf der Gaujas iela weiter Richtung Limbaži fahren. Die Straße führt in die Talsenke der Gauja hinab. Direkt vor der Flussbrücke links ab, Zufahrt auf stellenweise engem, holperigem Schotterweg. (Cīruslīšu iela 70).

Dann ist geklärt, wo Ihr WOMO auf Sie warten darf, während Sie sich der Stadtbesichtigung widmen. Nun geht es um die Besichtigung dieses schönen Städtchens.

Rundgang durch Cēsis

Start ist an der Tourist-Information, wo es ein Informationsblatt zum Stadtrundgang gibt.

Erste Station ist das alte Brauereigebäude, in dem sich heute ein Museum für moderne Kunst befindet, wobei unsicher ist, was angesichts des Sanierungsaufwandes auf Dauer daraus wird.

Durch den schönen Schlosspark gelangt man zur Ruine der Ordensburg, die Sie mit einer guten Taschenlampe oder - wesentlich romantischer - mit einem ausgeliehenen Kerzenleuchter ausgestattet besichtigen sollten. Sie tun gut daran, die dunklen Treppenaufgänge etwas auszuleuchten, sonst könnten Sie Ihre Besichtigung sprichwörtlich im Blindflug (und zwar die Treppe hinab) beenden. Das historische Museum ist vorübergehend wegen Baumaßnahmen geschlossen. Zu sehr hatte die Vernachlässigung in den Nachkriegsjahren der Bausubstanz zugesetzt.

Im Park gilt übrigens - ebenso wie im Maija parks - Hundeverbot. Schade, denn die streunenden Stadthunde scheren sich wortwörtlich einen feuchten Dreck darum und lassen unbehelligt ihre „Tretminen“ auf Wegen und Rasenflächen liegen. Wer mit angeleintem Hund kommt, dem helfen selbst Plastiktütchen für das Hundehäufchen nicht. Nicht weit von der Burg liegt die St.-Johannes-Kirche, eines der ältesten Steingebäude in der Stadt. Auch sie hat leider sehr unter der Sowjetzeit gelitten, ist aber dennoch eine Augenweide. Zuvor sollten Sie den Leuchter berühren, den der gebückte Mönch vor der Kirche in Händen trägt. Es soll dadurch möglich sein, dass Sie Ihr zukünftiges Leben beleuchten können.

Über den Rosenplatz, den früheren Marktplatz, spaziert man durch die L. Katrīnas iela, die Kalēju iela und die Rīgas iela - allesamt gesäumt von schöner, alter Bausubstanz. An der Pils iela befindet sich das einzige übrig gebliebene Stadttor und unweit davon mündet die Hauptachse der Stadt auf dem Platz der Siegessäule, wo es für uns nur wenige Schritte zurück zum WOMO sind.

Stadtrundgänge haben die Eigenschaft, etwas anstrengend zu sein. Schön, wenn Ihnen nun einer der vorgeschlagenen Stellplätze gefällt. Es wird Sie aber, wie uns, auch früher oder später in die Natur ziehen. Uns gefiel der Tipp von Einheimischen, ein paar Kilometer hinaus zu einem Badesee zu fahren. Und es stellt sich als guter Tipp heraus! In der Nacht genießen wir die absolute Stille und machen es wie die wenigen Einheimischen, die da und dort am Lagerfeuer sitzen. Herrlich ist auch das morgendliche Bad im bräunlich gefärbten „Teewasser“ des Sees - typisch für einen Moorsee, aber unbedenklich.

(160) WOMO-Badeplatz-Tipp: Driškina ezers

GPS: N57° 21' 36.1" E25° 10' 29.1" (kein Straßenn). **max. WOMOs:** 2-3.
Ausstattung/Lage: Zahlreiche Park- und Stellplatzmöglichkeiten im Wald direkt am Seeufer, mehrere Grill- und Picknickstellen mit Tisch & Bank, Mülltonnen, Trockentoiletten/außerorts.
Zufahrt: Weiter auf der P14 nach Überquerung der Gauja, bis kurz vor Auciems der Weg zur Zeltmöglichkeit im Wald/am See ausgeschildert ist (grünes Hinweisschild). Zufahrt auf teils sehr ruppiger Schotterstraße („Waschbretter"), was eine vorsichtige Fahrweise erfordert. Und Vorsicht auch beim Rangieren auf dem Zeltplatz, um sich das WOMO nicht an Ästen zu zerschrammen.

Ebenso schön, wie die Ruhe am Badeplatz, kann die körperliche Anstrengung in Form einer Wandertour durch die Naturlandschaft sein. Diesem Gedanken folgen wir und sind heute noch begeistert vom folgenden Tipp, den wir ebenso dem Gespräch mit Einheimischen verdanken:

(161) WOMO-Wanderparkplatz: Zvārtes iezis

GPS: N57° 14' 45.2" E25° 08' 50.0" (kein Straßenn.). **max. WOMOs:** 3-4.
Ausstattung/Lage: Gepflasterter Parkplatz, Informationszentrum/Kiosk, Trockentoilette, Mülleimer. Ausgangspunkt zur Wanderung zum Aussichtpunkt oberhalb des roten Sandsteinfelsens und zur Wanderung entlang der Amata zum gleichnamigen Wanderparkplatz/außerorts.
Zufahrt: Von Cēsis auf der P14 Richtung Cirulisi halten, am Restaurant Atpūta vorbei und kurz später rechts ab Richtung Kārli und Līgatne. 3,4 km nach Kārli links ab und dann noch 1,7 km bis zum Parkplatz.

Wandertipp: Zum Teufelsfelsen und entlang der Amata

Vom Wanderparkplatz (Bild im Hintergrund) geht es zunächst über die Wiese bis zum Fluss hinab. Bereits hier zeigt sich der beeindruckende, rote Sandstein. Zum Aussichtspunkt über dem Felsen geht man zunächst über die Hängebrücke, dann links und über eine Treppe hinauf. Von oben belohnt ein herrlicher Blick über den „Teufelsfelsen" und die Weiden rundherum für die Mühe des Treppensteigens.

Alternativ (oder auch zusätzlich) wandert man auf der Seite des Parkplatzes auf einem teils treppenartig angelegten, teils auf Holzbohlen verlaufenden Pfad entlang des abwechslungsreichen Flusslaufes. Die

Amata hat sich in Schlingen durch den Sandstein gegraben. Steilufer und sandige Passagen geben dem Tal einen abwechslungsreichen Charakter.
Umgeben wird das Ganze von einem wilden, ursprünglichen und sehr abwechslungsreichen Wald. Mit etwas Glück entdeckt man seltene Vögel wie den Eisvogel, einen Fischotter oder andere Tiere. Nach einer runden Stunde ist der Wanderparkplatz Amata (bzw. in Gegenrichtung der Wanderparkplatz Zvārtes iezis) erreicht.

Gesamte Gehzeit also ca. 2 Std., zzgl. Besteigung des Aussichtsfelsens (ca. 30 Minuten).

Wenn Sie nicht auf dem asphaltierten Parkplatz beim Informationszentrum nächtigen oder die Wanderung in umgekehrter Richtung machen möchten, fahren Sie weiter auf der Schotterstraße Richtung **Līgatne** und suchen sich den Picknickplatz Amata aus, auf dem wir in der Mitte der Wandertour vespern.

(162) WOMO-Wanderparkplatz: Amata

GPS: N57° 15' 41.9" E25° 08' 16.1" (kein Straßenn.). **max. WOMOs:** 1-2.
Ausstattung/Lage: Geschotterter Wanderparkplatz, Grillstellen, Picknickbänke/-tische, Holzvorrat vorhanden, Trockentoilette/außerorts.
Zufahrt: Zufahrt wie Wanderparkplatz Zvārtes iezis, jedoch an der Abzweigung 3,4 km nach Kārli weiter geradeaus Richtung Līgatne fahren, bis direkt bei der Brücke über die Amata links der Wanderparkplatz erreicht ist.

Der nächste Tipp dürfte vor allem Tierfreunde interessieren, besonders wenn Ihre Kinder noch immer auf den obligatorischen Elch, einen Luchs oder einen Wolf warten. Die vor dem Ort ausgeschilderte Bunkeranlage aus Sowjetzeiten lassen wir links liegen. Im Tierpark von **Līgatne** bevorzugen wir die Chance, die genannten Tiere zu beobachten, die hier in großzügigen Gehegen naturnah leben dürfen.

(163) WOMO-Stellplatz: Līgatnes dabas takas Tierpark/Naturpfade

GPS: N57° 14' 52.9" E25° 00' 50.8" (kein Straßenn.) **max. WOMOs:** 3-4.
Ausstattung/Lage: Großer asphaltierter Parkplatz beim Tierpark, Reitmöglichkeit, Informationszentrum, mit Kiosk, Mülleimer. Im Tierpark Hundeverbot!

Zufahrt: Vom Ort Līgatne ausgeschildert, bei der Kasse noch ca. 1 km bis zum Parkplatz. Dort entweder zu Fuß (bzw. mit kleineren WOMOs auch auf einer speziellen Autotour) durch den Tierpark. Wobei wir die Runde zu Fuß eindeutig bevorzugen.
Alternative: Campingplatz Līgatne - GPS 164: N 57° 15' 16.2" E 25° 02' 42.9". Wiesenfläche direkt an der Gauja, Stromanschluss, Sanitäranlagen in Modernisierung. Der Platz liegt nahe dem Anleger der einzigen noch verbliebenen Fähre über die Gauja (auch wenn diese durchaus etwas abenteuerlich aussieht...).

Nun machen wir einen kleinen Sprung und fahren auf der A2 bis **Sigulda**, wo wir noch einige Tipps für Sie gesucht und gefunden haben und glauben, dass diese für einen gelungenen WOMO-Urlaub geeignet sind. Sigulda selbst gefällt uns dabei nicht sonderlich gut. Es ist zu sehr geprägt von Plattenbauten aus der Sowjetzeit oder aber von Neubausiedlungen der „Neureichen" und Wendegewinner, die ihre Wohnviertel von Sicherheitsdiensten bewachen lassen und Fremden den Zugang verwehren. Folgen Sie uns deshalb zu schönen Zielen, die eindeutig im Vordergrund bleiben. Zuerst sei hier der schön am Fluss gelegene Campingplatz genannt, der Ihnen auch mal die Gelegenheit gibt, Ihr WOMO stehen zu lassen und eine organisierte Kanutour auf der Gauja zu buchen.

(165) WOMO-Campingplatz-Tipp: Sigulda/pludmate

GPS: N57° 09' 44.5" E24° 50' 12.8" (Peldu iela). **Öffnungszeiten:** Mai-Okt.
Ausstattung/Lage: Wiesen, teils mit lichtem Wald bestanden direkt am Flusslauf der Gauja. Picknick- und Grillstellen, Dusche/WC/Elektroanschluss, Sauna. Kanuverleih und Organisation von 1-7 Tage dauernden Kanutouren auf der Gauja.
Zufahrt: Von Sigulda aus Richtung Turaida/Gutmannshöhle halten. Die Straße führt in die Talsenke hinab. Direkt vor der Brücke über die Gauja (max. 3,5 t) links ab, dann noch ein kurzes Stück bis zum Sessellift mit Sommerrodelbahn (links) und zum Campingplatz (rechts).

Nutzen Sie ein WOMO über 3,5 t, dann haben Sie nun ein kleines Problem. Entweder Sie setzen sich über die Gewichtsbeschränkung hinweg und überqueren die Gaujabrücke, oder Sie machen einen kleinen Umweg, indem Sie über A2 bis zur Ausfahrt Krustini und von dort nach **Ragana** fahren, um von Norden her nach Turaida zu gelangen. Unser WOMO bleibt unter dieser Gewichtsbeschränkung. So fahren wir über die Gauja und passieren die Gutmannshöhlen - berühmte, aus dem mürben Sandstein herausgewaschene Höhlen. Wenn Sie diese besuchen möchten, steht Ihr WOMO auf dem großen Parkplatz (**GPS 166:** N57° 10' 33.5" E24° 50' 48.4", tagsüber gebührenpflichtiger Parkplatz mit Picknickbänken, Mülleimer, Café, WC und Souvenirständen/Turaidas iela). Hier startet man zu einem Spaziergang zu den Höhlen und durch den attraktiven Park vor deren Eingang.

Ruhiger als an den Gutmannshöhlen geht es auf dem Wanderparkplatz zu, den wir westlich von Turaida gefunden haben. Unterwegs dorthin steht aber die Besichtigung von Schloss **Turaida** auf dem Programm. Auch die Burg ist nun alles andere, als ein ruhiger, beschaulicher Besichtigungspunkt. Allein die Größe der Parkplätze deutet darauf hin, was an beliebten Ausflugstagen hier los ist. Es gibt aber vermutlich nicht viele ähnlich schöne Burganlagen im Baltikum, wie diese hier.

Burg Turaida (Treyden)

Die Anlage wurde vom Deutschorden im 13. Jahrhundert errichtet, nachdem die hölzerne Vorgängerburg ausgelöscht war. Die Zerstörung der heutigen Anlage rührt von den Kriegen im 16. und 17. Jahrhundert her. Nach dem 2. Weltkrieg dauerte es nicht lange, bis die Burg nach und nach restauriert oder zumindest die Substanz gesichert wurde. Auch wenn noch viel zu tun bleibt, lohnt sich ein Besuch dennoch. Steigen Sie auch auf den Turm und genießen die Aussicht über den Nationalpark.
Für Ihren Abendspaziergang lohnt sich der Park auf dem Dainu kalns (Dainasberg), der mit einigen netten Skulpturen gestaltet worden ist.

(167) WOMO-Stellplatz: Schloss Turaida

GPS: N57° 11' 12.0" E24° 50' 43.9" (Kreuzg. P7/P8)**max. WOMOs:** 3-4
Ausstattung/Lage: Asphaltierter Parkplatz, gebührenpflichtig, Mülleimer, Schlossbesichtigung, Souvenirstände, Post, Café, Lebensmittelgeschäft. Der Parkplatz liegt direkt an der Durchgangsstraße und ist daher für lärmempfindliche Naturen eher nur bedingt übernachtungstauglich/im Ort. Weiteres Café im Schlossgelände.

Zufahrt: An der Durchgangsstraße von Turaida nach Ragana, direkt nach der Kreuzung.

Nun sind wir Ihnen noch die versprochenen Stellplatzalternativen schuldig, die etwas ruhiger sind und den Vorteil bieten, dass sie nahe der Strecke liegen, auf der wir wieder Richtung Ostseeküste fahren.

(168) WOMO-Picknickplatz: Gravžaki

GPS: N57° 10' 41.7" E24° 49' 23.8" (neben der P7) **max. WOMOs:** 2-3.
Ausstattung/Lage: Tisch & Bank und Trockentoilette am Rand der asphaltierten Parkfläche, 100 m von der Durchgangsstraße entfernt.
Zufahrt: Von Turaida Richtung Ragana, nach links ausgeschildert.
Sonstiges: Am Parkplatz startet ein Wanderpfad, der hinab zu den Gutmannshöhlen führt, den wir allerdings nicht ausprobiert haben. Ein Stückchen weiter Richtung Ragana erwartet Sie ein Skilift mit Restaurant und Parkplatz oder kurz davor das Restaurant Kungu rija, beide als Alternative mit Einkehrmöglichkeit.

So ist vor der Weiterfahrt für das leibliche Wohl und etwas Bewegung gesorgt. Weit kommen wir aber wieder nicht, denn es gibt noch einen letzten netten Stellplatz mit Wandermöglichkeit im Nationalpark, den wir für Sie entdeckt haben:

(169) WOMO-Wanderparkplatz: Kirche Krimulda

GPS: N57° 09' 55.0" E24° 46' 05.6" (neben der P7). **max. WOMOs:** 1-3.
Ausstattung/Lage: Asphaltierte Parkfläche, Sitzbänke, Picknickbank bei der Kirche von Krimulda, Wanderpfad/außerorts.
Zufahrt: Gut 5,5 km nach der Ortsausfahrt Turaida nach links ausgeschildert.

Wanderung Kubesele Naturpfad

An der Kirche informiert eine Wandertafel über den Naturpfad zum Saulstaru iezis und zur Gauja und wieder zurück. Auch diese Tour haben wir allerdings nicht ausprobiert. Vielmehr haben wir uns auf die lohnende Kirchenbesichtigung beschränkt und es genossen, den Störchen zuzuschauen, die sich auf zahlreichen Telegrafenmasten befinden.

Nun heißt es, dem Gauja Nationalpark adieu zu sagen. Doch wir kehren nochmals zurück, wenn wir auf dem Rückweg von unserer Reise durch Estland sind. Zunächst liegen knapp 25 km auf der P9 vor uns, bis wir rechts ab auf die Via Baltica Richtung Tallinn abbiegen. Unsere erste Station am Ostseestrand ist **Saulkrasti**. Seit die Umgehungsstraße fertig und der Ort vom Verkehrslärm der Via Baltica befreit ist, hat sich hier einiges zum Positiven geändert. So finden wir nicht nur einen herrlichen, weißen Sandstrand vor, sondern können den Badetag mit der Einkehr in einem Strandrestaurant verbinden:

(170) WOMO-Badeplatz: Saulkrasti

GPS: N57° 15' 43.0" E24° 24' 34.1" (Raina iela 11) **max. WOMOs:** 4.
Ausstattung/Lage: Großer, asphaltierter Parkplatz am Strand, gebührenpflichtig, Restaurant im Keller, Miniriesenrad, Mini-Bungee-Jumping/im Ort.

Zufahrt: Im Ort mit „P" ausgeschildert, schräg gegenüber der Tourist-Information.
Weitere Badeplätze mit jeweils gebührenpflichtigen Parkplätzen: Balta Kapa (GPS N57° 14' 00.2" E24° 23' 36.2" - südl. Ortsausgang) bzw. weitere ausgeschilderte Parkplätze auf der Fahrt nordwärts.

Eine gute Alternative für Ihren etwas längeren Aufenthalt in der besonders zu Ferienzeiten und an Wochenende belebten Gegend hier ist der etwa 8 km nördlich gelegene Campingplatz:

(171) WOMO-Campingplatz-Tipp: Lauču akmens

GPS: N57° 22' 00.1" E24° 24' 12.4" (Lauči). **Öffnungszeiten:** Mai-Okt.
Ausstattung/Lage: Wiese, moderne Sanitärausstattung, Ver- und Entsorgung (wenn auch teuer), Mülleimer, Spielplatz, Sauna, einfaches Restaurant, schöner Strand.
Zufahrt: Ausgeschildert ab der A1 (Via Baltica), Schotterweg, etwas holprig, z. T. niedrige Äste.
Sonstiges: An der Gabelung 2 km von der Via Baltica entfernt kann man alternativ links abbiegen und landet auf einem Zaun an Zaun zum Campingplatz liegenden, gebührenpflichtigen Parkplatz sowie zum Restaurant und Badeplatz Vidlauki, ebenso mit Zugang zum Sandstrand.

Von der Abzweigung zum Campingplatz sind es 3,5 km zur Abzweigung zur nächsten Sehenswürdigkeit, die aus Kindertagen bestens vertraut ist und die wir mit gutem Gewissen neben dem Gauja Nationalpark als Höhepunkt dieser Tour bezeichnen.

Das Münchhausen-Museum in Dunte

Hier also hat er zusammen mit seiner Frau Jakobine 9 Jahre seines Lebens verbracht, der in Bodenwerder in Norddeutschland geborene Baron Karl Friedrich Hieronymus von Münchhausen.

Es erwartet Sie das **Gutsmuseum**, eines der meistbesuchten Museen Lettlands. Leider ging manches Exponat durch den Brand des ursprünglichen Hauses verloren. Doch mit Hilfe der Partnergemeinde Bodenwerder konnte nach dem Wiederaufbau vieles ersetzt oder ergänzt werden. Das Erdgeschoss ist geprägt von Münchhausens Geschichten. Hier sind viele seiner Fantasiefiguren ausgestellt.

Im Obergeschoss widmet man sich in einem sehenswerten Wachsfigurenkabinett zahlreicher Größen aus der lettischen Politik und Kultur.

Empfehlenswert ist es, eine Tasche mit Badesachen und ein Vesperpaket zu packen, um den 5,3 km langen Münchhausen-Naturpfad (mit Abkürzung nur 3,17 km, dann ohne Strandbesuch) zu gehen. Er führt bequem auf Holzbohlen durch den herrlichen Wald, der sich vom Museum bis zum Traumstrand an der Ostsee hinzieht. Unterwegs laden 40 Stationen mit hölzernen Skulpturen zum Verweilen ein. Sie alle erzählen aus den sagenhaften Lügengeschichten (Entschuldigung! Natürlich Erlebnissen) des Barons (Gebühr).

Infos über all das, die Öffnungszeiten (im Sommer tägl. 10-17 Uhr, am Wochenende jeweils bis 19.00 Uhr) und die (günstigen) Eintrittspreise gibt es unter www.minhauzens.lv oder unter Tel. +371/406-5633.

Leider steht der Parkplatz (**GPS:** N57° 24' 16.8" E24° 25' 29.2") nicht als Stellplatz für die Nacht zur Verfügung. Das Gelände wird abends verschlossen. Dennoch kann man wenigstens tagsüber den Naturpfad, den Badeplatz oder eine der Picknickstellen nutzen oder im Café einkehren. Hungrig muss also auch niemand diesen Platz verlassen.

Erneut 6 km weiter nördlich an der Via Baltica können Sie den nächsten Abstecher Richtung Meer in das Örtchen **Tūja** machen. Es erwarten Sie mehrere Stellplätze für einen erholsamen Badetag am traumhaften Sandstrand.

(172) WOMO-Badeplatz-Tipp: Tūja- jurasdzeni

GPS: N57° 29' 25.9" E24° 22' 53.1" (Tūja). **max. WOMOs:** 2-3.

Ausstattung/Lage: Geschotterter Parkplatz (geringe Gebühr), Zeltwiese oberhalb, Trockentoilette, Mülleimer, direkt am Sandstrand/außerorts. An schönen Tagen in der Hauptsaison Kioskbetrieb.

Zufahrt: Von der A 1 (Via Baltica) Richtung Tūja der Ausschilderung folgen. An der abknickenden Vorfahrt, wo man rechts in den Ort gelangt, auf dem Schotterweg geradeaus fahren bis zum gebührenpflichtigen Parkplatz.

(173) WOMO-Badeplatz-Tipp: Tūja - Krimalnieki

GPS: N57° 30' 10.8" E24° 22' 55.0" (Tūja). **max. WOMOs:** 4-5.

Ausstattung/Lage: Gebührenpflichtiger geschotterter Parkplatz, Zeltwiese mit Picknickbänken, Kiosk, Trockentoilette, Mülleimer, direkter Zugang zum Sandstrand,

Zufahrt: Von der A 1 (Via Baltica) Richtung Tūja der Ausschilderung folgen. An der abknickenden Vorfahrt rechts in den Ort und durch diesen durch fahren (am Ortseingang ausgeschildert 2 km). Der ebene Platz liegt am Ortsrand links zwischen Schotterstraße und Meer.

(174) WOMO-Badeplatz-Tipp: Atputas pie jūras

GPS: N57° 30' 44.3" E24° 22' 50.6" (kein Straßenn.). **max. WOMOs:** 3-4.

Ausstattung/Lage: Gebührenpflichtig, Zeltwiese mit Picknickbänken bei einem Gehöft (gelb/grünes Haus), Trockentoilette, Mülleimer, direkt am Sandstrand, alle Stellplätze mit Meerblick etwas über Meeresniveau, geringe Gebühr/außerorts.

Zufahrt: Wie Platz zuvor, jedoch 1 km weiter auf dem Schotterweg nordwärts fahren.

In Tūja finden Sie einen kleinen Lebensmittelmarkt, sodass auch für das leibliche Wohl gesorgt werden kann. Ebenso können Sie 8,3 km nördlich der beschriebenen Zufahrt einen Abstecher meerwärts machen. Dort erwartet Sie eine große

Picknickstelle, bei der es sich um einen alten Zelt- und Campingplatz handelt, dessen Besuch sich schon seiner Lage im Dünenwald wegen lohnt. Eine Besonderheit ist der mit Findlingen aus der letzten Eiszeit durchsetzte Sandstrand sowie die Sandsteinhöhlen, welche die Brandung gegraben hat.

(175) WOMO-Badeplatz-Tipp: Veczemju klintis

GPS: N57° 34' 47.7" E24° 21' 56.8" (kein Straßenn.). **max. WOMOs:** < 10.
Ausstattung/Lage: Großes, weitläufiges Zelt- und Picknickplatzgelände auf der bewaldeten Düne, in der zahlreiche, phantasievoll gestaltete Picknick- und Grillstellen verteilt sind, Trockentoilette, zudem Volleyball/Basketballfelder, Gebühr/außerorts.
Zufahrt: An der A1 links ab ausgeschildert (braunes Schild), markant sind die hohen Sendemasten neben der Abzweigung. Von da aus 5 km Schotterstraße.

Weiter nördlich folgen zwei Alternativen, die eine gute Wahl für diejenigen sind, die Camping- oder vergleichbare Plätze bevorzugen und einen schönen Sandstrand genießen möchten.

(176) WOMO-Campingplatz-Tipp: Meleku līcis

GPS: N57° 36' 50.2" E24° 23' 20.9" (kein Straßenn.). **Öffnungsz.:** Mai-Sept.
Ausstattung/Lage: Wiesengelände nahe der A1, Mülleimer, Spielplatz, Grill- und Picknickstellen, Trocken- und Dixi-Toiletten, Sauna, einfaches Restaurant, schöner Strand. An Wochenenden in der Hauptsaison laut (Partyzelte). Hundeverbot (keine großen Hunde). www.melekulicis.lv
Zufahrt: Ausgeschildert ab der A1 (Via Baltica), Schotterweg 300 m.

(177) WOMO-Picknickplatz: Vejavas

GPS: N57° 41' 16.7" E24° 21' 48.8" (kein Straßenn.). **max. WOMOs:** 4-5.
Ausstattung/Lage: Wald- und Wiesengelände in den Dünen, 200 m zum Meer, Tische & Bänke, Trockentoiletten, Zeltwiese. Sauna, Bootsverleih. Hundeverbot (keine großen Hunde). Geringe Gebühr. www.vejavas.viss.lv, Tel. +371/6407-1667
Zufahrt: Von der A1 ausgeschildert, Zufahrt gut 1 km auf Schotterweg. Beim Rangieren zu den Stellplätzen Vorsicht (kurvig, teils steil und überhängende Äste beachten).

Etwa 6 km weiter nördlich folgt **Salacgrīva**, wo sich wiederum ein freier Übernachtungsplatz befindet. Der Ort bietet nicht viel Besonderes - das Besondere ist der Sandstrand. Und am Fluss Salaca befindet sich ein Fischfangzaun, der ein außergewöhnliches Verfahren der Flussfischerei zeigt. Die Reusen für den Fang von Neunaugen werden in den Zaun gesteckt. Ob Sie nun baden oder Ihre Kenntnisse über die Methoden der Fischerei optimieren möchten - Ihr WOMO kann auf alle Fälle hier stehen:

(178) WOMO-Picknickplatz: Salacgrīva/Zvejnicku parks

GPS: N57° 46' 10.3" E24° 21' 04.4" (sporta iela). **max. WOMOs:** 2-3.
Ausstattung/Lage: Geschotterte Parkfläche bei den Sportstätten des Ortes mit Tisch & Bank, Zugang zum Sandstrand ca. 200 m/Ortsrand.
Zufahrt: Nach Ortsdurchfahrt, kurz vor dem Ortsausgangsschild links ab ausgeschildert (braunes Schild), kurze Zufahrt auf Schotter.

Bevor unsere Reise durch Lettland zu Ende geht, folgt noch ein Stück Via Baltica, bis mit **Ainaži (Hainasch)** der Grenzort nach Estland erreicht ist. Wir entscheiden uns noch einen Halt einzulegen und ausgiebig den endlosen Sandstrand Lettlands zu genießen. Da zum Strand auch das Meer gehört und zu diesem die Schifffahrt, sei an dieser Stelle auch auf das **Museum der Seefahrtschule** hingewiesen, in dem es einiges zu diesem Thema zu besichtigen gilt. Es werden Informationen über die alte Ausbildungsstätte und zum Bau von Segelschiffen vermittelt. Das Außengelände zeigt Anker aller Größen.

(179) WOMO-Badeplatz: Ainaži (Hainasch)

GPS: N57° 51' 59.8" E24° 21' 23.5" (Parka iela). **max. WOMOs:** 2-3.
Ausstattung/Lage: Asphaltierter Parkplatz, in Höhe des Seekundemuseums und des kleinen Leuchtturms links ab ausgeschildert in der Kuglu iela. Wenige Schritte zum Museum auf der anderen Straßenseite oder zum Traumsandstrand/Ortsrand.

Zufahrt: Am Ortseingang von der A1 links abbiegen, durch den Ort fast durchfahren, bis der Parkplatz nach links ausgeschildert ist.
Tipp: Mit dem Fahrrad kann man die Straße weiter bis nach Estland befahren und dort durch die Dünenwälder weiter. Grenzübergang mit WOMO nur über die Autobahn möglich.

Zurück an der Via Baltica ist es nur noch ein Katzensprung bis zur lettisch-estnischen Grenze. Nun gilt es: Visu labu - tschüß Lettland! Bis bald - wir kommen sicher wieder!

TOUR 13 (ca. 240 km / 2-3 Tage)

Ainaži - Kabli - Häädemeeste - Pärnu - Audru - Virtsu

Freie Übernachtung:	Kabli Rand, Häädemeeste (2x), Pärnu, Doberani rannamaja, Lavassaare, Kavari linnutorn, Jaaguranna Lillelaager, Kastna, Matsi, Laelatu, Virtsu.
Ver-/Entsorgung:	Lepanina Hotell, Caravan-Camping Konse.
Campingplätze:	Lemmeranna Külalistemaja, Caravan-Campingplatz Konse.
Baden:	Kabli rand, Pärnu, Doberani rannamaja, Matsi.
Besichtigen:	Pärnu/Altstadt, Eisenbahnmuseum Lavassaare, Automuseum Virtsu.
Wandern:	Häädemeeste, Kastna Tammed, Matsi, Botanisches Institut Puhtulait.
Essen:	Pärnu (zahlreiche Restaurants), Doberani rannamaja.

Wir fahren vom Badeplatz **Ainaži** ab, durch den Ort zur Via Baltica und stehen in wenigen Minuten an der ehemaligen Grenzanlage, an der einst sowjetische Grenzbeamte darüber wachten, dass die Freundschaft zwischen den Bruderstaaten nicht zu groß wurde. Der Wende und Schengen sei Dank, ist das Vergangenheit und alles geht zügig: **Willkommen in Estland!** Kaum sind wir 10 km im Land, weist ein Campingsymbol links ab. Schilder weisen auch nach Treimani und zum Hotel Lepanina. Das wollen wir uns näher anschauen und nehmen das Verbindungssträßchen zur 2,5 km entfernten Küstenstraße. So ist schon mal unser Fahrtverlauf geklärt - was sollen wir auf der Autobahn? Schön ist es an der Küste!

(180) WOMO-Campingplatz: Lemmeranna Külalistemaja

GPS: N57° 58' 25.5" E24° 24' 30.0" (kein Straßenname)
Öffnungszeiten: Mai-Sept.
Ausstattung/Lage: Wiesengelände nahe der parallel zur A4 verlaufenden Küstenstraße. Dusche/WC, **keine** V/E-Anlage. Mülleimer, Spielplatz, Grill- und Picknickstellen, einfaches Restaurant, Zugang zum schönen Strand. Vergleichsweise teuer/außerorts.
Zufahrt: Ausgeschildert ab der A4 (Via Baltica), zunächst auf Asphalt durch den Wald, dann links und gleich rechts ab/Schotterweg 300 m.
Sonstiges: Etwas weiter nördlich, beim Lepanina Hotel mit Restaurant, findet sich ein Stellplatz mit V/E-Anlage. Doch ist auch dieser recht teuer, besonders wenn man als Tagesgast hier verweilt und nur entsorgen möchte. Auch dann zahlt man die volle Campinggebühr (rd. EUR 20,00 pro Tag).

Da muss sich der Marktpreis noch finden, denn ein Preis für die Ver-/Entsorgung, der zu Hause für eine komplette Übernachtung auf einem Camping- oder guten Stellplatz reicht, scheint uns zu happig. Aber gut - es ist eigentlich ein Hotel. Da erfreut uns dann schon der Anblick des Fischerdorfes **Kabli** und die Tatsache, dass sich dort eine gute Alternative findet.

X

(181) WOMO-Badeplatz-Tipp: Kabli Rand

GPS: N58° 00' 41.9" E24° 26' 52.3" (Kabli). **max. WOMOs:** 1-2.
Ausstattung/Lage: Geschotterter Parkplatz am nördlichen Ortsrand, Picknickbank und Mülleimer, kurzer Zugang zum Sandstrand.
Zufahrt: Auf der parallel zu A4/Via Baltica verlaufenden Küstenstraße durch Kabli durchfahren bis kurz nach dem Ortsausgang.

Kabli ist ein nettes Dorf mit gemütlichen, alten Fischerhäusern. Dies, der makellose Sandstrand und der Stellplatz wären es wert zu bleiben - wäre da nicht die Verlockung, angesichts des Kaiserwetters den etwas nördlich liegenden Naturpark aufzusuchen. So fahren wir weiter ins 9 km entfernte **Häädemeeste (Gutmannsbach)**.

Das Örtchen ist es wert, etwas Zeit zu reservieren. Es ist das Tor zum **Nationalpark Rannametsa Soommetsa looduskaitseala** - schön auszusprechen für uns Deutsche ist dieser Name... Machen Sie sich nichts draus - auch wir können es weder sagen noch verstehen noch aussprechen. Wir wissen aber, wie schön es hier ist und haben zwei Stellplatzalternativen für Sie gesucht:

(182) WOMO-Wanderparkplatz: Häädemeeste Rannaniit ja vaate platvorm

GPS: N58° 04' 50.4" E24° 29' 05.6" (Häädemeeste). **max. WOMOs:** 1-3.

Ausstattung/Lage: Geschotterte, etwas unebene Parkfläche, Wanderpfad ins Naturschutzgebiet zu einem Vogelbeobachtungsturm (ca. 30 Min./Infotafel am Parkplatz), Trockentoilette / am Ortsrand.
Zufahrt: Weiter auf der Küstenstraße durch Häädemeeste durch, dann kurz vor Ortsausgang links.

Die Alternative - sie gefällt uns noch besser als der Platz im Ort - liegt etwas nördlich, mitten in den Weiden der Uferzone, die von speziell hierher gebrachten schottischen Rindern kurz gehalten werden, damit die für die Zugvögel so wichtigen Grasflächen als Rastplätze erhalten bleiben. Würde alles brachliegen, wäre es um die baumfreie Fläche bald geschehen und sie wäre mit Buschwerk und Bäumen überwuchert. Also wählen Sie selbst, ob Sie im Ort bleiben oder direkt hinaus in die Stille der Natur fahren möchten:

(183) WOMO-Wanderparkplatz: Häädemeeste Rannaniit ja vaatlustorn

GPS: N58° 05' 55.2" E24° 28' 30.5" (kein Straßenn.). **max. WOMOs:** 1-2.
Ausstattung/Lage: Geschotterte Parkfläche, Trockentoilette und Informationstafel beim Informationszentrum/außerorts.

Zufahrt: Wie Platz zuvor, jedoch von dort die Straße weiter zum ehemaligen Kolchosegebäude fahren, dort links und ein Stück Schotterweg nach Norden, dann links ausgeschildert (1,5 km).
Wandertipp: Spaziergang zum Vogelbeobachtungsturm über Wiesen- und Weidegelände, das teils feucht/morastig ist (20 Min. Fußweg). Vesper und Fotoausrüstung nicht vergessen, möglichst Fernglas sowie Zeit und Geduld mitbringen. Gegen Abend kann - je nach Jahreszeit - Mückenschutz nicht schaden.

Das ist nun wirklich ein Stellplatz genau nach unserem Geschmack: Die endlose Weite der Weiden, über die sich der Blick auf der Ostsee verliert, da und dort ein Schrei eines Reihers, einer Möwe oder zur Vogelflugzeit das Gleiche von zehntausenden Vögeln. Ein Manko ist allerdings der Kampf gegen die Stechmücken, deren Höchstform wir erleben dürfen. Was sind wir froh, dass aus einer früheren Reise nach Finnland noch ein Fläschchen Mückenmittel übrig geblieben war. Schnell ist Ruhe vor den Plagegeistern - und wir können uns auch kaum noch riechen...

Die Rinderherde beeindruckt einen schon...

Der frühe Morgen gehört einer kleinen Wanderung zum Vogelbeobachtungsturm, um dem Treiben der Vögel und der großen Rinderherde zuzuschauen, die sich bald direkt unter der Aussichtsplattform einfindet: Kälber, Jungrinder, Kühe und vor allem - ein massiger, bärenstarker Bulle, der direkt am Treppenabgang seine Herde um sich sammelt. Prima - Gewichtsverhältnis 10:1 für den Bullen. Bleiben wir also noch etwas und schauen noch den Vögeln zu, bis die Herde sich trollt.

Nun ist es obligatorisch, ein Stück weit die Autobahn zu nehmen, die mitten durch das Schutzgebiet führt. Nach dem Naturpark folgt die Ausschilderung **Metsaküla**, wo wir wieder einen Abstecher Richtung Meer machen möchten. Der frühere Campingplatz mit urestnischen Namen Tackendorf wurde wohl ein Opfer der Finanzkrise. An der Zufahrt finden wir aber einen Soldatenfriedhof und ein Stück weiter das sehenswerte Kirchlein **Tahkuranna kirik**. Dort allerdings findet sich leider kein akzeptabler Parkplatz, um länger oder über Nacht zu bleiben.

Doch bietet sich am ehemaligen Campingplatz die Gelegenheit, das WOMO zu parken (Gebühr) und den Strand zu nutzen. Oder Sie machen einen Spaziergang auf die kleine Halbinsel, die hinter dem Platz liegt, wo ein Fischer seinen Fang räuchert und sich freut, das eine oder andere Fischlein an den Mann (oder die Frau) zu bringen. Sollten Sie solches mögen - der Mann freut sich , wenn er ein paar Kronen dazu verdient. Allerdings muss er gerade auch vor Ort sein und nicht draußen auf See beim Einholen des Fangs, wie bei unserem Besuch...

Auf der Via Baltica kommen wir parallel zum Ufer der Bucht von **Pärnu (Pernau)** zügig auf die Provinzhauptstadt zu. Zuvor entdecken wir an der A4/E67 das aus Skandinavien vertraute Warnschild Elche betreffend! Komisch ist nur, dass die immer dann auswärts zu sein scheinen oder sich verstecken, wenn wir uns irgendwo hinbegeben. Gesehen haben wir (in dieser Region) keines der beeindruckenden Tiere, was beim Auto fahren andererseits ja durchaus zu begrüßen ist.

Kurz vor dem Örtchen **Reiu** können Sie dem Hinweis auf den nahen Badestrand links ab folgen.

(184) WOMO-Badeplatz-Tipp: Reiu Rand

GPS: N58° 18' 09.1" E24° 35' 13.9" (kein Straßenn.) **max. WOMOs:** 1.
Ausstattung/Lage: Flacher Badestrand an der Abbruchkante, (dort Vorsicht!)/außerorts.

Zufahrt: Durch die ehemalige Kaserne 1,5 km ab Ausschilderung an der A 4. Achtung ruppige und enge Zufahrt!
Sonstiges: Der Strand hat uns einerseits überzeugt. Doch als Stellplatz? Der Badeplatz liegt am Fuß eines ehemaligen Militärgeländes der Roten Armee. Das Gelände sieht (noch?) etwas verwahrlost aus und die Zufahrt lässt zu wünschen übrig.

Doch es finden sich bald noch schöne Alternativen. Entscheiden Sie einfach selbst. Es sind auch nur noch 10 km bis Pärnu, wo wir gleich an der breiten Ortseinfahrtstraße nach dem großen Einkaufszentrum, das wir zunächst aufsuchen, das Hinweisschild für den Caravan-Campingplatz Konse entdecken.

(185) WOMO-Campingplatz-Tipp: Konse

GPS: N58° 23' 04.4" E24° 31' 33.7" (Suur-jõe). **offen:** Ganzjährig.
Ausstattung/Lage: Gute Ausstattung inklusive Stromanschluss und Ver-/Entsorgungsstation, Waschmaschine/Trockner. Kostenloser Internetzugang. Kontakt: info@konse.ee - www.konse.ee. Tel. +372/447-5561.
Zufahrt: Ab Ortseinfahrtstraße beim Supermarktzentrum ausgeschildert.

Doch wir entscheiden uns, direkt ins Zentrum zu fahren und finden erstaunlich schnell und problemlos einen Parkplatz. Der links abknickenden Vorfahrt folgt ein großer Park mit Parkmöglichkeiten am Straßenrand in der Nachbarschaft zur deutschen Technologieschule Pärnu (Parkmöglichkeit zur Stadtbesichtigung Pärnu/Gebühr). **GPS 186:** N58° 23' 07.3" E24° 30' 35.6",

Straße Vannapargi). Hier sind wir nach ein paar Minuten Gehzeit direkt im Herzen der Stadt. Wenn Sie möchten, können Sie beim Strandpark auf dem bewachten Parkplatz mit dem WOMO stehen - Sie bezahlen dann einen (nicht ganz billigen) Tagesparkschein.

(187) WOMO-Badeplatz-Tipp: Pärnu Strand

GPS: N58° 22' 36.7" E24° 29' 28.0" (Mere puiestee). **max. WOMOs:** 2-3.
Ausstattung/Lage: Asphaltierte Parkfläche am Strand. Kiosk, viele Cafés und Restaurants in der Nähe, auch der historische Kuursaal. Kostenpflichtig!/im Ort.

Zufahrt: Vom vorgenannten Parkplatz zunächst schräg links, dann im Rechtsbogen zur Esplanaadi und dort bis zur Gabelung. Nun geht es links weiter in die Supeluse, welche auf die Moorbadeanstalt und den Kuursaal (... ja- schreibt sich wirklich mit 'uu') hinführt. Dort rechts ab in die Mere pst, bis der Parkplatz links ab ausgeschildert ist.

X

Rundgang durch Pärnu (Pernau)

Die Stadt galt zahlreichen Menschen aus dem Hauptstadtgebiet schon sehr früh als geeignetes Ziel für die Sommerfrische. Auch aus anderen Ländern hat es viele Gäste hierher gezogen. Pärnu ist ein Heilbad, das mit seinen mineralhaltigen Schlammpackungen Heilung verschiedener Leiden, vor allem der Gelenke, verspricht. Mens sana in corpore sana - ein gesunder Geist wohnt in einem gesunden Körper. Diesem Motto hat man sich angesichts dessen nicht erst zuletzt verschrieben.
Die Beliebtheit bei zahlungskräftigen Gästen aus Nah und Fern zeigt sich in schmucken, für große Kurorte typischen Gebäuden. Besucht man beispielsweise den Kuursaal, man könnte meinen, in einem reich verzierten russischen Gebäude zu sein. Sehr schön ist schräg gegenüber die Badeanstalt (Bild unten).

Mehrere Hotels, allen voran das Rannahotell, fügen sich bestens in den mondänen Eindruck ein. Diese Stadt hat einfach etwas, ohne dabei übertrieben zu wirken.
Darüber hinaus macht der Ort einen gepflegten Eindruck. Vieles ist seit der Wende restauriert, vieles neu gebaut worden. Man merkt schnell, dass der Tourismus schon früher, aber auch heute wieder, eine sprudelnde Geldquelle und zugleich eine Zukunftsperspektive war und ist, was den Bau herrlicher Häuser ermöglichte. Nicht zuletzt trug dazu natürlich auch die Mitgliedschaft in der Hanse bei - auch das soll den betroffenen Städten ja durchaus zum Nutzen gereicht haben.

Ausgehend von unserem Parkplatz sind wir am Busbahnhof vorbei schnell in der Haupteinkaufsstraße Rüütli und damit in der Altstadt. Bemerkenswert ist die Villa Ammende am Strandpark, der schon erwähnte Kuursaal, der im 15. Jh. errichtete Gefängnisturm, die evangelische Kirche St. Elisabeth und das orthodoxe Pendant St. Katharina.
Lassen Sie sich einfach vom Flair dieser schönen Stadt verführen, etwas zu verweilen, gemütlich in einem der zahlreichen Restaurants aller Kategorien einzukehren oder einfach nur durch die schönen Gassen und Parks zu bummeln.

Der Bereich im Westender Bucht von Pärnu hat viel zu bieten, was einen WOMO-Urlaub schön macht, allem voran die herrlichen Sandstrände, doch nicht nur das! Folgen Sie uns deshalb aus der Stadt auf der Straße 60, die in nordwestlicher Richtung zunächst vierspurig Richtung Lihula führt. Doch so weit wollen wir noch nicht - wir haben zunächst zu entscheiden, was zunächst auf dem Programm steht: Bald weist ein Schild links ab zu einem Badestrand mit Stellplatzmöglichkeit.

Die Eisenbahnfreunde können später noch nordwärts starten, um die interessante Sammlung des Vereins zur Erhaltung der sehenswerten Dampfrösser, aber auch Elektro- und Diesellokomotiven zu besichtigen, die sich in Lavassaare findet.

Doch das Wetter ist sehr schön. Und sollten Sie mit alten Eisenbahnen nicht viel am Hut haben, dann orientieren Sie sich mit uns zunächst südwärts und folgen in Audru dem Schild

„Doberani rannamaja", um bald schon - nachdem ein Golfplatz passiert ist - linker Hand auf dem Stellplatz der Gaststätte den Schlüssel zu ziehen, sich den kühlen Ostseewellen hinzugeben und anschließend im bei Einheimischen und Touristen gleichermaßen beliebten Ausflugsrestaurant einzukehren.

(188) WOMO-Gaststätte: Doberani rannamaja, Audru

GPS: N58° 23' 11.0" E24° 22' 14.9" (kein Straßenn.). **max. WOMOs:** <10.
Ausstattung/Lage: WOMO-Stellplatz mit Elektroanschlussmöglichkeit direkt am Meer, Zeltwiese vorhanden. Übernachtung auf Nachfrage (bei Einkehr auch kostenfrei, sonst Gebühr). Am Strand Hundeverbot. Wichtig: Wenn Sie zum Essen einkehren und anschließend auf dem Gelände übernachten möchten, weisen Sie auf unser Buch hin - die Gebühr wird Ihnen dann erlassen, wie uns versprochen wurde.

Zufahrt: Von der 60 kommend dem Schild folgen, am Golfplatz vorbei und dann links ab zum Meer hin ausgeschildert.

Zählen Sie sich dagegen (oder darüber hinaus?) doch zu den Eisenbahnfans, bietet sich ein schöner Ausflug zum Eisenbahnmuseum Lavassaare an, wo es einiges zu besichtigen gilt, was in westlichen Museen nicht unbedingt zu finden ist.

Ein Schild weist etwa 4 km nach Audru in nördlicher Richtung auf dieses Besichtigungsziel hin. Das **Eisenbahnmuseum Lavassaare** (Raudteemuseum), entstanden auf private Initiative, bietet dem Besucher eine abwechslungsreiche Sammlung alter Lokomotiven, die bis vor gar nicht allzu langer Zeit im Dienst der sowjetischen, später teils auch noch der estnischen Staatsbahnen standen.

Die Lokomotiven und Waggons geben ein kunterbuntes, zunächst etwas unkoordiniert anmutendes Bild ab. Man erkennt schnell, dass hier noch viel Arbeit vor den Betreibern liegt, um alles in einen auch äußerlich respektablen Zustand zu versetzen. Bislang erscheint manches noch arg provisorisch. Doch ist es andererseits nicht gerade dies, was das Baltikum als Reiseziel so interessant macht, das Herzblut zu spüren, das in der Sammlung steckt? Wenn Sie gerne hier nächtigen, steht dem grundsätzlich (auf Anfrage beim Museum) nichts entgegen. Fragen Sie einfach im Bistrowagen nach, der zum Kassenhaus umfunktioniert worden ist.

(189) WOMO-Stellplatz: Eisenbahnmuseum Lavassaare

GPS: N58° 31' 11.5" E24° 20' 59.3" (Ulejõe). **max. WOMOs:** 1-2.
Ausstattung/Lage: Kleiner, geschotterter Parkplatz beim Museum. Dieses ist geöffnet von Juni - Sept. tgl. 11.00 - 18.00 Uhr, So - 17.00 Uhr, Dampfzugfahrten werden im Sommer samstags nach Bedarf geboten. www.museumrailway.ee

Zufahrt: Von der Straße Nr. 60 10 km Richtung Lavassaare fahren. Vor der Ortseinfahrt links ab ausgeschildert „Raudteemuseum 2 km" (Schotterweg).

Kehrt man vom Eisenbahnmuseum wieder nach Audru zurück, hält man sich bei der Kirche in südlicher Richtung nach der Ausschilderung **Tõstamaa**. Die schöne Küstenstraße folgt knapp 12 km der Küstenlinie und knickt etwas später rechtwinklig nach Westen ab, um in Pootsi zur Landspitze und zum Fähranleger hinüber nach **Kihnu** zu führen.

Doch zuvor (11,7 km ab der Abzweigung) biegen wir links ab und halten und zunächst nach **Liu**. Nach der Ortsdurchfahrt knirscht Schotter unter den Rädern und die Straße führt zunächst wieder südwärts weiter und folgt der Küste, bis uns das Schild „Linnutorn" neugierig macht - heißt das doch, dass uns hier ein Vogelbeobachtungsturm geboten wird. Das lässt meist eine interessante Stellplatzmöglichkeit erwarten. Wir haben uns nicht getäuscht, ziehen den Schlüssel beim Picknickplatz und genießen den Sommernachmittag.

(190) WOMO-Picknickplatz: Kavaru linnutorn

GPS: N58° 16' 11.2" E 24° 11' 04.4" (kein Straßenname) **max. WOMOs:** 1-2.

Ausstattung/ Lage: Überdachte Picknickbank, Spielplatz, Trockentoilette, Vogelbeobachtungsturm, Infotafel über die Kavaruküste/außerorts.
Zufahrt: Zunächst die Abzweigung Kavaru nutzen. Beim Gehöft namens Aadu Talu geht es links ab, es folgt ein sehr schmales Schotersträßchen bis zum kleinen Fischerhafen.

Vom Stellplatz hält sich nach dem Gehöft (bei einer Trafostation) links und folgt der Schotterstraße, die nach 3,5 km wieder auf die asphaltierte Küstenstraße gelangt und von dort zur Landspitze Manilaid führt, wo vom Fährhafen **Munalaid** die Fähre hinüber zur Insel **Kihnu** führt. Dorthin könnte es zur Zeit des Vogelzugs vor allem Tierfreunde ziehen. Einen Stellplatz bietet die Landzunge nicht. Beim Fähranleger hinüber findet sich jedoch ein (gebührenpflichtiger) Parkplatz, max. 24 Std./ WC) .

Bei der Abzweigung zur Fähre wechselt unsere Route die Richtung auf Nordwest. Eine Windmühle grüßt von der anderen Straßenseite. Auffallend sind zahlreiche im schwedischen Stil falunrot getünchten Häuser - Zeugen der schwedischen Besiedlung über lange Zeit. Eine schöne, abwechslungsreiche Landschaft fliegt an uns vorbei. Ein Schild weist bald auf die kleine, aber gemütliche Ferienanlage **Jaaguranna Lillelaager** hin - Grund für uns, auch das für Sie zu erkunden. Es handelt sich um einen gebührenpflichtigen Picknickplatz mit ein paar Ferienhütten und Parkplatz am Meer.

(191) WOMO-Picknickplatz: Jaaguranna Lillelaager

GPS: N58° 17' 19.7" E24° 02' 42.9" (Vihakse tee). **max. WOMOs:** 1-2.

Ausstattung/Lage: Parkplatz auch für WOMOs bei den Ferienhütten, Zeltwiese, Sauna nahe am mit Schilf bewachsenen Ostseeufer. WiFi-Area, Gebühr. www.jaagu-ranna.ee, Tel. +372 5556 3639
Zufahrt: An der Küstenstraße „Jaagruanna Lillelaager" ausgeschildert; **2,4 km enger Schotterweg**.

Da die Zufahrt zum Lillelaager nicht allzu gut für große WOMOs geeignet ist, haben wir uns um eine nette Alternative gekümmert. Bald sind wir in **Tõstamaa** angekommen. Bald darauf folgt, wie versprochen, ein traumhaft schöner Platz - entweder einfach zum Verweilen mit gemütlichem Picknick, oder aber zu einer netten Wanderung zum Strand.

(192) WOMO-Wanderparkplatz: Kastna Tammed

GPS: N58° 19'21.5" E23° 54' 07.4" (kein Straßenn.). **max. WOMOs:** 1-2.

Ausstattung/Lage: Kleine, mit Gras bewachsene Parkfläche, im Schatten einer uralten, knorrigen Eiche. Picknickbank, Mülltonne, großer Aussichtsturm/außerorts.
Zufahrt: Ab der Straße nach Tõstamaa ausgeschildert (3,2 km Schotterweg).

WOMO-Wandertipp: Zur Küste bei Kastna nina

Ein schöner Wanderweg führt durch Wachholderheide zum Strand bei einer Feriensiedlung namens Kastna nina. Teils ist der Strand mit Findlingen übersät und von Wachholderbüschen umgeben. Ein herrliches Bild, das es zu genießen lohnt, egal ob man nun baden möchte oder nicht.

Am Parkplatz selbst und in dessen Nähe entdeckt man drei markante Eichen, die über 350 Jahre alt sein und früher den Fischern als Orientierungspunkte von der See aus gedient haben sollen. Hier lässt es sich gut verweilen, um die alten, knorrigen Bäume zu bewundern.

Unser nächster Ausflug eignet sich eher für kleinere und/und robuste WOMOs, da wir uns auf kleinen Schotterwegen und beim Stellplatz auf enges, etwas unwegsames Terrain begeben werden. Doch keine Bange! Sie können einfach der gut ausgebauten Durchgangsstraße folgen - wir treffen uns wieder. Und wenn Sie sich beim Stellplatz unsicher sind, probieren Sie einfach die Zufahrtswege zum Stellplatz zunächst zu Fuß aus. Im Zweifel können Sie auch beim verlassenen Fischerhafen stehen. Der Badestrand ist leider etwas steinig. Es gibt jedoch genug Sand zum Liegen.

Also dann - wenn die Entscheidung für einen Besuch bei unserem Badeplatz steht: 8 km weiter nordöstlich gabelt sich die Straße, wobei wir uns in einer Rechtskurve links ab Richtung „Saulepi linnutorn 3 km" halten. Versuchen Sie nicht, mit Ihrem WOMO den Leuchtturm zu erreichen - der Fahrweg ist dafür **nicht geeignet**. Eher dient er als nette Alternative für Ihren Abendspaziergang zum **Leuchtturm** oder gar als Wanderung hinaus zur **Landspitze Sõmeri poolsaar**. Wir dagegen entscheiden uns anders und legen einen Badetag am Strand ein. Mit dem WOMO halten wir uns rechts und steuern den alten Fischereihafen Matsi kalasadam an.

(193) WOMO-Badeplatz: Matsi kalasadam

GPS: N58° 21' 41.2" E23° 44' 42.7" (Matsi). **max. WOMOs:** 1-2.
Ausstattung/Lage: Schöner, mit Steinen durchsetzter Sandstrand nahe dem verlassenen Fischerhafen Matsi. Vorsicht auf der Zufahrt - enge, teils mit Rillen durchsetzte Zufahrt zu den Stellplätzen, teils mit Grillstellen im Wald.

Im Küstenbereich liegen einige Wracks von Fischerbooten, die von einer Sturmflut an Land geschleudert und zerstört worden sind. Heute mag das ein romantisches Bild abgeben - für die Betroffenen war es alles andere als das. Doch gegen die Naturgewalten ist der Einzelne halt machtlos.
Zufahrt: Von der Küstenstraße links ab, Ausschilderungen nach Matsi beachten. An der Gabelung rechts, nicht zum Leuchtturm (**unbefahrbar**). Nach dem erkennbaren, verlassenen Hafen noch etwa 250 m auf dem Schotterweg fahren, dann links ab zur Uferzone.

Nach gut 4 km ist die Straße von **Tõstamaa** her wieder erreicht, auf der gefahren ist, wer den Badeplatz auslässt.

Nun halten wir uns weiter über Raheste und Helmküla Richtung Nordwesten. Wir gelangen auf guter Strecke über Vatla und Nurmsi (dort links ab) zur Straße Nr. 10 Richtung **Virtsu**, wo wir das Festland Richtung Saaremaa verlassen werden.

Wenn Sie dagegen nochmals Lust haben, einen mit kleinen Schotterpisten gespickten Ausflug in einsame Küstenregionen mitzumachen, dann folgen sie mit uns der Küstenlinie. Wir fahren dann allerdings auf **unverschämt enger Fahrbahn** auf einem Damm nach **Virtsu**.

Unsere Ausschilderung weist 10 km nach Helmküla links Richtung **Pivarootsi/Hõpsalu** und führt zwischen zwei Naturschutzgebieten nordwärts. Knapp 5 km nach Pivarootsi weist das Schild Laelatu Visniit nach links auf einen noch schmaleren Schotterweg (max 8t und 2,40 m Breite). Mutig, wie wir sind, wagen wir das und hoffen, dass uns Gegenverkehr auf der allerdings kerzengeraden, übersichtlichen Strecke erspart bleibe. Offensichtlich waren wir brav - der Wunsch erfüllt sich. Die Aussicht auf dem Sträßchen ist aber auch grandios - die Piste verläuft meist kerzengerade vorwärts, bis wir nach Überquerung der Bucht links unten einen kleinen Parkplatz entdecken.

(194) WOMO-Stellplatz: Laelatu puisniit

GPS: N58° 34' 50.8" E23° 33' 51.5" (kein Straßenn.). **max. WOMOs:** 1.
Ausstattung/Lage: Kleine Parkfläche am Rand der (sehr engen!!!) Schotterstraße über den Verbindungsdamm. Müllcontainer/außerorts.
Zufahrt: Auf dem als Fahrradweg nach Virtsu ausgeschilderten, teils sehr schmalen und holprigen Schottersträßchen fahren. Auf dem Damm kurz vor der Abzweigung nach Virtsu befindet sich die nicht zu übesehende Parkfläche.

Sonstiges: Interessant vor allem für ornithologisch Interessierte - aber bitte nur mit WOMOs der Kompaktklasse. Die Straße bietet wenige Ausweichmöglichkeiten und ist teils nur in Fahrzeugbreite gebaut.

Wenig später ist eine Kreuzung erreicht. Nach links führt das Sträßchen zu einer ornithologischen Forschungsstation, wo man eine kleine Wanderung auf die Halbinsel machen kann.

(195) WOMO-Wanderparkplatz: Zoologisches/Botanisches Institut Puhtulait

GPS: N58° 33' 48.1" E23° 32' 54.4" (kein Straßenn.). **max. WOMOs:** 1.
Ausstattung/Lage: Kleine, teils mit Gras bewachsene Parkfläche, außerorts. Picknickstelle nach dem Zaun/Schranke - Wandermöglichkeit in die Uferzone (Informationstafel bei der Picknickbank).
Etwa 1,5 km Entfernung nach Virtsu (zu Fuß von dort ca. 30 Minuten, per Fahrrad ca. 5 Minuten).
Zufahrt: Ab der im vorigen Stellplatz beschriebenen Schotterstraße links ab, von Virtsu aus geradeaus ausgeschildert.

Rechts ab gelangt man über einen Vorort von Virtsu zur Hauptstrecke. Tanken Sie an der gegenüber liegenden Tankstelle auf alle Fälle nochmals voll, wenn Sie uns auf die Inseln folgen möchten. Denn dort ist das Tankstellennetz äußerst dünn.

In Virtsu lohnt sich ein Halt. Sehenswert ist nicht so sehr der Ort selbst, sondern das Automobilmuseum von Valeri Kirss.

(196) WOMO-Stellplatz: Automuseum Virtsu

GPS: N58° 35' 11.2" E23° 31' 48.1" (Virtsu/an d. 10). **max. WOMOs:** 2-3.
Ausstattung/Lage: Hof- und Wiesengelände rund um die Hofgebäude, in denen das Automuseum untergebracht ist. WOMO-Gäste sind Valeri Kirss gerne willkommen, auch für die Übernachtung, falls die Fähre nach Saaremaa erst am nächsten Tag gehen sollte.
Zufahrt: An der Durchgangsstraße/Ortseingang nach Virtsu gegenüber der Tankstelle.

Vansoidukite Virtsu Talumuuseum

Das Automobilmuseum (geöffnet 15.4-15.10. - Tel. +372/644 5487) beherbergt interessante Vehikel vergangener Tage, wie diesen sparsamen Wagen des Nikita Sergejewitsch Chruschtschow. Der Inhaber Valeri Kirss hat mit viel Liebe in tausenden Stunden Handarbeit zahlreiche Fahrzeuge restauriert. Mit dem kleinen BMW Dixi von 1931 konnte er im Sommer 2007 in Tallinn bei einem Oldtimertreffen glänzen. Sein Ziel ist es, aus jedem Jahrzehnt des Fahrzeugbaus ein Exemplar präsentieren zu können. Wenn Sie also noch ein passendes haben und es einer sinnvollen Verwendung zuführen möchten... (www.missestonia.ee/unicsenior).

Wenn Sie nun ein paar Tage Zeit und etwas Geld für die Fährpassagen auf die Inseln Muhu (Moon), Saaremaa (Ösel) und Hiiumaa (Dagö) investieren möchten, dann meiden Sie Freitagabend für die Überfahrt, denn da geht es hoch her.

Wenn nicht, umfahren Sie das Sumpf- und Vogelschutzgebiet **Matsalu rahvuspark**. Sie erreichen auf den Straßen A10 und 31 nach etwa 65 km Haapsalu (Hapsal - siehe Tour 15).

TOUR 14 (ca. 550 km / 3-6 Tage)

Muhu (Moon) - Saaremaa (Ösel) - Hiiumaa (Dagö)

Freie Übernachtung: Koguva, Orissaare, Maasi, Rannaküla, Angla, Kaali, Kuressaare, Keskranna, Järve Supelrand, Sääre, Ohessaare, Lõu laht, Söögimaja, Undva nina, Tagaranna, Panga, Tahukana, Trigi, Tovripatareid, Vanajõe, Kõpu, Ristna, Mangu rand, Tahkuna, Linnuvaatlustorn, Kassari.

Ver-/Entsorgung: Suure Töllu Puhkeküla, Kuressaare, Mändjala, Tehumardi.

Campingplätze: Suure Töllu Puh., Mändjala, Tehumardi.

Baden: Tovripatareid, Järve, Tahukana, Mangu rand.

Besichtigen: Museum Koguva, Mühlen in Angla, Karja Kirche, Meteoritenkrater Kaali, Kuressaare/Burg.

Wandern: Kaali, Koguva-Vahtnasadam, Sääre, Panga pank, Vanajõe.

Essen: Orissaare, Kaali, Söögimaja, Sassimaja.

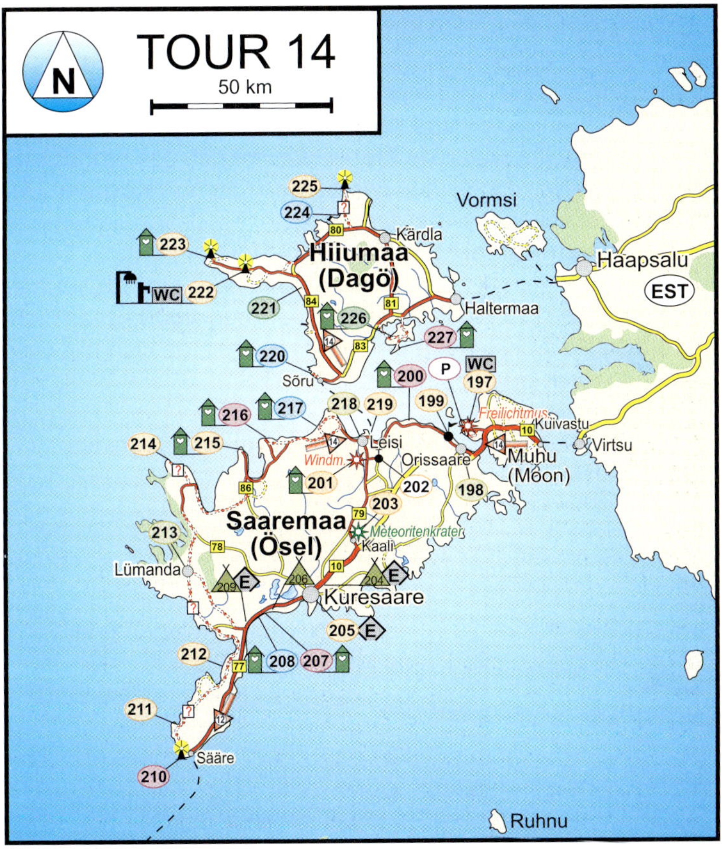

Die Insel Muhu (Moon)

Schon nach ca. einer halben Stunde nach dem Ablegen in **Virtsu** gehen wir schon wieder an Land. Vor uns liegt eine Tour über die drei großen estnischen Inseln mit ihrer herrlichen Natur, einer wechselvollen Geschichte und einem äußerst freundlichen Menschenschlag. Wie wir schon ausgangs der letzten Tour erwähnten, sind Sie hoffentlich nicht gerade an einem Freitagabend übergesetzt und mussten zuvor die Schlange vor der Fähre ertragen? Doch trösten Sie sich - selbst zum Wochenende hin, wenn halb Estland die Inseln zu überfallen scheint, verläuft sich die heranrollende Blechschlange dort erstaunlich schnell. Besser ist die Anreise jedoch unter der Woche.

Besonders **Muhu (Moon)** hat etwas darunter zu leiden, nur Durchgangsstation zu sein. Denn sehr viele Besucher sausen in **Kuivasto** von der Fähre und über die Insel hinweg nach Saaremaa. Dabei hat die kleinere Insel durchaus Aufmerksamkeit verdient, der Inselgröße zum Trotz. Nach 10 km sind wir im zentral gelegenen Ort **Liiva** angekommen. Wenn Sie Hunger verspüren, kann Ihnen hier geholfen werden. Der Ort bietet zwei Restaurants, wobei das Restaurant Aki korts kurz nach der (übrigens sehenswerten) Kirche aus dem 13. Jahrhundert noch einen kleinen Zeltplatz bietet. Der Parkplatz davor liegt an der Durchgangsstraße, was hier wörtlich zu verstehen ist.

So beschränken wir uns auf die Einkehr und den Einkauf und fahren weiter. Das nächste Ziel ist der Besuch des ethnografischen Museums im Westen der Insel im Örtchen **Koguva**. Der ganze Ort ist so sehenswert, dass ein guter Teil davon kurzerhand zum Museum gemacht wurde. Der Rest wird noch heute bewohnt, als sei die Zeit stehen geblieben. Der Museumsbesuch wird einige Zeit in Anspruch nehmen, möchte man nicht nur durch die Ausstellung hetzen. Gut, dass es sich auf dem Parkplatz auch bestens übernachten lässt.

X

(197) WOMO-Stellplatz: Muhu-Museum Koguva

GPS: N58° 35' 43.5" E23° 04' 58.4" (Koguva). **max. WOMOs:** 4-5.

Ausstattung/Lage: Große Parkfläche (asphaltiert) beim Freilichtmuseum/Ortsrand. WC und Mülleimer, Picknickbank, Souvenirstände.

Zufahrt: Von Liiva ein Stück Richtung Kuuresaare fahren, dann rechts ab ausgeschildert.

Das ethnografische Freilichtmuseum Koguva

Das Museumsdorf ist einen Abstecher zweifellos wert! Neben dem Hauptgebäude, das einen Eindruck vom Leben in Estlands Bauernhöfen früherer Tage gibt, stehen einige Nebengebäude zur Besichtigung offen. Besonders interessant fanden wir das Schulgebäude (hätten wir früher gedacht, ein Schulhaus in den Ferien anzuschauen?) und die Ausstellung estnischer Textilkunst.

Dort sind einige der bunten Trachten zu sehen. Und gerne geben die Damen vom Museum ergänzende Informationen. So lernen wir, weshalb die Röcke der hiesigen Trachten gelb gefärbt sind: Die Fischer des Dorfes hatten nach dem 1. Weltkrieg Minen und Munition zu beseitigen. Nach dem gefährlichen Tagwerk kamen sie häufig mit gelben Kleidern zurück, weil der Sprengstoff aus den auf See aufgesägten Waffen gelb war. Den Frauen schien die Farbe gefallen zu haben - fortan wurden ihre Trachten gelb eingefärbt.

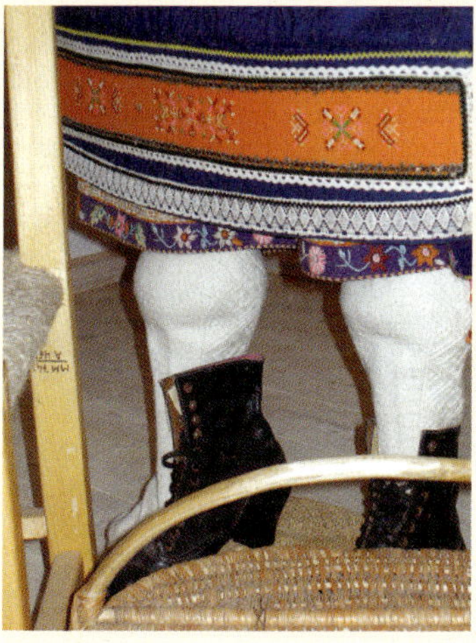

Ebenso erfahren wir, dass die Braut bei traditionellen Hochzeiten den Verwandten des frisch gebackenen Gatten etwas Gestricktes schenken sollte. Eine Dame des Ortes soll einmal 180 Personen zu beschenken gehabt haben. Da wusste sie wenigstens, was sie zur Ehevorbereitung zu tun hatte...

Doch nicht nur das - die gestrickten Strümpfe für die Damen hatten so aufgefüttert zu sein, dass ihre Waden recht kräftig ausgesehen haben. Schließlich sollte sie (so war das aus damaliger Sicht wenigstens) kräftig gebaut sein und den Anforderungen der täglichen Arbeit und der Kindererziehung gewachsen sein. Na wenn es dabei hilft, den Mann fürs Leben zu finden...

Wanderung zum Picknickplatz Vahtnasadam

Bevor wir weiterfahren, ist ein schöner Spaziergang angesagt. Die dem Museum benachbarte Windmühle sollte eigentlich nur in den Fotoapparat gebannt werden. Schon wird ein ausgedehnter Spaziergang auf der Schotterstraße in Richtung Rootsivere draus. Nach 2,2 km weist ein Schild zu einem Badeplatz. Wir wechseln auf einen feldwegartigen Weg und gelangen zu einer Grillstelle. Wenn Sie ein kleines, wendiges WOMO haben und mit einer ruhigen, dafür mit einer schlechten Zufahrt ausgestatteten Stellfläche zufrieden sind, könnten Sie den Weg auch mit einem kompakten WOMO wagen und hier nächtigen.

Anschließend fahren wir durch **Rootsivere** und freuen uns an den reetgedeckten Häusern des Dorfes, das - ähnlich wie das Museumsdorf - im Dornröschenschlaf zu schlummern scheint. Bald mündet die Schotterpiste in die Hauptstrecke.

Das Hofgut Pädaste

Pädaste wird oft als ein Höhepunkt des Inselaufenthaltes beschrieben, den man sich mit dem WOMO jedoch getrost sparen kann. Zwar ist es beeindruckend, was aus einem früher sehr heruntergekommenen herrschaftlichen Gut gemacht werden kann. Mit viel Aufwand wurde aus den verfallenen Gebäuden ein nobles Restaurant mit Hotelbetrieb und einem herrlichen Strandpark gezaubert.
Schön wäre es deshalb, einen Urlaubstag mit einem gepflegten Restaurantbesuch zu krönen. Weniger schön ist dann aber das Verbotsschild, wonach WOMOs dort nicht parken dürfen. Und dass unsere Rückfrage an der Rezeption ergibt, dass selbst zum Parken WOMOs nicht erwünscht seien, lässt uns gleich wieder aufbrechen. Hier scheint eine andere Klientel gewünscht ist zu sein. Vielleicht erkennen die Betreiber irgendwann ja auch, dass ein WOMO keine Konkurrenz für ihr Hotel ist, die darin reisenden Touristen aber sehr wohl auch gerne mal gut essen gehen. Da ist es nur gut, dass es Alternativen gibt, beispielsweise in Liiva, aber auch schon bald auf den beiden großen Inseln.

Die Insel Saaremaa (Ösel)

So lassen wir **Muhu** schneller hinter uns als geplant. Die Reise führt über den künstlichen Damm zur größeren Insel Saaremaa. An der ersten Abzweigung blinken wir rechts und fahren auf den ersten Ort **Orissaare** zu. Noch immer knurrt uns der Magen und die WOMO-Küche soll zur Feier des Tages kalt bleiben. Nach knapp 4 km sind wir am Ortseingang und halten uns rechts, um der Ausschilderung zum Hafen (sadam) zu folgen. So landen wir am Jachthafen - und siehe da: Dort gibt es das lang ersehnte Restaurant, wenn auch einer anderen Kategorie wie zuvor in Pädaste. Dafür ist es gemütlich, bietet eine herrliche Freiterrasse und obendrein leckere Fischgerichte. Anschließend besteht auf Anfrage beim deutsch sprechenden Personal die Gelegenheit, über Nacht im WOMO zu bleiben.

(198) WOMO-Gaststätte: Orissaare - Jachthafen

GPS: N58° 33' 45.1" E23° 05' 28.0" (Orissaare sadam). **max. WOMOs:** 2-3.

Ausstattung/Lage: Geschotterter Parkplatz, am Meer beim Jachthafen und dem Restaurant Kohvik Kalda, wo WOMO-Gäste nach der Einkehr für eine Übernachtung willkommen sind. Zusätzliches WC auch außerhalb der Gaststätte, Mülltonne. Sauna im Restaurant auf Anfrage.

Zufahrt: In Orissaare dem Schild „Sadam“ folgen.

Bevor Sie weiterfahren, sollten sie im Restaurant nachfragen, ob Sie einen Blick auf das alte hölzerne Fischerboot aus dem 16. Jh. werfen dürfen, das im benachbarten Schuppen aufbewahrt wird. Das ehedem 16 m lange und 5,50 m breite Boot gehört dem Estnischen Nationalmuseum und soll einmal der Grundstock für ein Fischereimuseum werden. Doch dazu fehlt es momentan noch an den nötigen Finanzierungsmitteln.

Auf der Weiterfahrt orientieren wir uns an der Ausschilderung nach **Leisi**. Auf dem Weg dorthin gibt es aber noch einiges zu entdecken und zu besichtigen. Kaum ist der Motor warm, liegt etwas rechts der Küstenstraße die historisch bedeutsame **Festung Maasilinn**, wo sich ein Halt lohnt.

Die Festung Maasilinn

Es handelt sich um eine sehenswerte Ruine der Ordensburg aus dem 13. Jahrhundert. Der zunächst unscheinbare Burghügel, der vom Schutzdach für die Ruine dominiert wird, entpuppt sich als interessantes Besichtigungsobjekt für Hobby-Burgenforscher. Man kann über düstere Treppen in die (gotischen) Gewölbe aus dem 13. Jh. einsteigen oder einfach nur den Blick über die Meerenge zwischen Muhu und

Saaremaa genießen. Schnell wird einem bewusst, weshalb die Burg genau hier errichtet wurde - der Überblick über die Meerenge zwischen den Inseln ist überwältigend.

Ihnen gefällt das so gut, dass Sie über Nacht bleiben möchten? Fragen Sie einfach an den Souvenirständen oder im benachbarten Hof nach, ob Sie (gegen eine geringe Gebühr) auf dem Parkplatz stehenbleiben dürfen.

(199) WOMO-Stellplatz: Maasilinn

GPS: N58° 34' 32.5" E23° 02' 09.8" (Maasi). **max. WOMOs:** 1-2.
Ausstattung/Lage: Parkplatz am Fuß der Ruine am flachen Ufer des Meeres. Mülltonnen, Bademöglichkeit, Kiosk und Souvenirstand in der Hauptsaison am Parkplatz. Platz eigentlich für Zelttouristen.
Zufahrt: An der Küstenstraße unübersehbar rechts ausgeschildert.

Der Fischerort **Rannaküla** erwartet Sie mit reetgedeckten Fischerhäusern etwa 12 km weiter nordwestlich. Auch hier gibt ein Parkplatz am Hafen die Gelegenheit zum Verweilen.

(200) WOMO-Picknickplatz: Rannaküla sadam (Hafen)

GPS: N58° 37' 15.9" E22° 51' 52.1" (Randküla sadam). **max. WOMOs:** 1-2.
Ausstattung/Lage: Parkplatz beim Fischerhafen, Picknicktisch/-bank und Grillstelle, Mülltonne und Trockentoilette. Baden nur bedingt (kein Sandstrand; am Rand der Hafenrinne oder ganz vorne am Meer flacher Zugang ins Wasser.
Zufahrt: An der Straße Orissaare-Leisi nach rechts ausgeschildert, Zufahrt 1 km auf Schotterweg. Beim Rangieren zu den Stellplätzen Vorsicht (kurvig, teils steil und überhängende Äste beachten).

Noch einmal 15 km liegen bis zur Abzweigung **Triigi sadam** vor uns. Den unterwegs recht neu eingerichteten Picknickplatz (GPS: 58° 35' 56.0" E22° 46' 19.9") konnten wir einer rauschenden Party wegen nicht erkunden, zumal die Lage nahe der Straße uns etwas unruhig erscheint.

Nach Triigi sadam kommen wir dann aber erst später zurück, wenn wir Saaremaa Richtung Hiiumaa verlassen werden. Zunächst halten wir uns Richtung **Leisi** und von dort nach links weiter nach Kuressaare. Bemerkenswert ist am Ortsausgang die **orthodoxe Kirche** rechts der Straße. Ansonsten haben die Schweden (daher der Name Ösel) in Form ihrer bunten, häufig falunfarbenen Holzhäuser zahlreiche schöne Spuren hinterlassen. Unser eigentliches Ziel heißt jedoch **Angla** - bekannt für seine fünf noch intakten Windmühlen.

(201) WOMO-Stellplatz: Windmühlen von Angla

GPS: N58° 31' 35.4" E22° 42' 01.5" (Angla). **max. WOMOs:** 1-2.
Ausstattung/Lage: Neu angelegter, asphaltierter Parkplatz neben den fünf alten Windmühlen. Trockentoilette, Mülleimer, Kiosk. Während unserer Recherche entsteht der Neubau für ein Restaurant - somit dürfte bald auch die Einkehr möglich werden.
Zufahrt: Rechts an der erwähnten Straße nicht zu übesehen.

Lassen Sie sich nach der Besichtigung der Mühlen, die früher zahlreich das Bild der ganzen Insel prägten, nicht dazu verführen, direkt nach Kuressaare zu fahren. Nehmen Sie das Sträßchen, das gegenüber Richtung **Karja** abzweigt. Dort erwartet Sie eine herrliche romanische Kirche aus dem 13. Jahrhundert.

Das Gotteshaus hat die Jahrhunderte und insbesondere die Sowjetzeit weitgehend unbeschadet überstanden. Die 2 km Zufahrt von den Mühlen aus lohnen sich.

Ihr WOMO kann während des Besuchs vor der Kirche warten (**GPS 202:** N58° 31' 23.2" E22° 43' 54.4"). Für die Nacht erscheint uns der Platz jedoch ungeeignet, da kein ausreichend großer Parkplatz zur Verfügung steht. Sollten Sie dennoch übernachten wollen, fragen Sie einfach das Personal.

Von Angla aus geht die Reise dann weiter in Richtung Kuressaare, jedoch auch jetzt nicht auf direktem Wege. Denn 17 km weiter südlich weist ein Schild auf die **Kaali metioriit kraater** hin. Selbstverständlich möchten wir das nicht auslassen, folgen dem Hinweis und stellen unser WOMO für die Nacht auf dem Parkplatz ab. Der Abend gehört der Einkehr im gegenüber liegenden Restaurant und der Morgen danach dem Spaziergang zu den Kratern.

(203) WOMO-Stellplatz: Meteoritenkrater von Kaali

GPS: N58° 22' 19.1" E22° 40' 21.8" (Kaali). **max. WOMOs:** 2-3.
Ausstattung/Lage: Asphaltierter Parkplatz neben dem Museum/Hotel bei den Meteoritenkratern/im Ort. Lebensmittelladen und Souvenirstände sind vorhanden. Im Restaurant gegenüber lässt es sich gemütlich und gut speisen - einem runden Urlaubstag steht also nichts im Wege.
Zufahrt: An der Straße Leisi-Kuressaare ausgeschildert, in den Ort fahren, dann an der Ortsdurchfahrt nicht zu übesehen.

Die Meteoritenkrater von Kaali

Ein gut ausgeschilderter, bequemer Fußweg führt zu den großen Meteoritenkratern, einer der berühmtesten Naturphänomene Estlands. Im benachbarten Museum (www.kaali.kylastuskeskus.ee, dort geringe Eintrittsgebühr) gibt es zusätzliche Informationen über die Entstehung der insgesamt 9 unterschiedlich großen Meteoritenkrater. Der größte Krater ist in 10 Minuten zu Fuß zu erreichen, misst 105-110 m bei einer Tiefe von rund 22 Metern. Der grün schimmernde Kratersee misst je nach Wasserstand zwischen 30 und 60 Meter Durchmesser. Entstanden ist das Ganze - wissenschaftlich belegt - durch einen Meteoriteneinschlag vor mindestens 4.000 Jahren. Die Masse des größten Meteoriten soll an die 10.000 t betragen haben. Die kleineren, 12 bis 40 m messenden Krater sind nur zum Teil zu Fuß erschlossen. Sie rühren von Bruchstücken her.

Damit dürften Legenden wissenschaftlich widerlegt sein, wonach der Einschlag die Vergeltung der Mutter Erde für eine Heirat unter Geschwistern gewesen sein soll. Aber wie hat uns Raul Salumäe vom Festungsmuseum wenig später im Museum in Kuressaare erklärt: Touristen möchten nicht unbedingt die Wahrheit, sondern einprägsame, ans Herz gehende oder grausige Geschichten hören...

Im Museum sind ein paar Reste des beim Aufschlag verglühten Himmelsgesteins zu besichtigen, ebenso ein großes Stück eines anderen Meteoriten aus Russland.

Von **Kaali** aus halten wir uns dann links, gelangen zur Autobahn 10 und auf dieser zügig in Richtung der Inselhauptstadt. Wenn Sie möchten, können Sie kurz vor der Stadt Ihr WOMO auch auf einem Campingplatz abstellen:

(204) WOMO-Campingplatz: Suure Töllu Puhkeküla

GPS: N58° 17' 02.2" E22° 32' 57.5" (an der 10) **Öffnungszeiten:** Ganzj.
Ausstattung/Lage: Großes Campinggelände mit asphaltierter Fläche für WOMOs, Restaurant, Angelmöglichkeit, Sauna, Bowlingbahn, Ver-/Entsorgung. www.suurtoll.ee
Zufahrt: Ausgeschildert an der A10 kurz vor Kuressaare.

Der Soldatenfriedhof von Kuressaare

Etwas weiter südlich erscheint es uns angebracht, auf die jüngere Geschichte hinzuweisen. Denn die Insel Saaremaa war im 2. Weltkrieg bis zuletzt Schauplatz erbitterter und verlustreicher Gefechte zwischen der Deutschen Wehrmacht und der Roten Armee, bis die Deutschen im Herbst 1944 den Landzipfel Sörve poolsaar aufgeben mussten. Tausende von Gefallenen beider Seiten ruhen nun auf dem Soldatenfriedhof bei Kuressaare - als Mahnung an die künftigen Generationen, für den Frieden einzustehen. Auch diesem Thema ist eine umfassende Ausstellung im historischen Museum in der Burg von Kuressaare gewidmet, wozu wir Sie natürlich auch gerne einladen.

Nach dem Kreisverkehr, an dem wir uns Richtung Zentrum (Kesklin) halten, ist nun endlich die Inselhauptstadt **Kuressaare (Arensburg)** erreicht. Zu allererst haben wir uns auch hier darum gekümmert, wo Sie Ihr WOMO am besten abstellen, um in Ruhe die Stadt anschauen zu können. Eine Möglichkeit ist natürlich die Nutzung des „offiziellen" WOMO-Stellplatzes.

(205) WOMO-Stellplatz: Kuressaare/Spa Hotell Meri

GPS: N58° 14' 52.7" E22° 28' 28.0" (Parsi tee). **max. WOMOs:** 10.

Ausstattung/Lage: Geräumiger Parkplatz mit Rasenstreifen in Sichtweite zur Festung; Stromanschluss, V/E-Möglichkeit (beides im Hotel bei Anmeldung anfragen). Im Hotel und in der Innenstadt mehrere Einkehrmöglichkeiten.

Zufahrt: In Kuressaare Richtung Schloss halten (Linnus), kurz vorher „Jabisadem City Harbour" durch die Pargistraße ausgeschildert. Der Stellplatz befindet sich dann neben dem Betonbau des Hotell Spa Meri.

Man findet auch in Nebenstraßen eine Parkbucht, wenn man nicht länger aufhalten möchte. Den Weg in die Stadt oder zur Burg bewältigt man vom Stellplatz aus in einer Viertelstunde. Außerdem ist der Blick zur Festung vom Stellplatz recht schön anzuschauen - nicht die schlechteste Stellplatzmöglichkeit in zentraler Lage also! Hauptattraktion von Kuressaare ist - neben der sehenswerten Altstadt - natürlich die Burg. Doch auch für die Innenstadt sollten Sie sich etwas Zeit nehmen, durch die gemütlichen Gassen schlendern und in einem der zahlreichen Restaurants und Cafés einkehren.

Die Bischofsburg Kuressaare (Arensburg)

Die Anlage ist eines der wertvollsten Baudenkmäler der Insel, zumal sie nahezu unversehrt die Jahrhunderte überdauert hat. Sie geht auf den Schwertbrüderorden zurück, der die Insel 1227 eroberte, zum Teil des Bistums Ösel-Wiek erhob und im 14. Jh. die Burg erbaute. Die erste urkundliche Erwähnung datiert von 1384. Wie die meisten Burgen wurden im Lauf der Jahrhunderte da und dort Verbesserungen und Anbauten vorgenommen. Doch es ist das Besondere hier, dass nahezu alles weitgehend unzerstört blieb, obwohl die Anlage mehrfach die Eigentümer wechselte. Sie war mal dänisch, mal schwedisch, mal russisch. Und lange Zeit war die Insel (wie das gesamte Baltikum) durch deutsche Adelsgeschlechter geprägt, was man hier vor Ort durchaus überwiegend positiv betrachtet - den Zeiten der Besatzung im 2. Weltkrieg und einigen negativen Erscheinungen zuvor zum Trotz. Dem war es auch zu verdanken, dass man in der vorsowjetischen Zeit gleichberechtigt die estnischen und deutschen Ortsnamen verwendete. Heute, nach der politischen Wende, besinnt man sich wieder darauf und beginnt, die deutschen Ortsnamen wieder zu erwähnen.

Für den Besucher interessant ist das Konventsgebäude, das ehemals administrative Zentrale der Insel war. Der Innenhof, das Refektorium, die Wachtürme, besonders der „Pikk Herman" (Langer Herrmann) und die mächtigen Außenmauern geben ein beachtliches Bild ab.
Heute beherbergt die Burg das historische Museum der „Ösel´schen Museumsgesellschaft", in dem der historische Leiter Raul Salumäe, den wir zuvor schon zitiert hatten, mit großem Sachverstand Exponate und Informationen zusammengestellt hat. Dabei wird die oben erwähnte wechselvolle Geschichte beleuchtet, besonders aber die Zeit der Okkupation durch die Deutschen, vor allem aber durch die sowjetische Besatzungsmacht. Öffnungszeit: In der Sommersaison (April-Sept.) tägl. 11-18 Uhr, ansonsten Mo/Di und feiertags geschlossen.

Unsere Reise führt nun entlang der Küste in südwestlicher Richtung. Ausgeschildert ist die 77 Richtung Sääre. Doch zuvor sollten Sie die Tankuhr anschauen und nochmals voll tanken. Auf der Weiterfahrt gibt es leider **keine weitere Tankstelle**, und auch auf Hiiumaa sieht es diesbezüglich dünn aus.

So starten wir am eingangs schon erwähnten Kreisverkehr. Die Küstenstraße bietet uns im Wechsel Campingplätze, aber auch schöne Badeplätze, wo man gut und gerne mal mit dem WOMO stehen kann, um sich den kühlen Fluten der Ostsee hinzugeben. Die erste Gelegenheit folgt schon nach 12 km unübersehbar links der Straße:

(206) WOMO-Campingplatz-Tipp: Mändjala Kämping

GPS: N58° 13' 04.7" E22° 19' 53.6" (an der 77). **Öffnungszeiten:** Mai-Sept.
Ausstattung/Lage: 15 ha großes Campinggelände im Kiefernwald entlang der Küste, Restaurant, Badestrand, Sauna, Stromanschluss. WOMOs sind hier eher in der Unterzahl. Aber der Platz bietet einen herrlichen Sandstrand und vieles mehr. www.mandjala.ee.
Zufahrt: Ausgeschildert an der 77 Kuressaare-Sääre.

Schon 2 km weiter folgen mehrere nette Alternativen für diejenigen, die einfach nur einen schönen Strandtag einlegen möchten.

(207) WOMO-Picknickplatz: Keskranna Telkmine

GPS: N58° 12' 14.5" E22° 17' 37.9" (an der 77). **max. WOMOs:** 4-5.
Ausstattung/Lage: Als Zelt- und Picknickplatz ausgewiesenes Gelände mit Picknick- und Grillstellen, Trockentoiletten, Volleyball- und Spielplatz, Brunnen, Stromanschluss (teilweise), geringe Gebühr/außerorts.
Zufahrt: An der 77 Kuressaare-Sääre direkt bei der Bushaltestelle Keskranna rechts ausgeschildert.

(208) WOMO-Badeplatz: Järve Supelrand/Ranna

GPS: N58° 11' 52.3" E22° 17' 05.9" (an der 77). **max. WOMOs:** 2-3.
Ausstattung/Lage: Geschotterte Parkfläche, Mülleimer, Volleyball, Picknickbank, Trockentoilette, direkter Zugang zum Sandstrand/außerorts.
Zufahrt: An der 77 Kuressaare-Sääre, links bald nach Keskranna.

Kaum wieder auf der 77, wirbt auf der dem Meer abgewandten rechten Seite ein moderner Campingplatz mit einer großen Hinweistafel um Gäste.

(209) WOMO-Campingplatz-Tipp: Tehumardi

GPS: N58° 10' 48.2" E22° 15' 10.4" (an der 77). **Öffnungszeiten:** Ganzj. **Ausstattung/Lage:** Gut ausgestatteter Campingplatz im Südwesten von Saaremaa, Restaurant, Sauna, Grillstellen, Animation, Zugang zum Sandstrand in Fußwegnähe, Ver-/Entsorgung. www.tehumardi.ee
Zufahrt: Ausgeschildert an der 77 Kuressaare-Sääre.

Damit ist gesichert, dass jeder an diesem Küstenabschnitt findet, was er sucht. Die Badefreuden sind gesichert, für Freunde freier Übernachtungen ebenso wie für diejenigen, die Campingplätze bevorzugen. Kurz nach dem Campingplatz erinnert uns ein abgebrochenes Schwert an das Grauen der Schlachten vom Herbst 1944, als die Rote Armee die Deutschen auf die Halbinsel **Sõrve** zurückdrängte.

Hier steht für uns die Entscheidung über die Weiterfahrt an. Die Hauptroute führt 200 m nach der Ausfahrt vom Campingplatz über **Lõmala** Richtung **Lümanda** an die Westküste der Insel. Es sei denn, Sie folgen uns auf dem folgenden Ausflug und wir treffen uns später zur Einkehr in Lümanda wieder:

Ausflug auf die Halbinsel Sõrve

Die ersten 25 km verlaufen durch eine karge Landschaft. Dennoch ist es eine schöne Fahrt, bis uns ein Schild links ab den Weg in den Ort **Mõntu** weist. Wenn Sie 3 km später nochmals links ab fahren, landen Sie am Fährhafen **Mõntu**, wo früher die Fähre von oder nach Ventspils in Lettland anlegte, die (vorläufig?) Opfer der Finanzkrise wurde.
Die Landspitze, auf der die letzten Kriegshandlungen im Herbst 1944 stattgefunden hatten, ist 5 km später erreicht. Ein Mahnmal an der Gabelung macht darauf aufmerksam, was hier geschehen ist. Je ein Denkmal mit deutscher und russischer Inschrift erinnern daran, was die Soldaten erleiden mussten. Am Randstreifen kann man mit dem WOMO halten oder parken, um an der Stätte der letzten Schlacht auf estni-

schem Boden innezuhalten (**GPS:** N57° 55' 02.5" E22° 03' 47.8", Gedenkstein Sworbe). Die Stätte ist mit Wacholderbüschen rings herum bewachsen.
Es besteht ein Strandzugang (Kiesstrand), doch Vorsicht: Stacheldraht und sonstige rostige Gegenstände liegen herum - die Landspitze war auch zu Sowjetzeiten Militärgebiet.
Hält man sich an der Gabelung links, fährt man am Kiesstrand entlang bis zum Leuchtturm an der Landspitze, wo nicht nur ein Museum, sondern auch ein Restaurant auf Besucher warten.

(210) WOMO-Picknickplatz: Leuchtturm Sääre

GPS: N57° 54' 41.2" E22° 03' 21.5" (Sääre). **max. WOMOs:** 1-2.
Ausstattung/Lage: Kleine Parkfläche, Mülleimer, Picknickbank, Infotafel, Restaurant Sääre Pargu benachbart, dort auch Wasser (auf Anfrage gegen geringen Obolus) und WC/außerorts.
Zufahrt: Straße 77 bis Sääre und dann links ab Richtung Leuchtturm.
Vor der Weiterfahrt kann man, ja sollte vielleicht sogar, bei gutem Wetter auf der Kiesbank bis ganz ans Ende wandern und die von zwei Seiten heranrollenden Wellen beobachten.

Fährt man beim Mahnmal links ab, folgt gleich die Zufahrt zu einer Militärausstellung (Ausschilderung: Ajalotuba). Doch nach den Gedanken an die Kriegshandlungen und die anschließende sowjetische Besatzung haben wir genug davon und fahren weiter.
Gut 10 km weiter nördlich folgt links ein Parkplatz mit einem weit erfreulicheren Thema. Die aus Kies bestehende Küste hat zahllose Reisende dazu bewogen, mit viel Hingabe ein Steinmännchen zu bauen. Schön, dass die Leute noch die Muße dazu haben - also tun wir das auch.

(211) WOMO-Stellplatz: Ohessaare

GPS: N57° 59' 23.2" E22° 01' 08.2" (kein Straßenn.)
max. WOMOs: 1-2.
Ausstattung/Lage: Kleine, geschotterte Parkfläche zwischen Straße und Kiesstrand. Viele Steinmännchen laden ein, vermehrt zu werden.
Zufahrt: An der Straße zwischen Sääre nach Jämaja.

Kurz nach dem Stellplatz grüßt eine Windmühle herüber. Wir können 2 km später mit einer Staubfahne zurückwinken, die unsere Räder von der Schotterpiste aufwirbelt, welche uns an der Westküste nordwärts führt. Die kleine Halbinsel schneiden wir ab und gelangen an der Bucht **Lõu laht** wieder ans Meer. Die Küste ist hier nur an wenigen Stellen zum Baden geeignet. Entweder es gibt viel Schilf oder viele Felsen. Doch landschaftlich ist es sehr schön. Es begleitet uns eine Heidelandschaft mit stetigem Wechsel zwischen Wald und Wiesen. Da und dort stehen schöne, teilweise reetgedeckte Holzhäuser am Straßenrand.

(212) WOMO-Stellplatz: Lõu laht

GPS: N58° 06' 38.2" E22° 11' 01.5" (kein Straßenn.). **max. WOMOs:** 1.
Ausstattung/Lage: Kleine, geschotterte Parkfläche hinter einem Hügel zwischen Straße und Strand.
Zufahrt: Direkt an der Straße zwischen Sääre nach Jämaja, etwa 7 km nachdem man an der Bucht angekommen ist.
Sonstiges: Draußen auf dem Meer ist ein gestrandetes Schiffswrack zu sehen. Tolle Aussicht von der erhöhten Küste.

Bald sind wir wieder an der Hauptroute und verlassen die Küste landeinwärts über **Tiirimetsa** und von dort aus weiter in nördlicher Richtung bis **Lümanda**. Schließlich hatten wir Ihnen versprochen, da und dort eine nette Einkehrmöglichkeit zu suchen. Im Ort, direkt nach dem orthodoxen Kirchlein, sind wir am Ziel. Ein urgemütliches Restaurant, wo Sie mit viel Liebe bewirtet und bekocht werden, erwartet Sie. Und wenn es ein Bierchen mehr sein soll, steht einer Übernachtung auf dem nachts verschlossenen Hof direkt vor der Tür nichts im Wege.

(213) WOMO-Gaststätte: Söögimaja, Lümanda

GPS: N58° 17' 20.7" E22° 01' 30.4" (kein Straßenn.). **max. WOMOs:** 1-2.
Ausstattung/Lage: Günstige, bodenständige estnische Küche mit Fleisch- und Fischgerichten. Übernachtung auf dem Parkplatz im schön angelegten Garten auf Anfrage nach Einkehr; zustätzliche Trockentoilette im Außenbereich. Tel. +372/457 6493.

Zufahrt: Von Kuressaare her auf der 77 bis zur Abzweigung nach Lümanda kurz nach dem Tehumardi Campingplatz. Dann 3 km auf Asphalt bis Tiirimetsa, wo sich die Route mit derjenigen von Sääre her trifft. Nun nordwärts auf Schotterstraße bis Lümanda (ausgeschildert). An der Einmündung bei Ortseinfahrt rechts ab, nach 250 m die Kirche, direkt danach Einfahrt in den Hof der Gaststätte.

Kurz nach der Ortsausfahrt machen wir - interessanterweise bei allen unseren Besuchen eine ähnliche Szene - Halt, um Kranichen beim Rasten zuzusehen. Die scheuen Vögel grasen auf einer Wiese und fressen sich die Energie für den baldigen Flug ins Winterquartier an.

Für uns stehen drei schöne Abstecher in die nördliche, steile Küstenregion der Insel Saaremaa an. Jeder hat seinen eigenen Charakter. Auch für Sie ist sicherlich das Richtige dabei. Zunächst haben wir etwas für diejenigen, die gerne naturnah auf einer Steilküste der Brandung und den Schreien der Seevögel zuhören. Die Zufahrt von **Kihelkonna** aus führt ein Stück über Schotter, dann weiter auf Asphalt bis **Tagamõisa**.

(214) WOMO-Stellplatz: Undva nina

GPS: N58° 31' 00.0" E21° 55' 02.9" (kein Straßenn.). **max. WOMOs:** 2-3.

Ausstattung/Lage: Geschotterte Parkfläche direkt am Kiesstrand - tolle Aussicht!
Zufahrt: Schotterstraße von Tagamõisa Richtung Undva, dann weiter bis zur Schiffsradaranlage.
Sonstiges: Sandbänke mit zahlreichen Seevögeln in Sichtweite.

Zurück geht es über **Tagamõisa**, das arg heruntergekommene **Veere** und von dort aus wieder auf Asphalt bis **Pidula**, wo sich unsere Wege mit denen treffen, die statt des Ausflugs in die Küsteneinsamkeit eher einen netten Fischerort bevorzugen. Wir fahren weiter in nordöstlicher Richtung bis **Mustjala** und weiter nach Norden bis **Tagaranna**.

(215) WOMO-Stellplatz: Tagaranna

GPS: N58° 32' 41.6" E22° 13' 04.7" (kein Straßenn.). **max. WOMOs:** 2-3.

Ausstattung/Lage: Trockentoilette neben asph. Parkplatz im Fischerdorf, das allerdings heute eher Feriensiedlung ist.
Zufahrt: Von Mustjala ausgeschildert, bis zum Fahrverbot/Parkplatz.
Sonstiges: Wenige Meter entfernt können Sie Ihren Abendspaziergang zur Gedenkstätte für die Opfer der Estonia-Katastrophe machen (auf Fahrweg zum Denkmal).

Vom schönen Stellplatz aus haben wir einen tollen Blick über die Bucht auf die gegenüber liegende Steilküste. Klar, dass wir uns das näher anschauen und sehen möchten, ob nicht auch dort ein netter Stellplatz für Sie gefunden ist. Davor liegen jedoch 9 km Küstenstrecke bis Mustjala und von dort links ab nochmals teilweise eine Schotterstraße bis **Võhma**, von wo es auf der 86 nordwärts zum großen Stellplatz weitergeht.

(216) WOMO-Picknickplatz: Panga Pank

GPS: N58° 34' 10.5" E22° 17' 24.6" (kein Straßenn.). **max. WOMOs:** 3-4.

Ausstattung/Lage: Geschotterte leicht schräge Parkfläche oberhalb der Steilküste, Picknickbänke z. T. überdacht, Mülleimer, Trockentoilette, Souvenir- und Getränkeverkauf/außerorts. **Zufahrt:** Ausgeschildert von Võhma nach Panga, von dort 1,5 km neu angelegte Piste (ausgeschildert).

Die Steilküste von Panga

Die Landzunge ragt steil bis zu 21 m aus der Ostsee empor. Sie besteht aus jahrmillionenalten Sedimentschichten. Die Steilküste steht seit 1959 unter Naturschutz. Vom Parkplatz aus führt ein bequemer Wanderweg an der Abbruchkante entlang, den wir eine Stunde lang erwandern, um dann jedoch umzukehren. Das Meer auf der einen und ein stellenweise traumhaft schöner Wald auf der anderen Seite zeichnen diese Tour aus. An den Souvenirständen können Sie übrigens Mitbringsel aus Dolomit erstehen, estnischen Honig oder typische Holzarbeiten.

Nun heißt es, von **Panga** aus der Ausschilderung nach **Leisi** zu folgen. Kurz nach dem Ort dürfen wir wieder 10 km Schotterbelag genießen, um nach weiteren 7 km den Badefreuden zu frönen, indem wir der Ausschilderung nach **Pammana** folgen:

(217) WOMO-Badeplatz: Tahukana Puhkekoht

GPS: N58° 35' 30.5" E22° 30' 41.0" (kein Straßenn.). **max. WOMOs:** 1-2. **Ausstattung/Lage:** Geschotterte Parkfläche im Wald, Picknickbänke überdacht, Mülleimer, Trockentoilette; Fußweg zum Strand/außerorts. **Zufahrt:** Ausgeschildert von der Straße von Metsküla nach Pammana mit einem Schild „Badeplatz" 1,2 km.

Bald ist **Leisi** und von dort aus **Triigi** erreicht. Nun ist vielleicht etwas Wartezeit bis zur Abfahrt der **Fähre nach Hiiumaa** zu überbrücken. Gegen den Hunger oder einfach für einen gemütlichen Kaffee bis zur Überfahrt nach Hiiumaa hilft

Ihnen die Einkehr in der **WOMO-Gaststätte Sassimaja** in **Leisi** (**GPS 218:** N58° 34' 20.3" E22° 40' 56.6", Übernachtung auf Anfrage nach Einkehr). Die Tourist Information ist im gleichen Gebäude, ein Lebensmittelladen und die Post gegenüber, falls Sie die Zeit ganz altmodisch mit Postkarten schreiben tot schlagen möchten. Natürlich bietet sich das Warten auf dem Parkplatz beim Fährhafen an oder der Picknickplatz kurz davor:

(219) WOMO-Stellplatz: Triigi sadam (Hafen)

GPS: N58° 35' 28.5" E22° 43' 00.7" (Triigi sadam). **max. WOMOs:** 1-2.
Ausstattung/Lage: Betonierte Parkfläche rechts neben der Fahrbahn beim Fähranleger hinüber nach Hiiumaa.
Zufahrt: An der Straße von Leisi Richtung Orissaare ausgeschildert.

Die Insel Hiiumaa (Dagö)

Die Überfahrt (nur Barzahlung!) erfolgte bei bestem Wetter. Nun stehen wir am Hafen von **Sõru** und überlegen, ob wir auf die Nacht nicht auf dem Parkplatz bei der Hafenzufahrt bleiben sollen. Das wäre angesichts der Picknickbänke keine schlechte Idee, aber es zieht uns weiter. Gut 3 km westlich wartet ein Platz bei einem Leuchtturm sowie ein Badeplatz, den wir beim Abendspaziergang mit Sonnenuntergang genießen können.

(220) WOMO-Badeplatz: Tovripatareid

GPS: N58° 42' 34.6" E22° 29' 06.5" (kein Straßenn.). **max. WOMOs:** 1-2.

Ausstattung/ Lage: Parkplatz im Kiefernwald nahe dem Sandstrand, flaches Wasser, Trockentoilette, Mülltonne, Umkleidekabine/ außerorts.
Zufahrt: An der Einmündung beim Fährhafen links abbiegen, bis ein braunes Schild (Tovripatareid) links zu den zwei Leuchttürmen weist. Erste Stellplatzmöglichkeit (sehr klein, aber schön) beim zweiten Turm (1 WOMO - **GPS**: N58° 42' 14.5" E22° 29' 10.7"). Ein größerer Parkplatz steht beim Badeplatz zur Verfügung, zu dem man 700 m weiter links abbiegt. Der letzte Teil der Zufahrt ist ein teils enger Schotterweg (Vorsicht für WOMOs > 3,5 t/> ca, 7 m Länge, teilweise überhängende Äste).

Nun heißt es zurück zum Fährhafen, dann am ersten Kreisel links und anschließend zur 84 Richtung **Kõpu** zu fahren. Diese Strecke führt entlang der Küste nordwärts. Wir folgen ihr 22,4 km, bis ein braunes Schild links in den Wald weist, wo uns ein herrlicher Naturpfad erwartet.

(221) WOMO-Wanderparkplatz: Vanajõe org

GPS: N58° 53' 07.6" E22° 26' 09.7" (kein Straßenn.). **max. WOMOs:** 1-2.
Ausstattung/Lage: Geschotterte Parkfläche, Picknickbänke überdacht, Grillstelle, Mülleimer, Wanderpfad/Naturpfad am Flusslauf/außerorts.
Zufahrt: Ausgeschildert von der Straße 84, von da aus ca. 600 m zum Parkplatz, enger, aber gut befahrbarer Schotterweg.

WOMO-Wandertipp: Naturpfad Vanajõe org

Für den interessanten Naturpfad sollten Sie sich etwa eine Stunde Zeit nehmen, um ggf. auch Tiere beobachten zu können. Denn hier ist eines der Gebiete, wo die Uni Tallinn versucht, den europäischen Nerz in natürlicher Umgebung wieder heimisch zu machen. Der naturnahe, in den Schwemmsand gegrabene Bachlauf und der Urwald ringsherum bieten den Tieren ein gutes Umfeld.
Davon abgesehen - Beerenliebhaber werden den Heidelbeeren wohl kaum widerstehen können...

Nach 4 km folgt die Abzweigung rechts ab in die Inselhauptstadt Kärdla. Links ab liegt die Halbinsel **Kõpu** vor uns, wo wir zwei alte, schöne Leuchttürme aufsuchen werden. Wenn Sie möchten, folgen Sie uns auf die einen Ausflug dorthin.

Wären wir der estnischen Sprache mächtig, könnten wir an der Straßenböschung die vielleicht längste Hochzeitszeitung der Welt lesen. Offensichtlich ist es beliebt hier, dass junge Pärchen mit Steinen eine Liebesbotschaft für den oder die Liebste auslegen. So sind die 10 km bis zur Ortseinfahrt Kõpu kurzweilig, wo wir die kurze Zufahrt zum Leuchtturm rechts ab nicht verpassen dürfen.

Der **Leuchtturm von Kõpu** ist der älteste noch genutzte seiner Art auf Hiiumaa und ragt 36 m über den 68 m hohen Hügel Tornimäe hinaus. Das Bauwerk gibt den Seefahrern seit 1531 einen Orientierungspunkt. Bis ins 19. Jh. wurde er mit Holz befeuert, dann mit Öllampen, und seit 1940 ist er elektrifiziert. Der Ausblick von der Plattform ist umwerfend - es lohnt sich also, ein paar Kronen und etwas Kraft zu investieren.

(222) WOMO-Stellplatz: Kõpu Leuchtturm

GPS: N58° 54' 56.8" E22° 12' 05.2" (Mägipe). **max. WOMOs:** 2-3.
Ausstattung/Lage: Großzügige, geschotterte Parkfläche wenige Schritte vom Leuchtturm entfernt, außerorts. Picknickbänke und Grillstellen wenig entfernt. Auf Anfrage Wasserentnahme am Sanitärgebäude des angeschlossenen Zeltplatzes (Rückseite des Gebäudes Wasserhahn). WC/Dusche gegen geringe Gebühr. Gleiches gilt für den Internetzugang im Kassenbüro und für die Besteigung des Leuchtturms. In der Poststelle erhalten Sie auf Wunsch einen Sonderstempel auf Ihre Postkarten an die Lieben zu Hause. Und im Café können Sie sich mit einfachen Speisen/Getränken und Kaffee/Kuchen stärken. Tel. +372/ 469 3474, Mail: kopu.tuletorn@mail.ee.
Zufahrt: Ab der Straße 84 gut ausgeschildert (600 m auf Asphalt).
Sonstiges: Öffnungszeit des Cafés und der Besichtigung des Turmes Mai bis Mitte September, tgl. 10-20 Uhr.

Auch die westliche Landspitze bietet einen schönen, alten Leuchtturm. Er wurde 1874 aus Eisen errichtet, das man aus Frankreich importierte. Auch dort erwartet Sie ein Stellplatz, ein Restaurant und wenn Sie es möchten ein Campingplatz.

(223) WOMO-Stellplatz: Ristna - Leuchtturm

GPS: N58° 56' 26.4" E22° 03' 23.6" (Kalana). **max. WOMOs:** 1-2.
Ausstattung/Lage: Geschotterte Parkfläche beim Leuchtturm, Trockentoilette, Mülltonne/außerorts. Beim Leuchtturm Restaurant Baron (Öffnung Mai-Mitte Sept.). Besteigung des Leuchtturms gegen geringe Gebühr, zu bezahlen im Café.
Zufahrt: Ab Kõpu auf der Asphaltstrecke weiterfahren. Die Straße geht später in eine gut befahrbare, breite Schotterpiste über, bis der Leuchtturm mit einem braunen Schild gut ausgeschildert ist. Von da an - jetzt etwas enger - bis zum Parkplatz.

Kurz vor dem Leuchtturm ist ein „Surfparadiis" ausgeschildert. Wer also diesem Wassersport zugetan ist, für den ist der Platz direkt an der Landspitze sicher ein guter Geheimtipp. Die Halbinsel verlässt man auf dem gleichen Wege, wie zuvor und gelangt an die Abzweigung Richtung Kärdla.

Jetzt fehlt uns noch der dritte im Bunde der historischen Leuchttürme. Wir nehmen ein Stück Schotterstraße in Kauf und fahren über **Luidja** an die Küste und auf der 80 über **Kõrgessaare**, bis 2 km nach dem Weiler **Reigi** die Abzweigung nach **Malvaste** links ab folgt. Den Ort lassen wir rechts liegen und fahren zur Landspitze, wobei unterwegs noch ein Schild auf einen lohnenden Badeplatz hinweist.

(224) WOMO-Badeplatz: Mangu rand

GPS: N59° 02' 09.9" E22° 34' 48.8" (kein Straßenn.). **max. WOMOs:** 1-2.

Ausstattung/Lage: Geschotterte Parkfläche am Waldrand, Mülleimer, direkter Zugang zum schönen, breiten Sandstrand/außerorts.

Zufahrt: An der Straße zur Landspitze Tahkuna links ab mit Badeplatz-Piktogramm gut ausgeschildert. Zufahrt auf schmalem, etwas holprigem Schotterweg durch den Wald. Deshalb nicht für größere WOMOs.

(225) WOMO-Stellplatz: Tahkuna - Leuchtturm

GPS: N59° 05' 26.0" E22° 35' 12.8" (kein Straßenn.). **max. WOMOs:** 1-2.

Ausstattung/Lage: Geschotterte Parkfläche beim Leuchtturm, Mülltonne/außerorts.

Zufahrt: Ab der Straße Richtung Kärdla zunächst weiter auf Asphalt der Ausschilderung folgen. Die Straße geht später in eine gut befahrbare, breite Schotterpiste über, bis der Leuchtturm erreicht ist.

Der Leuchtturm Tahkuna

Vom Parkplatz sind es nur wenige Schritte zum stählernen Leuchtturm aus dem Jahr 1875. Besteigung des 42,7 m hohen Turmes Mai-Mitte Sept. tägl. 10-19 Uhr gegen geringe Gebühr.

Etwas weiter draußen liegt eine Gedenkstätte, die nachdenklich stimmt. Sie ist besonders den Kindern unter den Opfern der Estonia-Katastrophe am 28.9.1994 gewidmet. Die Landspitze ist der Punkt Estlands, welcher der Untergangsstelle am nächsten liegt. Es bleibt abzuwarten, ob und wann die näheren Umstände des Untergangs geklärt werden können. Bis dahin liegt die Wahrheit wohl im Nebel verborgen - passend zum überraschenden Sommernebel bei unserer Recherche.

Darüber hinaus können Sie kurz vor dem Leuchtturm oder auf dem Rückweg Station bei den Befestigungsanlagen der Roten Armee aus dem 2. Weltkrieg Station machen und die seit 1995 verlassenen Militäranlagen auf eigene Faust erkunden.

Auf der 80 ist es nun nicht mehr weit in den Inselhauptort **Kärdla**. Dort hatte die Adelsfamilie Ungern-Sternberg früh dafür gesorgt, dass die Bevölkerung in Lohn und Brot stand. Der Familie wurde gar ein Denkmal gesetzt, obwohl einer ihrer Vertreter mit zweifelhaften Methoden über die Untergebenen Arbeiter regiert hatten und sich gar der Piraterie hingab. Trotzdem hat die Insel der Familie viel zu verdanken und der Bösewicht in Sibirien seine gerechte Strafe erhalten.

Nicht weit vom Denkmal für die Tuchfabrik liegt ein schöner Badestrand, der uns für die Nacht aber etwas unruhig erscheint, weil er als Jugendtreffpunkt dient (übrigens mit Hundeverbot). Deshalb sausen wir über die 81 in den Süden von Hiiumaa, wo wir die 83 erreichen und zunächst ein Stück Richtung Emmaste fahren. Nach gut 4 km aber weist ein Schild links ab Richtung **Kassari**. Hier steht dem Besucher ein imposantes Naturschauspiel bevor, wenn man vom Stellplatz aus in wenigen Minuten zum Vogelbeobachtungsturm geht.

(226) WOMO-Wanderparkplatz: Linnuvaatlustorn

GPS: N58° 47' 42.0" E22° 46' 17.2" (kein Straßenn.). **max. WOMOs:** 1.
Ausstattung/Lage: Kleine, geschotterte Parkfläche. Vogelbeobachtungsturm wenige Gehminuten entfernt - Wandermöglichkeit in die Uferzone des Kaina Sees (Informationstafel beim Beobachtungsturm, wo Ferngläser verliehen werden), Trockentoilette/außerorts.
Zufahrt: Mit braunem Hinweisschild ab der Inselzufahrt auf dem westlichen Damm zur Insel Kassari (kurz nach Nasva).
Sonstiges: Wir beobachten hier mit dem Feldstecher zahlreiche Vögel, unter anderem Seeadler. Wer möchte, kann einen Naturpfad entlang des Seeufers wandern (ca. 1 Std.). Mückenschutz empfehlenswert!

Ein weiterer, schöner Stellplatz ist südlich von Kassari zu finden, wo uns eine herrliche Strandwanderung zur schmalen Landzunge bevorsteht, die weit in die Ostsee hinaus reicht.

(227) WOMO-Picknickplatz: Kassari säär

GPS: N58° 46' 12.2" E22° 48' 56.0" (kein Straßenn.) **max. WOMOs:** 1-2.
Ausstattung/Lage: Geschotterte Parkfläche bei einer Wachholderheide, Picknickbänke, Trockentoilette, Mülleimer, Naturpfad auf der Landzunge Kassari Sääretirp/außerorts.

Zufahrt: Ausgeschildert von der Straße Richtung Kassari in östlicher Richtung fahrend rechts ab. An der ersten Gabelung links, an der zweiten geradeaus halten. Letzte 400 m auf Schotter.

Wanderung zur Landspitze von Kassari

Für den Naturpfad bis zur äußersten Spitze der Landzunge Sääretirp benötigen Sie ca. 1 1/4 Std. reine Gehzeit (hin und zurück) auf bequemem Schotterweg, der durch eine schöne Wachholderheide führt. Das letzte Stück wird dann vegetationslos und endet im Wasser der Ostsee.

Als letzte Station auf den Inseln nehmen wir uns das Gut der Ungern-Sternbergs, das Hofgut **Suuremõisa (Großenhof)** vor. Heute beherbergt es eine Schule und kann deshalb nur eingeschränkt besichtigt werden, was dem Haus zwar viel von seinem Glanz kostete, es jedoch auch während der Sowjetzeit in seiner Substanz erhalten hat. Das Gut gilt dennoch als eines der schönsten Barockschlösser Estlands. Im Schlosspark können sie einen gemütlichen, ausgedehnten Spaziergang machen (Infotafel mit Wegplan neben dem Schlossteich). Interessant ist auch der Friedhof bei der nahen Kirche, wo sich die Familiengräber der Ungern-Sternbergs befinden.

Nun heißt es Abschied zu nehmen von den Inseln. Bald ist der Fährhafen **Heltermaa** erreicht, wo wir uns in die auf die Fähre wartende Schlange einreihen, um nach **Rohuküla** und **Haapsalu (Hapsal)** überzusetzen. Wir wünschen auch Ihnen eine gute, ruhige Überfahrt!

TOUR 15 (ca. 200 km / 3-5 Tage)

Haapsalu - Padise Paldiski - Tallinn - Jägala jogi

Freie Übernachtung:	Haapsalu (2x), Padise, Pakrineem Leuchtturm, Meremoisa telkimisala, Tallinn, Jägala.
Ver-/Entsorgung:	Pirita und City Camping in Tallinn.
Campingplätze:	Pirita sadama kämping, Tallinn City Camping.
Baden:	Haapsalu, Meremoisa telkimisala, Jägala.
Besichtigen:	Eisenbahnmuseum, Burg und Altstadt Haapsalu, Klosterruine Padise, Estnisches Freilichtmuseum, Tallinn (Reval).
Essen:	Haapsalu/Hermaanse maja, Padise, in Tallinn u. a. Olde Hansa, Pirita/Olympiazentrum.

Eine Überfahrt von 1 1/2 Stunden bei bestem Wetter an Deck des stattlichen Fährschiffes St. Ola liegt hinter uns. Kaum liegt der Fährort **Rohuküla** hinter uns, bewundern wir rechts die Ruine **Schloss Lindenhof (Ungru)**. Das Ende des 19. Jh.

errichtete Bauwerk durfte der Bauherr Evald Adam Gustav Paul Constantin von Ungern-Sternberg nie bewohnen. Er erlebte die Fertigstellung nicht. Lediglich sein Leichnam durfte eine Nacht hier verbringen. In der Nachkriegszeit wurde das Haus von Einheimischen und Militärs eingerissen und für andere Gebäude Baustoffe entnommen.

Nach einem kurzen Halt und der Besichtigung der Ruinen von außen geht es auf der A9 nach **Haapsalu (Hapsal)**. Dort erwartet uns zunächst ein sehenswertes Eisenbahnmuseum, in dessen Außengelände einige alte Dampfrösser leider seit längerer Zeit der Witterung trotzen müssen. Doch genießen Sie ruhig eine ausführliche Besichtigung des Museums!

Das Estnische Eisenbahnmuseum

Die Bahnstrecke nach Haapsalu ist schon längst stillgelegt. Sehenswerte sind die herrlichen Bahnhofsgebäude aus der Zarenzeit. Der 213 m lange überdachte Bahnsteig hätte auch heute noch die Ausmaße, um einem Schnellzug der ICE-Generation zu genügen. Erbaut wurde das hölzerne Gebäude 1902 vom preußischen Architekten Karl Werheim.

Nach der Streckenstilllegung behielt es eine sinnvolle, schöne Aufgabe und beherbergt seit 1997 das Estnische Eisenbahnmuseum. Einen WOMO-geeigneten Parkplatz finden Sie am Ortseingang links zu Füßen einer Dampflok.

Die Eisenbahngeschichte Estlands reicht in die Mitte des 19. Jh. zurück, als eine Linie von St. Petersburg nach Tallinn und weiter nach Paldiski (Baltischport) an der Ostsee verwirklicht wurde. Sie wurde 1870 feierlich eröffnet. Die Strecke nach Haapsalu wurde anschließend gebaut und im Jahr 1904 eröffnet.
Genießen Sie das alte Rollmaterial im Freigelände, das unter anderem 52 3368, eine im Kriegsjahr 1943 bei Krauss Maffey in München gebaute „Reichskriegslok“, zeigt. Auch ein paar schöne Exemplare aus russischer Produktion lohnen das Eintrittsgeld. Besuchen Sie vor allem auch die Ausstellung im Inneren des Bahnhofs, wo viel von der Bahnhofsatmosphäre aus Großmutters Zeiten erhalten worden ist.

Adresse: Raudtee 2, Haapsalu. Mehr Info: Tel. +372 473 4574

Mit Haapsalu haben wir eine Stadt erreicht, in der sich ein ausführlicher Aufenthalt lohnt. Ein Besuch der Altstadt mit Burg, Kirche und Museum gehört ebenso dazu, wie der herrliche Badestrand, den wir schon morgens vor dem Frühstück (!) bei 23° C Luft- und 22° C Wassertemperatur genießen.

(228) WOMO-Badeplatz: Vasikaholmi rand

GPS: N58° 57' 14.9" E23° 31' 16.8" (Lahe/Uus sadama). **max. WOMOs:** 3-4.
Ausstattung/Lage: Asphaltierte Parkfläche am Stadtrand. Mülleimer, Dixi-Toilette, direkter Zugang zum schönen, breiten Sandstrand mit großer Liegewiese (Hundeverbot!)/im Ort.
Zufahrt: Vom sehenswerten Bahnhof (estnisches Eisenbahnmuseum) zunächst Richtung Zentrum (Keskus), dann zum Jachthafen (Yacht sadam). Kurz zuvor ist der Strand (Vasikaholmi rand/beach) in der Straße Lahe ausgeschildert.
Sonstiges: Ergänzend besteht die Möglichkeit, dass Sie statt des freien Stellplatzes den Jachthafen aufsuchen (**GPS 229:** N58°57' 28.4" E23° 31' 36.2"/Halmi), wo auf Anfrage ebenfalls eine Stellplatzmöglichkeit für WOMOs, ein kleines Restaurant oder auch nur die Möglichkeit zum Nachfüllen der Trinkwasservorräte geboten werden. Sie gelangen dorthin, wenn Sie beim Badestrand der abknickenden Vorfahrt und der Ausschilderung durch die Halmi-Straße weiter folgen.

Etwa 20 Minuten Fußweg ins Zentrum mit der sehenswerten Burg, Kirche und zahlreichen gemütlichen Holzhäusern liegen vom WOMO aus vor Ihnen. Entdecken Sie beim Bummel zwischen den schmucken Holzhäusern oder an der Uferpromenade selbst, ob und wo Sie Ihr Abendessen hier einnehmen, bevor Sie gemütlich am Seeufer zum WOMO am Badestrand zurück spazieren. Und vergessen Sie die Besichtigung der Burganlage im Zentrum nicht, die nebst Kirche und Museum dem Besucher offen stehen, wie wir schon erwähnten.

Eine Stellplatzalternative mitten in der Stadt hätten wir auch noch für Sie, wobei wir selbst angesichts der Lage eindeutig den Badeplatz bevorzugen. Aber der kurze Fußweg nach der Einkehr in der Innenstadt (wie wir in der Hermaanse maja) links im Bild am Fuß der Burg) hat durchaus seinen Reiz.

(230) WOMO-Stellplatz: Haapsalu Zentrum/Schloss

GPS: N58° 56' 44.9" E23° 32' 22.7" (Vaba). **max. WOMOs:** 1-2.
Ausstattung/Lage: Asphaltierter Parkplatz bei der Burgruine, Mülleimer, Dixi-Toilette/im Ort.
Zufahrt: Von der Tallinna mnt. in die Vaba mnt. abbiegen, dort links am Fuß der Burgmauern der gebührenpflichtige Parkplatz.

Die Burg von Haapsalu (Hapsal)

Zugang in den Schlosshof mit Museum (Zugang zur Kirche durchs Museum) von 7-21 Uhr. Café ebenfalls im Schlosshof, wo immer im August zum Vollmond die Festspiele zu Ehren der weißen Frau stattfinden.
Wie hatten wir schon den Leiter des Museums in Kuressaare zitiert: Touristen möchten schöne Geschichten, nicht die Wahrheit wissen. Also - die Geliebte des Domherrn (ja, ja, auch das gab es früher schon...) wurde als Domsingknabe in die Burg geschmuggelt. Der Schmuh flog natürlich auf, der Domherr landete im Verlies und die Geliebte wurde lebendig eingemauert. Wie zur Vergeltung soll seither - eben immer im August - zur Erinnerung ihr Geist auf dem Gemäuer sichtbar werden. Sachlich denkende Menschen erklären es natürlich damit, dass sich im August auf der Kirchenwand der helle Schein in Form des Mädchens zeigt, wenn der Vollmond durch das Kirchenfenster auf die Wand des Gotteshauses scheint. Aber solch staubtrockene Erklärungen interessieren ja nun wirklich niemanden, oder?

Nun haben wir einen Sprung von gut 60 km vor uns und verlassen die A9 auf der 17 Richtung Keila. Wir sausen zügig durch bis **Padise**, einem kleinen Örtchen, das nach gut 46 km seit Abbiegen auf die 17 nicht zu übersehen ist. Klar, dass wir hier einen Halt für die Besichtigung einlegen. Die Ruine des aus dem 14. Jahrhundert stammenden Zisterzienserklosters ist sehenswert. Es lohnt sich auch, sich die Mühe zur Besteigung des Kirchturmes zu machen, auch wenn der vermutlich den Vorschriften zur Sicherheit in der Heimat nicht genügen würde.

(231) WOMO-Stellplatz: Padise

GPS: N59° 13' 36.1" E24° 08' 38.5" (kein Straßenn.). **max. WOMOs:** 1-2.
Ausstattung/Lage: Kleiner Parkplatz bei der Klosterruine, Mülleimer/im Ort (schräg gegenüber Lebensmittelladen und Polizeistation).
Zufahrt: An der Straße Richtung Keila ist die Klosterruine nicht zu übersehen. Kurz danach rechts abbiegen, am Kloster vorbei und schräg links zum Stellplatz.
Sonstiges: Am Fuß der Klosterruine hat zuletzt ein gepflegtes Restaurant eröffnet. Wenn Ihnen also auch nach der Einkehr dort ist, kann auch für Ihr leibliches Wohl gesorgt werden.
Vom Stellplatz weist ein Hinweisschild zum Burgberg (Padise linnus), einer Befestigungsanlage aus der Eisenzeit, als das Meer noch nahe an Padise heran reichte und vom markanten Hügel aus der Hafen gut zu überwachen war. 2 km Fußweg vom Stellplatz aus - die ersten 1,7 km können Sie auch (zumindest mit einem kleineren) WOMO bewältigen und den Parkplatz ein Stück nach rechts neben dem ruhigen Nebensträßchen für Ihren Aufenthalt (evtl. auch über Nacht) nutzen (GPS: N 59° 13' 19.6" E 24° 08' 38.6").

Bei einer Raststätte, bei welcher der Schotterweg von der Eisenzeitfestung her kommend wieder auf die 17 mündet, nehmen wir die Abzweigung auf die frisch ausgebaute Straße Richtung **Paldiski (Baltischport)**. Der Ferienort Madise hat mit WOMO-Touristen nichts am Hut - sparen Sie sich den Weg dorthin.

Paldiski ist ein ehemals sowjetischer Militärstützpunkt und stellenweise noch arg von seiner Vergangenheit mit Kasernen- und Plattenbauten geprägt. Doch man spürt, dass man hier versucht, freundliche Farben und ein gepflegtes Äußeres in die triste Betonwelt zu bringen. Und draußen an der Landspitze erwartet Sie eine sehenswerte Steilküste, wo Sie auch nächtigen können. Jedoch sollten Sie sich nicht daran stören, durch ein ehemaliges Sperrgebiet mit zahlreichen Ruinen der Militäranlagen zu fahren.

(232) WOMO-Stellplatz: Pakrineem Leuchtturm

GPS: N59° 23' 20.5" E24° 02' 18.1" (Majaka tee). **max. WOMOs:** 1-2.
Ausstattung/Lage: Kleiner Parkplatz (Schotter) beim roten Leuchtturm an der markanten Steilküste. Leider unschönes Umfeld - die Spuren sowjetischer Militärbesatzung sind noch gut erkennbar/außerorts.
Zufahrt: Auf der Weiterfahrt Richtung Keila ab Rummu den Abstecher auf die Halbinsel Pakri poolsaar über Paldiski (Baltischport) machen, dort durch das Zentrum und immer weiter bis zur äußersten Landzunge fahren (kleiner Parkplatz).
Sonstiges: Paldiski weist noch heute den Charme der sozialistischen Vergangenheit auf, auch wenn da und dort einer der Plattenbauten der Hafenstadt schon modernisiert und mit frischer Farbe aufgewertet worden ist. Dagegen stimmt es optimistisch, dass im Hafengebiet eine rege Investitionstätigkeit festzustellen ist, was den Menschen in der ansonsten noch trostlosen Stadt Arbeit und Einkommen sichern dürfte. Touristisch interessant ist vorläufig nach unserer Erfahrung lediglich die markante Steilküste. Ob Ihnen das für einen Abstecher oder eine Übernachtung an der Landspitze reicht, müssen Sie entscheiden.

8 km Kilometer östlich von Paldiski an der 8 Richtung Keila weist vor dem Bahnübergang ein Schild zu einer Gedenkstätte für die Opfer der Judenmorde im 2. Weltkrieg nach rechts. Hier wurden zahlreiche unschuldige jüdische Menschen von den Nazis exekutiert - ein Ort der Stille und des Gedenkens und deshalb für uns kein WOMO-Stellplatz!

Vielmehr folgen wir dem Schild „Tallinn" über den Bahnübergang und gelangen nach **Keila-Joa**. Es folgt ein Campingschild, wobei wir 400 m weiter links ab auf ein unscheinbares Sträßchen abbiegen. Dieses entpuppt sich als Zufahrt zum ersehnten, gemütlichen Badeplatz am Meer.

(233) WOMO-Badeplatz-Tipp: Meremoisa telkimisala

GPS: N59° 23' 59.3" E24° 15' 17.8" (kein Straßenn.). **max. WOMOs:** 4-5.
Ausstattung/Lage: Weitläufige Naherholungsanlage in den bewaldeten Dünen. Picknick- und Grillstellen (teils überdacht), Zugang zum feinen, weißen Sandstrand, Trockentoilette, Mülltonnen/außerorts.
Sollten Sie am Wochenende oder feiertags hier sein, stellen Sie sich der Nähe zur Hauptstadt halber auf lebhaften Betrieb ein.

Zufahrt: An der Straße Laulasmaa-Keila-Joa mit dem Zeltsymbol ausgeschildert. Zunächst schräg links ab, dann an der folgenden Kreuzung des Schotterweges (schmal!) links bergab halten - ca. 700 m Zufahrt, bis mehrere Parkmöglichkeiten auch für WOMOs erreicht sind.

Nun befinden wir uns nicht mehr weit von der Hauptstadt Tallinn entfernt, wo etwa die Hälfte der Esten wohnen. Nach 6 km passieren wir einen herrlichen, aussichtsreichen Parkplatz neben der Straße. Die bald folgende Bademöglichkeit **Vääna-Jõesuu** überzeugt uns dagegen nicht so sehr (gebührenpflichtiger Parkplatz, 300 m zum Strand), sodass wir uns entschließen, dass der nächste Halt erst in Tallinn sein soll. Wir gelangen über die große, verkehrsreiche Paldiski mnt. in die Vororte, wo sich auch die Zufahrt zum **estnischen Freilichtmuseum** mit dem „urestnischen" Namen **Rocca al mare** befindet. Doch keine Angst, Sie haben sich nicht nach Italien verirrt.

Das estnische Freilichtmuseum Rocca al Mare

Auf über 70 Hektar an der steinigen, mit Findlingen durchsetzen Bucht, welche Hintergrund für den italienisch klingenden Namen ist, können Sie aus ganz Estland zusammengetragene Bauernhäuser besichtigen. Das 1957 aufgebaute Museum gibt dem Besucher ein gutes Bild von der Lebensweise, Sitten und Gebräuchen vergangener Tage, ohne dabei wie ein Museum zu wirken. Vielmehr gewinnt man den Eindruck in einem estnischen Streudorf der Küste zu sein. Nicht nur Bauernhäuser mit Ökonomiegebäuden aller Bauphasen ab dem Mittelalter sind zu besichtigen. Das Repertoire schließt auch ein original eingerichtetes Haus der 20er-Jahre des letzten Jahrhunderts, eine alte Schule oder ein Spritzenhaus mit ein, bei dem man meint, die Löschtruppe könne jederzeit ausrücken, wenn es brenzlig wird.

Info: Tel. +372/650-230, Öffnung in der Hauptsaison tgl. 10-20 Uhr (Winterhalbjahr nur im Außenbereich zu besichtigen).
Nehmen Sie sich für die Besichtigung genügend Zeit - auch ein ganzer Tag ist in dem weitläufigen Gelände nicht zu viel. Sie können in der Dorfschänke im Museum deftig essen gehen und, wenn nötig, auf dem Parkplatz vor dem Eingang über Nacht stehen bleiben (**GPS 234:** N59° 25' 52.7" E24° 38' 14.9"/Vabaõhumuuseumi tee).

Doch uns erscheint der Platz nicht allzu schön und auch etwas unruhig, weshalb wir den „offiziellen“ WOMO-Stellplatz in Pirita bevorzugen, wobei dieser offiziell als **Pirita Camping** ausgewiesen, aber als WOMO-Stellplatz eigentlich besser beschrieben ist. Außerdem - wo besteht schon mal die Gelegenheit, im WOMO mitten im Olympischen Dorf zu nächtigen? Schließlich wurde der Platz auf dem Olympiagelände aus dem Jahr 1980 eingerichtet. Vielen dürften diese Sommerspiele durch den Boykott des Westens bedingt wahrscheinlich kaum mehr in Erinnerung sein.

Auf dem Weg von Rocca al Mare nach und später durch Tallinn passieren wir übrigens schon bald den Zoologischen Garten der Hauptstadt.

(235) WOMO-Campingplatz: Pirita sadama kämping

GPS: N59° 28' 03.2" E24° 49' 28.0" (Regati puistee). **max. WOMOs:** >10.
Ausstattung/Lage: Asphaltierter Parkplatz beim Jachthafen Pirita. Mülleimer, Strom- und Wasseranschluss.
Ver- und Entsorgungsanlage bei der Tankstelle des Bootsanlegers, Hotel/Restaurant und Lebensmittelmarkt, Bademöglichkeit nahe dem Hotel (nicht offiziell, aber von Einheimischen rege genutzt), leider kein Sandstrand, sondern steinerne Uferbefestigung. Busverbindung in die Stadt.

Zufahrt: Von Tallinn der Ausschilderung E20 (Helsinki/Stockholm) folgen, dann Richtung Narva und später der Ausschilderung Pirita links ab folgen, bis rechts der markante Obelisk des sowjetischen Kriegerdenkmals erscheint. Dann noch ca. 500 m weiter, links ab ausgeschildert.
Sonstiges: Auch wenn das mit dem Völker verbindenden und den Frieden fördernden Gedanken der olympischen Spiele im Jahre 1980 durch den Boykott des Westens gründlich in die Hose ging: Das Gelände des Jachthafens war die Olympiaanlage von 1980, in der die Ruder- und Segelwettbewerbe stattfanden. Unweit der WOMO-Stellplätze sind daher auch die Olympischen Ringe von damals und das Olympiazentrum zu sehen (Restaurant).
Alternative: Tallinn City Camping (GPS 236: N59°26' 53.1" E24°48' 29.6"/Pirita tee)**.** Für den Fall, dass sich in Pirita kein Platz mehr findet, stehen Sie hier allerdings zwischen den Betonwänden eines Möbelmarktes eingepfercht und sehen außer weißen Beton- und WOMO-Wänden schlicht gar nichts. Dafür sind Sie etwa 2 km näher an der Altstadt (an der Zufahrt Pirita ausgeschildert).

Blick von Pirita Camping au f die Altstadt von Tallinn

Unserem Bummel durch die Tallinner Altstadt möchten wir noch ein paar Anmerkungen vorausschicken. Sie können mit dem WOMO direkt vor die Tore der Stadt fahren. Der gebührenpflichtige **Parkplatz Euro Park (GPS 237:** N59° 26' 28.8" E24° 45' 20.7"/Ahtri) ist keine schlechte Wahl. Er liegt neben den Fährterminals nach Helsinki und Stockholm, wo wir mehrfach zahlreiche WOMOs auch über Nacht stehen sahen. Doch für die Nacht ist er nach unserem Geschmack weniger geeignet und angesichts der Parkgebühr zudem keine gute Alternative zur Busfahrt!

Von Pirita Camping nehmen Sie zur Fahrt in die etwa 5 km entfernte Stadt besser Ihr Fahrrad. Wenn Sie - wie wir - keines dabei haben, können Sie direkt vor dem Olympiazentrum in den Stadtbus (Linie 1a, 8, 34a oder 38) steigen, der Sie in einer Viertelstunde ins Herz der Stadt bringt. Der zentrale Busbahnhof befindet sich in den Katakomben des Einkaufszentrums Viru, das zwei Gehminuten von der Innenstadt entfernt liegt. Besser geht es nicht, zumal Sie hier gleich den nötigen Einkauf tätigen können, wenn Sie nicht im Zentrum ein gemütliches Restaurant aufgesucht haben.

Wenn Sie länger verweilen, einige Museen anschauen sowie Busse und Bahnen nutzen möchten, sollten Sie sich die **Tallinn Card** zulegen. So ist der Nahverkehr und die meisten Museen und Sehenswürdigkeiten für Sie geöffnet - ohne Zuzahlung!

Rundgang durch die Altstadt von Tallinn (Reval)

Es führte viel zu weit, wollten wir Ihnen hier ein vollständiges Bild der schönen estnischen Hauptstadt geben. Dazu ist die Atmosphäre viel zu toll, die Bausubstanz zu beeindruckend und das lebhafte Treiben in den engen Gassen zu gemütlich.

Wir halten die Kurzbeschreibung in einem Tallinn-Prospekt führ sehr treffend, der von der „modernen Stadt mit mittelalterlichem Flair" spricht, in welcher die Vergangenheit noch lebendig sei.
Vielleicht haben Sie schon beiläufig bemerkt, dass Tallinn unser geheimer Favorit unter den drei (allesamt sehr schönen!) baltischen Hauptstädten ist. Was haben wir doch Glück, in einem einzigen WOMO-Buch gleich drei solch schöne Metropolen beschreiben zu können, die den Vergleich mit „den Großen" in Europa nicht zu scheuen brauchen.
Doch zurück zu Tallinn. Unsere Eindrücke von Tallinn sind selbstverständlich subjektiv. Deshalb möchten wir Ihrem Stadtrundgang nicht vorgreifen. Verschaffen Sie sich einen eigenen Eindruck von der estnischen Hauptstadt. Von Pirita oder vom Euro-Park am Fährhafen kommend eröffnet sich die von den zahlreichen Wehr- und Kirchtürmen geprägte Silhouette der Altstadt. Doch ist nicht nur die Stadt, sondern sicherlich auch das eine oder andere Museum für Sie von Interesse. Die meisten Museen sind

Gebrannte Mandeln - süße Begrüßung in der Hansestadt

Mo/Di und an gesetzlichen Feiertagen geschlossen. Dafür ist der internationale Museumstag am 18. Mai hier Tag des freien Eintritts!

Starten wir am Busbahnhof und suchen geradeaus in die Altstadt die Tourist-Information auf, um die **Tallinn-Card** zu erwerben und einen Stadtplan zu holen. Empfehlenswert ist es auch, sich einen **Audio-Guide** zu mieten. Er erschließt die Sehenswürdigkeiten der Altstadt in einem 2 1/2-stündigen Rundgang und liefert alle wichtigen Informationen dazu. Natürlich gibt es auch herkömmliche Stadtführungen und Busrundfahrten. Doch ist der Audioguide ist nicht so unerbittlich, wenn es Ihnen nach einem gemütlichen Café oder Restaurantbesuch ist.
Beginn des Rundganges ist am Rathausplatz, von wo wir zunächst die Unterstadt anschauen. Mit dem Rathaus, der St. Olaikkirche, St. Nikolaus und Heiliggeistkirche sowie dem Haus der Großen Gilde oder der Schwarzhäupterbruderschaft, ist hier auf einem Platz mehr zu sehen, als in manch anderen Stadt.

Ein Erlebnis ist es auch, eines der Restaurants der „Olde Hansa" zu besuchen, auch wenn es kein billiges Vergnügen wird. Doch hat uns überzeugt, wie es den Betreibern gelungen ist, die ehrwürdig-schöne Atmosphäre eines Restaurants der Hansezeit zu vermitteln, ohne dabei allzu touristisch orientiert oder gar kitschig zu wirken. Vielmehr passen die Freundlichkeit, die Gestik und die historischen Gewänder des Personals bestens zur Speisekarte, die Gerichte aus dem 15. Jh. feilbietet, die übrigens auch nach Rezepten dieser Zeit zubereitet werden. Ob Ihnen, in irdenen Krügen serviert, Würzwein und Würzbier, wie man es damals getrunken hatte, schmeckt, müssen sie selbst beurteilen. Das Essen jedenfalls empfanden wir hervorragend und den Besuch insgesamt als bleibendes Erlebnis - ebenso wie die allerorten angebotenen gebrannten Mandeln, die mit Gewürzen harmonisch und nicht nur süß schmecken.

Im „Quartier Latin“ sehen Sie die historischen Mauern und das Museum des Dominikanerklosters, den Katharinengang, wo das alte Handwerk zu Hause war sowie das Tallinner Stadtmuseum.
Nicht auslassen darf man selbstverständlich die historische Stadtmauer mit ihren 26 noch erhaltenen Wehrtürmen. Einer der erhaltenen Türme trägt übrigens den netten Namen „Kiek in de Kök“, weil die Wachsoldaten von oben in die Küchen der umliegenden Häuser schauen konnten. Noch so ein schöner Name ist die Dicke Margarethe, die früher schwere Geschütze, heute aber das Schifffahrtsmuseum beherbergt.

Die Oberstadt ist geprägt von der mittelalterlichen Ordensburg, in der jetzt das Parlament tagt, weshalb heute auf dem Pikk Hermann (Langer Hermann/Bild rechts) wieder die estnische Flagge wehen darf.
Die Domkirche St. Marien ist nicht weit entfernt und vor allem auch die Plattformen nicht, von denen Sie einen herrlichen Blick über die Altstadt bis zum Fährhafen haben (Bild unten), von dem die Reisenden per Fähre oder Kreuzfahrtschiff ihrerseits einen herrlichen Blick auf Estlands Hauptstadt haben.

Natürlich fehlen auch die Spuren der Zarenzeit nicht. Unweit der Burg ragt die Alexander-Newski-Kathedrale mit ihren prunkvollen Zwiebeltürmen und der herrlich verzierten Fassade empor (Bild rechts).

Das Stadtviertel hier oben auf dem Burgberg und um die Newski-Kathedrale gilt als architektonisches Meisterwerk der Zarenzeit. Nicht umsonst pflegt in diesem Viertel die estnische Prominenz zu logieren, zahlreiche diplomatische Vertretungen sind hier angesiedelt und der Präsident residiert ebenfalls hier.

Die Altstadt hat noch viel zu bieten, was man einfach erlebt haben sollte. War es in Rīga die Jugendstilszenerie und in Vilnius die zahlreichen Türme und Kirchen im Barock- oder Renaissancestil, so ist es hier die Symbiose zwischen Moderne und Mittelalter. Wo sonst können Sie gemütlich im Altstadtcafé sitzen und Ihren Laptop hochfahren - schon sind Sie im Internet - auf Kosten der Stadt?

Blick zurück aufs abendliche Tallinn

Schloss Katharinenthal (Kadriorg), das Sie auf dem Rückweg Richtung Pirita rechter Hand in einem schönen Park finden, ist ein sehenswertes Geburtstagsgeschenk für Katharina die Große gewesen... Schloss Katharinenthal beherbergt eine Sammlung ausländischer Kunst und das estnische Kunstmuseum. Das Sommerhaus Peters des Großen heißt im Kontrast zum eben beschriebenen „neuen Schloss" Katharinenthal „Altes Schloss".

Zeugen der eher unrühmlichen Sowjetzeit sind der Obelisk nahe dem Pirita Camping, wobei die Anlage neben dem Denkmal für die Toten der Roten Armee auch einen deutschen Soldatenfriedhof umfasst. Den Esten ist auch der Erhalt der KGB-Zentrale wichtig, der früher meistgefürchtete Ort der Stadt - als Mahnung an künftige Generationen. Davon zeugt die Aufschrift „In diesem Gebäude war das Repressionsorgan der sowjetischen Besatzungsmacht untergebracht. Hier begann der Leidensweg tausender Esten".

Zurück am Campingplatz, könnte das ehemalige St. Birgittenkloster von Interesse sein, dessen Ruine von Pirita aus zu sehen ist.

Natürlich können wir mit diesem Rundgang nur einen kleinen Ausschnitt der Sehenswürdigkeiten von Tallinn beschreiben. Ob es Ihnen genauso gefällt, wie uns, hängt von Ihrem persönlichen Empfinden und nicht zuletzt vom Wetter ab. Da wir in Bezug auf Petrus´ Wohlwollen Glück haben, nutzen wir die Gunst der Stunde für einen Ausflug in den östlich gelegenen **Lahemaa rahvuspark (Nationalpark)**.

Wir verlassen die Hauptstadt auf der A1 - E20/E67 Richtung Narva und gelangen auf stellenweise ganz schön holprigen Betonplatten ostwärts. Bei Überquerung des **Jägala jogi/ Ausschilderung Jägala jõa** machen wir langsam und biegen ab. Hier erwarten uns zwei Stellplätze, die angesichts der Nähe zur Hauptstadt interessant erscheinen. Zunächst macht uns der Wasserfall neugierig, der im Winter ein so schönes Bild abgeben soll, wenn er sich in einem dicken Eispanzer präsentiert. Doch auch im Sommer lohnt es sich, die über eine 8 m hohe Stufe des Karstfelsens rauschende Wassermasse zu sehen, die wie braunes Teewasser erscheint:

(238) WOMO-Stellplatz: Jägala juga (Wasserfall)

GPS: N59° 26' 57.2" E25° 10' 44.2" (Koila). **max. WOMOs:** 1-2.
Ausstattung/Lage: Großer Parkplatz (Schotter) beim sehenswerten, höchsten Wasserfall Estlands, Müllcontainer, Spaziergang zum Wasserfall, zu dem man hinabklettern kann/außerorts.
Zufahrt: Von der A1/E20 Ausfahrt Valkla/Kaberneeme, dann nächste Abzweigung (vor der Flussbrücke über den Jägala Fluss) links ab. In Jõelähtme rechts ausgeschildert (1 km).

Etwas weiter nördlich erwartet uns ein romantischer See, bei dem wir mit Einheimischen ins Gespräch kommen, die ihrem Hobby nachgehen und hoffen, einen guten Fisch an die Angel zu bekommen. Wir unterhalten uns über dies und das, was es eben zwischen Ost und West zu besprechen gilt. So bekommen wir zu hören, welch tolle Autos die Deutschen bauen, und wie beeindruckt man sei, was Deutschland nach dem Krieg und der Unterdrückung im 3. Reich geleistet habe. Das sehe man jetzt als Motivation für Estland. Im Gegenzug machen wir klar, welch tolles Urlaubsziel sich mit dem Baltikum hinter dem „Eisernen Vorhang" versteckt hatte, bis die Wende die Öffnung ermöglichte. Angesichts solcher (ernst gemeinter) Höflichkeiten genießt man einen Parkplatz gerne für die Nacht.

(239) WOMO-Badeplatz: Jägala linnamägi (E-Werk)

GPS: N59° 28' 02.3" E25° 09' 42.8" (kein Straßenn.). **max. WOMOs:** 2-3.

Ausstattung/Lage: Kleiner geschotterter Parkplatz, Mülleimer, direkt am See/außerorts.
Zufahrt: Von der 1 Richtung Kaberneeme/Valkla fahren, nach 2,7 km ausgeschildert (braunes Schild 3 km) „Linnamäe HEJ" (Hüdroelektrijam).

Zur Weiterfahrt nutzen wir nun nicht die Autobahn, sondern halten uns zunächst über **Jägala Jõa** bis zur Einmündung in die Durchgangsstraße, biegen links Richtung Kaberla und später Richtung Valkla ab. So gondeln wir auf der etwas nördlich der Autobahn verlaufenden Nebenstraße, überqueren den Valkla jõgi und lassen den Kahala järv links liegen. Die Straße nach Loksa wird überquert und bald heißt uns das Schild „**Lahemaa rahvuspark**" herzlich willkommen. Die weiten Wälder halten in Tour 16 einiges für uns parat.

TOUR 16
50 km
N
Ostsee
RUS
Narva
Jõhvi
Kohtla-Järve
Valaste Wasserf.
Kuremäe
EST
Rakvere (Wesenbg.)
Sagadi
Palmse
Altja
Võsu
Käsmu
Pärispea

TOUR 16 (ca. 300 km / 2-3 Tage)

Lahemaa Nationalpark - Vainupea - Kunda - Valaste - Jõhvi - Kuremäe

Freie Übernachtung:	Nõmmeveski, Pärispea 1+2, Võsu, Altja kõrts, Oandu, Sagadi, Palmse, Vainupea, Toolse, Kuremäe.
Ver-/Entsorgung:	Võsu, Valaste.
Campingplätze:	Käsmu, Võsu, Valaste Wasserfall.
Baden:	Pärispea, Võsu, Vainupea.
Besichtigen:	Käsmu/Meeresmuseum, Sagadi, Palmse, Toolse, Kloster Puhtitsa.
Wandern:	Oandu Waldlehrpfad/Biberpfad.
Essen:	Altja kõrts, Park-Hotel Palmse.

Kaum haben wir 2 km im Nationalpark hinter uns, nutzen wir einen Parkstreifen am Rand der Schotterstraße, um eine kleine Wanderung zu machen (die Sie auch zu einer großen ausdehnen können, denn wir parken an einem Fernwanderweg). Wir folgen der Markierung „matkarada“ und gelangen rechts ab durch den herrlichen, lichten Kiefernwald mit endlosem Moosteppich zu einem Picknickplatz an einem Moorsee. Die Ruhe und die unberührte Natur sind überwältigend, sodass wir mit Genuss unser Vesper verzehren, bevor es zum WOMO zurück geht.

Gut 3 km später nehmen wir die Abzweigung **Valgejõe**/Narva links ab auf die A1, biegen zu-nächst rechts ab (vorgeschrieben), wechseln nach 400 m an der Wendestelle wieder die Fahrtrichtung und folgen dann der Ausschilderung Richtung Val-gejõe keskus. In Valgejõe überspannt eine Brücke mit schönem, schmiedeeisernem Geländer den Fluss. Übersehen Sie kurz vorher die Abzweigung Richtung Kotka 10 km und Vanaküla 2 km nicht, denn diese führt uns zu einem Stellplatz der besonders schönen Sorte.

(240) WOMO-Picknickplatz: Nõmmeveski

GPS: N59° 30' 26.8" E25° 47' 14.5" (kein Straßenn.). **max. WOMOs:** 3-4.

Ausstattung/Lage: Großer geschotterter Parkplatz am Rand der kleinen Siedlung gleichen Namens. Picknickbank (überdacht), Trockentoilette, Wandermöglichkeiten am natürlich mäandrierenden Flusslauf.

Zufahrt: Von der Autobahn A1/E20 die Ausfahrt Valgejõe nehmen, im Ort vor der Flussbrücke links ab. Bald folgt das blaue Ortsschild Parksi, 400 m später ist der Stellplatz rechts ab ausgeschildert und nach weiteren 800 m erreicht.

Auf der Weiterfahrt orientieren wir uns Richtung Kotka, fahren also das Sträßchen zurück bis zur Einmündung, wo wir zuvor rechts abgebogen waren. Nun geht es also wiederum rechts ab und wir holpern bald ein Stück auf Schotter weiter, bis wieder die asphaltierte 85 erreicht ist. Schon 800 m später geht es - wir haben ja Übung im Rechtsabbiegen - rechts Richtung **Loksa/ Võsu** ab.

In Loksa angekommen, halten wir uns immer geradeaus und folgen dem kleinen Küstensträßchen. Immer wieder verführen uns kleine Buchten mit Sandstrand zum Anhalten. Doch wir zeigen Geduld - und diese wird belohnt. 5 km nach dem Ortsausgang erreichen wir ein ehemaliges Mülitärgelände und kurz später das blaue Ortsschild Perispea. Noch immer folgen wir der Küstenlinie und haben nach weiteren 4 km den eigentlichen Ort erreicht.

Nun haben Sie die Entscheidung zu treffen, welchem unserer Badeplatzvorschläge Sie folgen möchten. Der vielleicht schönere ist noch etwas nördlich gelegen, fast an der Landspitze, der andere westlich des Ortes.

(241) WOMO-Badeplatz: Pärispea 1/Pähkneem

GPS: N 59° 39' 18.5" E 25° 40' 19.2" (kein Straßenname). **max. WOMOs:** 1.
Ausstattung/Lage: Kleiner Parkplatz mit Informationstafel über Fische und zwei Strandwanderwege nahe alten Militärgebäuden, schöner Blick auf Sandstrand (Bild vorige Seite unten) / außerorts.
Zufahrt: In Pärispea dem Asphaltsträßchen folgen, nach dem Ort durch Kiefernwald bis zum Parkplatz, wo die Straße endet.

Den zweiten Platz findet man wie gesagt in der anderen Richtung. Vom beschriebenen Stellplatz aus hält man sich im Ort aus schräg links (fährt man von Süden direkt an, entsprechend rechts) und gelangt hinauf zur Landspitze, wo sich eine herrliche Badebucht befindet.

(242) WOMO-Badeplatz: Pärispea 2/Purekkari neem

GPS: N 59° 39' 59.1" E 25° 42' 12.5" (kein Straßenname). **max. WOMOs:** 1-2.
Ausstattung/Lage: Etwas sandiger Parkplatz nahe dem Sandstrand mit mehreren kleinen Buchten, Grillstelle / außerorts.

Zufahrt: Im Ort wie oben beschrieben abbiegen, nach 500 m dem schmalen Schotterweg folgen. An der folgenden Gabelung links (Schild: Purekkari neem) und bis zum Parkplatz weiterfahren.

Nun heißt es wieder zurück in den Ort zu fahren. An der Bushaltestelle folgen Sie dem Sträßchen 1 km in südlicher Richtung und nehmen die Abzweigung links Richtung Viinistu (Asphalt). Das Örtchen liegt am östlichen Ufer des Landzipfels. Dort halten wir uns dann rechts Richtung Loksa und Kasispea und können wiederum einen herrlichen Küstenabschnitt genießen, dessen Ufer häufig mit Schilfgürteln umrahmt sind.

Bei Kasispea folgen wir links ab weiter dieser herrlichen, wenn auch kurvigen Strecke Richtung Vihasoo und genießen die Aussicht auf kleine Buchten und die Insel Moni. Ein kleines Stück ist zwischendurch eine Schotterpiste, die aber sehr gut zu befahren ist, bevor wir uns 7 km nach der letzten Abzweigung wieder links Richtung Võsu halten. Doch bevor wir dort ankommen, nutzen wir die Möglichkeit zum Besuch im Fischerort **Käsmu**, wo sich ein Badeplatz findet, eine Ferienanlage mit Campingmöglichkeit und nicht zuletzt das **Seefahrtmuseum (Käsmu Meremuuseum)**. Dessen Ausstellungsstücke hat Aarne Vaik in vielen Jahren, in denen er zur See fuhr, zusammengetragen. Es bietet keine festen Öffnungszeiten und der Eintrittspreis richtet sich danach, wie es Ihnen gefallen hat. Werfen Sie also einen angemessenen Obolus in die dafür vorgesehene Box (Info: www.kasmu.ee).

(243) WOMO-Campingplatz-Tipp: Käsmu

GPS: N59° 36' 33.0" E25° 55' 11.8" (kein Straßenn.). **Öffnungsz.:** Mai-Sept.
Ausstattung/Lage: Sauna, Dusche, Spielplatz, Grillstelle (Gebühr). Die Stellplatzwiese hat nur einen Haken - sie ist ziemlich schräg und auch nicht allzu groß.
Alternative 1: 150 m weiter am Ende der Straße ebener Parkplatz für 1-2 WOMOs, Wanderinformationstafel und Trockentoilette.
Zufahrt: Von der Straße nach Võsu abbiegen (ausgeschildert); nach knapp 5 km im Ort die Ferienanlage und am Ende des Sträßchens der Wander-/Badeparkplatz, von dem aus man zum Strand gelangt.
Alternative 2: Die Weiterfahrt Richtung Võsu bietet von ca. Mai-September eine weitere Campingmöglichkeiten. In den **Eesti Caravan kämping** (**GPS 244:** N59° 34' 33.4" E25° 56' 08.5") wurde der frühere Lepispea Caravan Camping integriert. Er bietet eine Ver-/Entsorgungsstation, ansonsten eine eher eintönige Wiesenfläche mit einzelnen Bäumen, Mülleimer, eine Spiel- und Sportfläche (Volleyball) und Stromanschluss, Tel.: 0037253705191.

Die Weiterfahrt hat für uns eine schöne Überraschung parat. Das einschlägig bekannte Verkehrszeichen mit dem laufenden Elch hatten wir zwar mit Optimismus des öfteren schon entdeckt. Und man hofft eigentlich, eines der imposanten Tiere zu entdecken, nur eben nicht gerade an der Straße, auf der man gerade fährt. Doch uns wird das Glück zuteil - der Lahe-

maa Nationalpark ist ja für seinen Tierreichtum bekannt. Allerdings gehört unserer Erfahrung auf dem Schild der Elchhintern anstatt des ganzen Tieres abgebildet. Das gewaltig große Tier hielt es jedenfalls nicht für nötig am Straßenrand zu warten, bis unser Fotoapparat parat war, trottete in den Wald und grinste sich wahrscheinlich eins über die Touristen... Kurz später folgt die Ortseinfahrt **Võsu**, wo wir den Badeplatz Võsu rand vorfinden.

(245) WOMO-Badeplatz: Võsu rand

GPS: N59° 34' 49.3" E25° 58' 03.6" (kein Straßenn.). **max. WOMOs:** 2-3.

Ausstattung/Lage: Großer, geschotterter Parkplatz am Meer, Mülleimer, Trockentoilette / Ortsrand.

Zufahrt: Durch den Ort fahren bis zur rechts abknickenden Vorfahrt. Dort links ab ausgeschildert mit Parkplatzzeichen zum umzäunten Parkplatz.

Bei der Bushaltestelle Vergi tee (Straße Kooli am Puhvi kohvik) zweigt ein Sträßchen links ab Richtung **Altja** und **Vergi**. Dieses schlängelt sich durch den Wald und führt später auf ein offenes Wiesengelände, wo sich wieder die ersten Häuser zeigen. Wir erkunden nun den Landzipfel bis zum Dorf Vergi, wobei sich die Hoffnung auf einen Badeplatz angesichts eines dicken Schilfgürtels nicht erfüllt. Doch sind wir nicht umsonst hierher gefahren. Denn es folgt das Örtchen Altja, das für seine alten Fischerhäuser bekannt ist. 900 m nach dem Ortsschild finden wir links der Straße den regionaltypischen Gasthof im teerschwarzen Holzhaus und diesem gegenüber eine große, geschotterte Parkfläche.

Hier können wir einen schönen Spaziergang zu den Fischerhäusern und zum Strand mit der Einkehr im gemütlichen und guten Gasthof mit regionalen Spezialitäten verbinden.

(246) WOMO-Stellplatz: Altja kõrts

GPS: N59° 34' 55.6" E26° 06' 41.0" (kein Straßenn.). **max. WOMOs:** 3-4.
Ausstattung/Lage: Geschotterter Parkplatz nahe den schmucken Fischerhäusern und der Gaststätte Altja kõrts, Mülleimer/Ortsrand.
Zufahrt: Im kleinen Weiler Altja knickt die Straße rechts ab, etwa 200 m später liegt der Parkplatz rechts der Straße gegenüber dem Gasthaus mit urgemütlicher Atmosphäre.

Sonstiges: Schöne Fischerhäuser und der Küstenabschnitt mit Findlingen am Strand und im Wasser. Das Essen im traditionellen Gasthof ist derart gut und weithin bekannt, dass es sogar regelmäßig Gäste aus der Hauptstadt hierher lockt. Besonders an Wochenenden sollten Sie sich sputen und frühzeitig einen Platz ergattern - es könnte voll werden. Unser Fazit: Unbedingt eine Empfehlung wert!

Bald folgt die Ortsausfahrt und dann eine Gabelung, an der wir uns Richtung **Sagadi** halten. Nun haben wir uns die Besichtigung zweier Landgüter vorgenommen, die sowohl die Bauernaufstände am Anfang des 20. Jh. wie auch die beiden Weltkriege und die Sowjetzeit gut überstanden haben. Doch zuvor können Naturfreunde für den **Biberlehrpfad und dem Waldlehrpfad Oandu** die Wanderschuhe für eine schöne Tour schnüren:

(247) WOMO-Wanderparkplatz: Oandu Waldlehrpfad

GPS: N59° 33' 58.0" E26° 05' 57.9" (kein Straßenn.) **max. WOMOs:** 1.
Ausstattung/Lage: Kleine, geschotterte Parkfläche, direkt an der (wenig befahrenen) Straße von Võsu Richtung Sagadi. Mülleimer, Trockentoilette, Infotafel über den Naturpark sowie den Lehrpfad/außerorts.
Zufahrt: Von Altja kommend Richtung Sagadi halten (rechts ab), dann durch den lichten Kiefernwald, bis der Parkplatz schräg gegenüber einem Gehöft erreicht ist.

WOMO-Wandertipp Waldlehrpfad und Biberpfad Oandu

Vom Parkplatz startet der bequeme, 4,7 km lange **Waldpfad**, teils auf schmalen Holzbohlen, durch den urwaldähnlichen Wald. Er ist mit über 20 Infotafeln zu Flora und Fauna von einer traumhaft schönen Naturlandschaft geprägt und sehr informativ gestaltet. Im bis vor wenigen Jahren gesperrten Bereich leben zahlreiche Elche, Luchse und Wildschweine. Auch 1-2 Bären werden hier vermutet. Wir haben zwar von den Tieren keines zu Gesicht bekommen. Aber da und dort finden sich ihre (Kratz-) Spuren an den Bäumen (im Bild von einem Bären), die auf Infotafeln erklärt werden.

Etwa **1 km vor** dem beschriebenen Wanderparkplatz können Sie auch den **Biberpfad** gehen (1 km lang). Hier werden - ausgehend von einer kleinen Parkfläche mit Infotafel, an 9 markierten Stellen Biberbauten gesichtet. Das Gebiet ist auch Lebensraum für europäische Nerze (Hundeverbot!).

Ein großzügigeres Stellplatzangebot bietet der Picknickplatz (offiziell eine Zeltwiese) kurz nach dem Wanderparkplatz.

(248) WOMO-Picknickplatz: Oandu

GPS: N59° 33' 46.1" E26' 05° 47.2" (kein Straßenn.). **max. WOMOs:** 2-3.
Ausstattung/Lage: Parkplatz beim Zeltplatz, etwas uneben. Picknickbank/Grillstelle und Trockentoilette sowie Mülleimer/außerorts.
Zufahrt: Kurz nach dem Waldlehrpfad gabelt sich die Straße. Hier links Richtung Sagadi halten, dann auf der linken Seite ein Sportplatz, danach ist der Parkplatz nicht zu übersehen.

Gutshof Sagadi

Wir befinden uns nun in einer Gegend, in der noch einige schöne Hofgüter deutschbaltischer Adelsfamilien zu sehen sind.

Das Gut Sagadi, dessen Geschichte bis ins 15. Jh. zurückgeht, gilt als eines der besterhaltenen Güter in Estland. Es beherbergt heute das Waldmuseum mit Ausstellungen der Jagd- und Forstwirtschaft Estlands und zum Umweltschutz.

Das herrschaftliche Anwesen umfasst auch einen schönen Schlosspark mit Teich und herrlichem Blick auf das rosa getünchte Gutsgebäude nebst zahlreichen Nebengebäuden. Ein Spaziergang im Park ist möglich. Der Komplex beherbergt auch ein Hotel - und für uns ein Restaurant. Geöffnet ist das Museum von Mai bis September täglich von 10-18 Uhr (www.rmk.ee, Tel. +372/325-8888).

(249) WOMO-Stellplatz: Gutshof Sagadi

GPS: N59° 32' 12.4" E26° 04' 53.6" (Sagadi). **max. WOMOs:** 1-2.
Ausstattung/Lage: Geschotterter Parkplatz nahe dem wieder schön hergerichteten Gutshof, Mülleimer / Ortsrand.
Zufahrt: Man fährt von Oandu kommend in den Ort. Die Straße führt geradewegs auf das Gut zu. Beim Schloss rechts abbiegen und nach 100 m der Ausschilderung zum Parkplatz folgen.

Abstecher zum Gutshof Palmse

Zum sehenswerten Gutshof ist es nicht weit. Dort lässt sich die Besichtigung des Museums, die Einkehr im Restaurant des Park Hotels und im Naturparkzentrum miteinander verbinden. Palmse ist das einzige Gut, das in den 70er/80er-Jahren unter sowjetischer Herrschaft komplett

restauriert wurde. Der Verwalter der Kolchose machte in Moskau unter dem Vorwand des Zivilschutzes Geld locker, mit dem er den Erhalt des Hofgutes finanzierte.

Das Anwesen schaut auf eine lange Geschichte zurück. Vom 13. Jh. an gehörte es dem St.-Michaeli-Nonnenkloster. Nach häufigen Besitzerwechseln war es dann von 1510-1923 der Sitz der Familie von Pahlen, die es mit der Unabhängigkeit Estlands verließ. Nach dem Krieg war es dann ein Kinderheim, bis es Sitz des Nationalparks wurde und seit 2002 einer Stiftung untersteht, die nun das Museum betreibt. Im Herrenhaus hat man Ausstattungsstücke zusammengetragen, die zumeist nicht aus dem Besitz der Familie von Pahlen stammen. Doch die schmucken Kachelöfen und das Inventar geben einen guten Eindruck vom herrschaftlichen Leben des 19. Jahrhunderts.

Wir erfahren dabei auch, dass die von Pahlens keineswegs unbeliebt waren, sondern die Menschen von der sozialen Wärme profitieren konnten. Zwar hielten die Gutsbesitzer die Beschäftigten in einer Form von Leibeigenschaft, doch sorgten sie schon früh für die Einrichtung von Schulen und eines Sozialsystems. So hielten die von Pahlens immer eine Notreserve bereit, sollte einmal eine schlechte Ernte kommen und die Leute Hunger erleiden.

Nehmen Sie sich auch Zeit für die Besichtigung des Fahrzeugmuseums in den Stallungen und vor allem für den weitläufigen Schlosspark.

Wenn Sie dann geschafft sind und nach einer Stärkung rufen, besuchen Sie das in der ehemaligen Schnapsbrennerei untergebrachte Park Hotel Palmse, dessen Restaurant wir gerne empfehlen. Mit etwas Glück sind Sie an einem Tag mit wenig Betrieb hier und können auf dem Parkplatz stehen bleiben (natürlich nur auf Anfrage). Anderenfalls hilft Ihnen der große Parkplatz gegenüber dem Naturparkzentrum weiter.

Info: www.svm.ee, Tel. +372/3240070.

(250) WOMO-Stellplatz: Gutshof Palmse

GPS: N59° 30' 43.0" E25° 57' 14.2" (Palmse). **max. WOMOs:** 1-2.
Ausstattung/Lage: Asphaltierter Parkplatz gegenüber dem schön renovierten Gutshof. Mülleimer. Beim Parkplatz kleiner Lebensmittelladen (9-19 Uhr) und WC um die Ecke/Ortsrand.
Zufahrt: Von Sagadi weiter Richtung Palmse halten. Nach Ortseinfahrt rechts abbiegen (Schloss ist bereits ausgeschildert). Parkplatz liegt auf der linken Seite. Zufahrt zum Park Hotel 300 m weiter, dann rechts ab.

Nicht zuletzt das (vom Museum getrennte) **Naturzentrum** sollten Sie besuchen, bietet es doch nicht nur eine breite Auswahl an Informationen über den Nationalpark mit Ausflugstipps, sondern vor allem auch eine informative Ausstellung über die Geologie, Flora und Fauna des Parks sowie über dessen Geschichte. Nun geht unsere Reise durch den Nationalpark ihrem Ende entgegen. Wir fahren zurück über Sagadi. An der Abzweigung dorthin befindet sich eine weitere Gaststätte mit WOMO-Stellplatzmöglichkeit, die wir aber nicht weiter besichtigt haben. In Sagadi passieren wir das Schloss und halten uns geradeaus. 6 km weiter östlich lassen wir das früher ebenso herrschaftliche, aber nicht zu besichtigende **Gut Vihula** links liegen und halten uns 4 km später links ab Richtung **Vainupea**. Dort ist die Küste und das Ende des Nationalparks erreicht. Hier suchen wir unserer letzten (Meeres-)Badeplätze auf.

(251) WOMO-Badeplatz: Vainupea

GPS: N59° 35' 08.9" E26° 15' 55.4" (Vainupea). **max. WOMOs:** 1-2.
Ausstattung/Lage: Asphaltierter Parkplatz am Leuchtturm, Mülleimer, Trockentoilette Grillstellen / Ortsrand.

Zufahrt: An der Durchfahrtstraße ist „Vainupea kabel“ (Kapelle) ausgeschildert. Dem Schild folgen (**Achtung!** Bodenwellen/Zone 20), an der Kirche vorbei zum Meer, dort links ab und etwa 500 m weiterfahren bis zum Leuchtturm.
Sonstiges: Ein weiterer Parkplatz befindet sich gegenüber der Kirche (GPS: N 59° 34' 58.2" E 26° 16' 16.1").

Auch an die Freunde alter, wehrhafter Burgen wird noch gedacht. Deshalb gondeln wir auf der abwechslungsreichen Küstenstraße auf Kunda zu, nicht ohne unterwegs die am Meer liegende Ruine der alten **Ordensburg Toolse** aufzusuchen.

(252) WOMO-Stellplatz: Burgruine Toolse

GPS: N59° 31' 53.3" E26° 27' 58.0" (Toolse). **max. WOMOs:** 1-2.
Ausstattung/Lage: Geschotterter Parkplatz nahe der Burgruine. Mülleimer, Trockentoilette. Fußweg zur Ruine etwa 400 m/am Ortsrand. .
Zufahrt: Von der Küstenstraße aus ist die Burgruine gut ausgeschildert (Toolse linna - 1,6 km/Schotterweg).

Den nächsten größeren Ort **Kunda** betreffend ist zu erwähnen, dass die Stadt eine unschöne Industriesiedlung ist. Als Besonderheit hat sie einen alten Zementofen vorzuweisen, der einzige erhaltene seiner Art in Europa. Bald ist die Autobahn erreicht, auf der wir durch die Industrie- und Tagebauregion bei **Kohtla Järve** fahren, einkaufen und weiterfahren.

Wir bleiben auf der Autobahn 1, bis wir links Richtung Sarka auf die 133 abbiegen. Es handelt sich um die zweite Ausfahrt in diesen Ort. Weiter geht es Richtung Ontika, wobei wir das dortige Schloss rechts liegen lassen. Unsere Fahrt führt in weitem Bogen darum herum. Kurz später ist eine imposante Steilküste erreicht und der Blick schweift weit über den Finnischen Meerbusen.

Bald können wir in **Valaste** den Schlüssel auf dem Parkplatz vor dem Café und Schnellrestaurant ziehen. Grund unseres Aufenhalts hier ist aber nicht dieses und auch nicht der zugehörige Campingplatz allein. Vielmehr reizt es uns, die eiserne Wendeltreppe hinabzusteigen und den künstlichen Wasserfall, der über bunte Felsen stürzt, zu besichtigen.

Gefällt es Ihnen hier so gut, dass Sie bleiben möchten? Kein Problem:

(253) WOMO-Campingplatz-Tipp: Valaste

GPS: N 59° 26' 36.2" E 27° 20' 08.4" (Valaste). **offen:** Mai-Sept.
Ausstattung/Lage: Parkplatz für WOMOs direkt beim Café, Toiletten, Internetzugang kostenlos..
Zufahrt: An der Küstenstraße durch Touristenzulauf kaum zu übersehen.

Nun heißt es Abschied von der Ostsee zu nehmen. Doch das heißt nicht, dass die Weiterfahrt nun weniger interessant wäre.

Bevor wir bald zu einem der größten Seen Europas, dem **Peipsi järv** kommen, halten wir uns vom Wasserfall aus ein Stück in östlicher Richtung und biegen bei erster Gelegenheit an einem Gehöft in südlicher Richtung ab (Schild Jõhvi). Bald finden wir uns auf der A1 wieder und fahren auf ihr bis **Jõhvi**. Dort kaufen wir zunächst ein und orientieren uns anschließend in südöstlicher Richtung auf der 33 Richtung Kuremäe.

Dort erwartet uns nach knapp 21 km das vielleicht imposanteste Kloster Estlands. Es ist ganz sicher einer der Höhepunkte einer Reise durchs Baltikum und speziell durch Estland. Auch Sie werden die in der Sonne glänzenden Zwiebeltürme der prunkvollen Anlage kaum übersehen, ebenso wie die Ausschilderung, die auf den großen Parkplatz am Fuß des Klosterhügels weist.

(254) WOMO-Stellplatz: Kuremäe Kloster Pühtitsa

GPS: N59° 12' 10.1" E27° 31' 55.9" (kein Straßenn.). **max. WOMOs:** 4-5.
Ausstattung/Lage: Großer, asphaltierter Parkplatz am Fuß des Hügels, auf dem sich das Kloster befindet. Mülleimer, WC, Kiosk. Fußweg zum Kloster etwa 5 Minuten durch den Klosterfriedhof mit der hölzernen Kapelle / Ortsrand.
Zufahrt: Von Jõhvi kommend rechts unterhalb der Straße 32, nicht zu übersehen und gut ausgeschildert.

Kloster Pühtitsa in Kuremäe

Kuremäe heißt das Dorf, Pühtitsa dagegen das russisch-orthodoxe Frauenkloster. Das wird dann und wann durcheinander geworfen. Das Kloster hat die Wirren der Zeit und selbst das atheistische Regime der Sowjetunion überstanden. Noch heute beten und arbeiten hier etwa 100 Nonnen und Novizinnen im Kloster.
Gerne bietet man den Reisenden in den Gästehäusern eine Unterkunft (was wir ja nicht brauchen) und bietet Führungen an.
Beherzigen Sie bitte das an den Eingangstüren angebrachte Schild, welches das Fotografieren im Kloster untersagt. Dies gilt insbesondere in der Kirche und für das Fotografieren der Nonnen und Gäste. Nehmen Sie stattdessen unser schönes Titelbild als Andenken an diesen Ort. Ach ja - Ihr vierbeiniger Freund muss auch draußen im WOMO warten. Beim Betreten des Gotteshauses beachten Sie bitte auch die Kleiderordnung, die in russisch-orthodoxen Kirchen erwartet wird: Keine freien Schultern bei den Damen, keine kurzen Hosen/Röcke - die Knie sollten zumindest bedeckt sein. Die Herren nehmen bitte den Hut ab (auch die Baseballmütze).
Das Kloster wurde im 17. Jahrhundert bei einer heiligen Eiche gegründet, nachdem die Muttergottes einem Bauern erschienen war. Da der Hügel der Eiche und einer Quelle wegen den Esten heilig war, lag es

nahe, ein Kloster zu errichten, das der heiligen Stätte würdig wäre. Das ist mit den prachtvollen Gebäuden, allen voran der Himmelfahrtskirche mit herrlichen Ikonen und Altären, auch gelungen. Das Anfang des 20. Jh. erbaute Gotteshaus bietet über 1000 Gläubigen Platz.
Wenn Sie einen Spaziergang vom Parkplatz (am Kiosk/WC vorbei und

dann nach rechts) machen, gelangen Sie über eine Allee schnurstracks auf den Brunnen zu, bei dem die Einheimischen noch heute das Wasser entnehmen. Ob alle immer aus Gründen des Glaubens oder manch einer doch eher wegen der Qualität des kühlen Wassers ein paar Kellen (oder Kanister) entnimmt, sind wir uns nicht so ganz sicher. Doch möchten wir Sie auch hier bitten, den geweihten Ort mit der nötigen Ehrfurcht zu besuchen und nicht als Füllstelle für geleerte WOMO-Frischwassertanks zu missbrauchen. Sind wir froh, dass wir auch hier sehr willkommen sind und wie überall freundlich empfangen werden. Das sollten wir nicht riskieren.

Dem umtriebigen Leben im Kloster folgt eine Fahrt durch eine bevölkerungsarme Wald- und Moorlandschaft. Zunächst fahren wir ein kleines Stück auf der 32 zurück. Dann biegen wir links Richtung **Iisaku** ab, um auf gut ausgebauter Asphaltpiste die A3 zu erreichen und weiter Richtung Peipsi järv zu gelangen. Achten Sie auf den Picknickplatz nach 11 km links der Straße.

(255) WOMO-Picknickplatz: Jõuga järved

GPS: N 59° 09' 10.8 " E 27° 23' 08.7" (kein Straßenname) **max. WOMOs:** 1-2.
Ausstattung/Lage: Tisch & Bänke, teils überdacht, kleiner Sandstrand am unterhalb liegenden See, Grillstellen, Trockentoilette / außerorts.
Zufahrt: Von der 32 etwas nördlich von Kuremäe links ab Richtung Iisaku abbiegen. Nach 11 km links neben der Straße.

Nach weiteren 1,8 km erreichen wir die A3 und halten uns links, um bereits kurz nach Iisaku (gleich nach der Tankstelle) links abzubiegen. Der nahe **Peipsi järv** wird eins der Ziele in Tour 17.

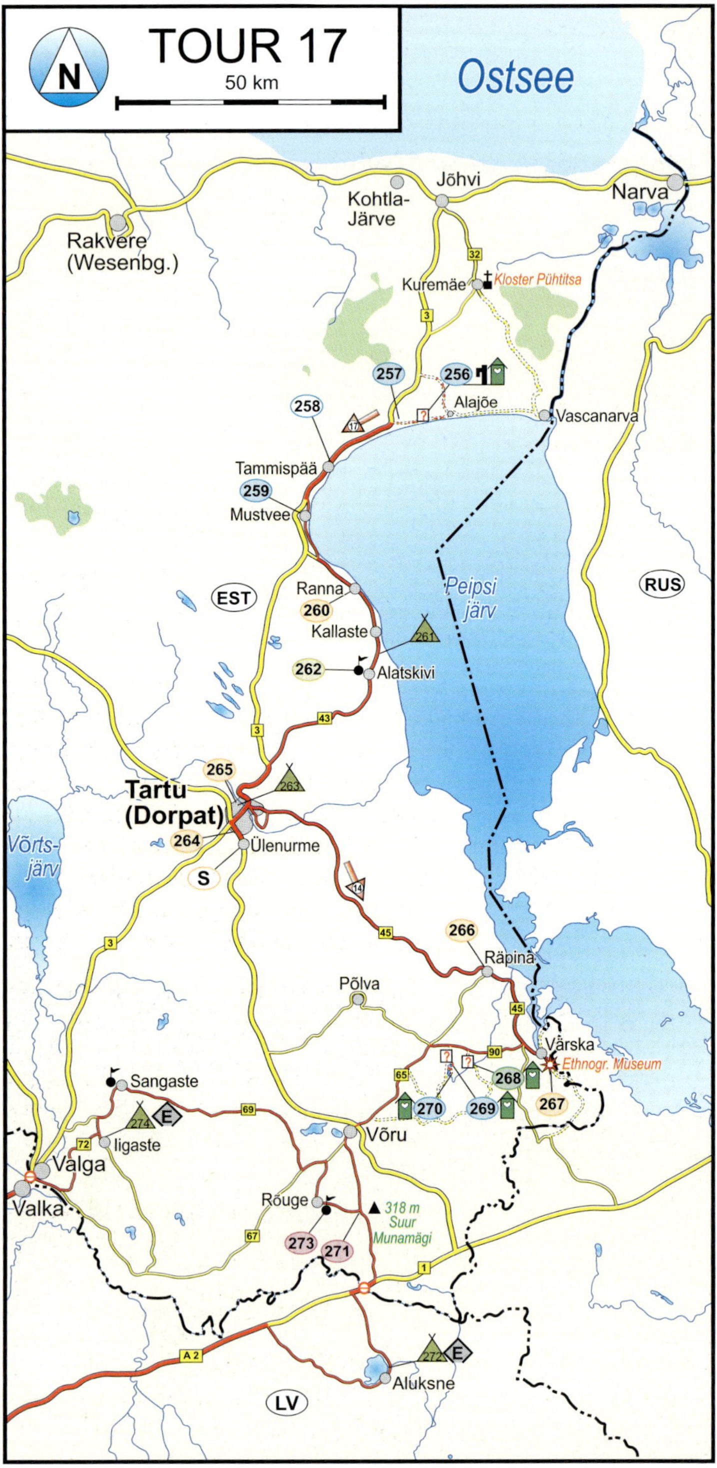

TOUR 17
N
50 km
Ostsee
Jõhvi
Narva
Kohtla-Järve
Rakvere (Wesenbg.)
32
Kuremäe
Kloster Pühtitsa
3
257
256
258
Alajõe
Vascanarva
17
Tammispää
259
Mustvee
EST
Ranna
260
Kallaste
261
Peipsi järv
RUS
262
Alatskivi
43
3
265
263
Tartu (Dorpat)
264
Ülenurme
Võrts-järv
S
14
45
266
Räpina
3
Põlva
45
Värska
90
Ethnogr. Museum
65
268
Sangaste
274
E
69
270
269
267
72
Iigaste
Võru
Valga
Valka
Rõuge
318 m Suur Munamägi
67
273
271
1
A 2
272
E
Aluksne
LV

TOUR 17 (ca. 375 km / 3-5 Tage)

Peipsi järv - Tartu - Värska - Võru - Varianten: Alūksne oder Valga/Valka

Freie Übernachtung:	Uusküla, Kauksi, Mustvee, Alatskivi, Tartu, Ülenurme, Räpina, Värska, Teufelspfad, Weißer und Schwarzer See, Suur Munamägi, Rõuge.
Ver-/Entsorgung:	Tartu - B&B Herne (keine Chemie!), Campingplatz Kodavere, Iigaste (keine Chemie!).
Campingplätze:	Tartu - B&B Herne, Kodavere, Iigaste.
Baden:	Uusküla, Kauksi rand, Tammispää, Mustvee, Weißer und Schwarzer See.
Besichtigen:	Alatskivi, Tartu, Agrarmuseum Ulenurme, Freilichtmuseum Värska, Sangaste.
Wandern:	Teufelspfad, Moorpfad Päikeseloojangu.
Essen:	Alatskivi, Tartu (div. Restaurants), Värska.

Unsere letzte Tour durch Estland führt zu einem der größten Seen Europas, dem **Peipsi järv**. Wir möchten die herrlichen Badestrände des Peipsi järv genießen, denn die Sonne lacht vom Himmel und sorgt für Badewetter. So nehmen wir eine Staubstrecke in Kauf und holpern 12 km nach Südosten, bis wir **Alajõe** und damit den größten See Estlands erreichen.

Nun fahren wir in westlicher Richtung weiter durch den immer wieder durch Dörfer und Feriensiedlungen aufgelockerten Kiefernwald, der auf den Sanddünen wächst und suchen einen Strand.

Der Peipsi järv (Peipus See)

Mit 140 km Länge, 50 km Breite und einer Fläche von mehr als 3.500 km² ist der See etwa 8-mal so groß wie der Bodensee. Er hat 30 Zuflüsse und findet mit der Narva seinen Abfluss. Liegt man an einem der Sandstrände und wüsste es nicht besser, man glaubte am Meer zu liegen. Wir lernen lediglich den nördlichen Teil kennen. Der mittlere Teil, der **Lämmijärv (Warmer See)**, und der ohnehin weitgehend auf russischen Territorium liegende Südteil **Pihkva järv (Pleskauer See)** bleiben außen vor.
Der See bietet reiche Fischgründe für die auch am Westufer in Estland lebenden Menschen altrussischer Herkunft. Ein paar ihrer Dörfer werden wir besuchen und selbstverständlich einmal wieder einen schönen Räucherfisch genießen.

Durchweg sind die Wege zum Strand für Kraftfahrzeuge gesperrt - allzu sehr würde die empfindliche Natur der Dünenwälder unter den Reifenspuren leiden. Doch wird sich das bald ändern, denn wir finden noch den Traum-Badeplatz (siehe Bild vorige Seite):

(256) WOMO-Badeplatz: Uusküla telkimisala

GPS: N59° 00' 00.0" E27° 18' 06.8" (Uusküla) **max. WOMOs:** 1-2.
Ausstattung/Lage: Zeltplatz im Wald, Müllcontainer, Picknick-/Grillstellen, Trockentoilette, Pumpbrunnen (dessen Wasserqualität wir nicht einschätzen können). Fußweg führt über die wenig befahrene Straße und die Düne zum herrlichen Strand (Bild vorige Seite unten)/außerorts.
Zufahrt: Von **Alajõe** her am Seeufer in westlicher Richtung fahren. Nach den Weilern **Katase** und **Uusküla** folgt die Ausschilderung „Telkmine" rechts ab in den lichten Wald. **Wichtig:** Es handelt sich um einen baltikumtypischen Zelt- und Picknickplatz, ist für WOMOs aber bedingt tauglich (für eher kleinere Fahrzeuge, wenn man das Rangieren zwischen den Bäumen nicht scheut).

Hier macht ein Badetag Spaß, wenn das Wetter passt und nicht gerade der typische Wochenendbetrieb herrscht. Wer lieber an einem Parkplatz in der Nähe einer Siedlung mit besserer Zufahrt baden möchte, wird bald auch noch fündig.

(257) WOMO-Badeplatz: Kauksi rand

GPS: N58° 59' 22.2" E27° 13' 41.0"; (kein Straßenname). **max. WOMOs:** 1-2.
Ausstattung/Lage: Bewachter Badestrand bei einer Ferienanlage mit Restaurant / Ortsrand.
Zufahrt: Vom letzten Badeplatz kommend kurz vor Einmündung in die A3 bei Kauksi links ab bis zum Ende des Zufahrtsträßchens fahren. Parken direkt an der Düne auf dem kleinen Parkplatz beim hölzernen Tor (Gebühr).

Bald ist die A3 erreicht, auf der wir uns Richtung Tartu halten. Die folgenden 15 km bis **Tammispää** auf der guten, asphaltierten Piste haben wir schnell hinter uns. Hier befindet sich ein Badeplatz, den wir eher für nicht übernachtungstauglich halten. Aber vielleicht möchten Sie einfach nur kurz picknicken, etwas Sonne tanken und dann weiterziehen? Der Platz auf Privatgelände eines Clubs befindet sich links unterhalb der Bushaltestelle (**GPS 258:** N58° 55' 14.9" E27° 00' 42.5", mit Picknickstelle). Wer hier nicht ganz zufrieden mit der Platzwahl ist, versucht wenige Kilometer südlich in **Mustvee** sein Glück, denn hier macht die verkehrsreiche Autobahn einen Bogen um den Ort und knickt südwestlich nach Tartu ab.

(259) WOMO-Badeplatz: Mustvee

GPS: N58° 50' 52.1" E26° 56' 56.0" (Narva tee). **max. WOMOs:** 1-2.
Ausstattung/Lage: Spielplatz, Badestrand, Liegewiese, Volleyballfeld, Sitzbänke, Gaststätte / im Ort. Daher ist es nicht auszuschließen, dass der Geräuschpegel etwas hoch ist. Für den Fall dient der Alternativplatz direkt nach der kleinen Flussbrücke wenig später.
Zufahrt: An der Durchfahrtstraße durch Mustvee unübersehbar (links).

Nun folgen die altrussischen Dörfer, die sich wie Perlen auf einer Schnur am Seeufer aufreihen. An der hinter den Häusern verlaufenden Durchgangsstraße findet an den Marktständen der eine oder andere Fisch, Obst oder Gemüse den Weg in die Einkaufstasche. Oder man gondelt auf der Uferstraße durch die Reihendörfer **Raja, Tiheda, Kasepää, Omedu und Ranna** die bis Kallaste entlang der Straße liegen, wobei Ihnen Ranna noch einen kleinen Campingplatz bei einem Gehöft bietet:

(260) WOMO-Stellplatz: Ranna - Marjan Maja

GPS: N58° 44' 03.3" E27° 05' 37.1" (an d. 43/ausgesch.). **max. WOMOs:** <10.
Ausstattung/Lage: Trockentoilette, Picknickbank, Müllcontainer, Elektroanschluss, gebührenpflichtig / außerorts bei einem Gehöft.
Zufahrt: Der Platz ist an der Straße 43 ausgeschildert (blaues Zeichen mit Caravansymbol). Erkennungszeichen: Schon von der Straße ist die Ruine der Windmühle links zu erkennen. Zufahrt etwas enger Schotterweg mit ein paar Schlaglöchern. Also Vorsicht! Tel. +372/776 5366.
Alternative: 4 km weiter südlich ein weiterer kleiner Campingplatz neben der Straße - **GPS 261:** N58° 42' 16.1" E27° 08' 15.5", schöne Zeltwiese, direkt neben der Straße 43 kurz nach Kodavere.

Bei **Kallaste** nehmen wir Abschied vom See und fahren auf der 43 weiter, nicht ohne in **Alatskivi** das gleichnamige Schloss anzuschauen. Es ist ein sehenswertes Bauwerk (im Ort rechts ab ausgeschildert), das dem Sommerschloss Balmoral der Windsors in Schottland nachgebaut ist. Die Rekonstruktionsarbeiten dürften noch eine ganze Weile dauern. Aber zu unserer Freude sehen wir, dass bereits ein schmuckes Restaurant im

Schloss seine Pforten eröffnet hat. Wer nach der Einkehr freundlich nachfragt, ist gern auch auf dem Parkplatz über Nacht willkommen!

(262) WOMO-Gaststätte: Alatskivi - Lossi Restoran

GPS: N58° 36' 13.4" E27° 07' 46.3" (kein Straßenname) **max. WOMOs:** 1-2.
Ausstattung/Lage: Parkplatz vor dem Schloss bzw. im Schlosspark. www.lossirestoran.ee - im Restaurant estnische, deutsche und schottische Küche / Ortsrand.

Zufahrt: Das Schloss ist an der Straße 43 ausgeschildert (braunes Schild).
Sonstiges: Empfehlenswerte Besichtigung von Schloss und Park, denn nach und nach wird klar, in welchem Glanz das Schloss einmal erstrahlte.

Nun steht mit **Tartu** die kulturelle Hauptstadt Estlands bevor, die sich angesichts der altehrwürdigen Universität so nennt. Dieser Stadt sollte man unbedingt etwas von der kostbaren Urlaubszeit opfern. Es finden sich in Zentrumsnähe (gebührenpflichtige) Parkstreifen am Straßenrand. Mit der Stellplatzsituation allerdings ist es so eine Sache. Denn die Tourist Information hat leider (noch?) nur zwei Alternativen zu bieten:

(263) WOMO-Campingplatz: Tartu - B&B Herne

GPS: N58° 23 ' 20.3" E26° 42' 26.9" (Herne 59). **max. WOMOs:** 1-3.
Ausstattung/Lage: WOMO-Stellplatz in der Hofeinfahrt des B&B-Gästehauses in der Straße Herne 59. WC, Strom-/Wasserversorgung und Aufenthaltsraum/Küche im Haus (Kanister fürs Wasser!). Aufgrund der geringen Platzkapazität (siehe Bild) unbedingt eine vorherige Reservierung sinnvoll (über die örtliche Tourist Information im Rathaus oder telefonisch: +372/51 67 91(mobil)/+372/44 1959 (Festnetz). Erwähnt werden darf aber sicher die freundliche, familiäre Atmosphäre im Hof der Familie Hannes Jäär.

Zufahrt: In der Stadt Richtung Tallinn halten, dann in die Straße „Herne" rechts abbiegen und fast bis zum Ende durchfahren.
Alternative: Bei Bedarf können Sie den Platz beim Hotel Rehe aufsuchen. **Zufahrt:** An der Ausfallstraße Richtung Võru rechts gut sichtbar. **GPS 264:** N58° 20' 04.0" E026° 42' 32.7").

Beide Plätze bieten eine geringe Stellplatzkapazität, weshalb wir nach einer freien Stellplatzalternative gesucht haben:

(265) WOMO-Stellplatz: Tartu Tähtvere Spordip

GPS: N 58° 23' 22.1" E 26° 42' 18.4" (Herne) **max. WOMOs:** 2-3.
Ausstattung/Lage: Asphaltplatz, nahe Sportanlagen, Mülleimer/im Ort.
Zufahrt: Die Straße Herne bis ganz ans Ende fahren, dann links ab. Am Ende der Straße befindet sich ein großer Parkplatz bei den Sportanlagen, wo man durchaus akzeptabel frei stehen kann.

Rundgang durch die Universitätsstadt Tartu

Wie schon in den anderen sehenswerten Städten fällt es uns auch in der 100.000 Einwohner zählenden Stadt nicht leicht, Einzelnes für eine Besichtigung zu empfehlen. Denn es macht einfach großen Spaß, durch die Gassen der fast 1000 Jahre alten Stadt zu bummeln und die lebhafte Studentenstadt mit zahlreichen Kneipen und Restaurants zu genießen. Es werden Ihnen zahlreiche bekannte Namen aus Kultur, Geschichte und Wissenschaft wie Karl Ernst von Baer, Begründer der Embryologie, oder Gustav Adolf II., der schwedische König, begegnen, denen man ein Denkmal gesetzt hat.

Starten Sie am Rathaus (Bild oben), wo Sie sich im Tourist Informationsbüro mit einem Stadtplan versorgen können, der einen Rundgang zu allen wichtigen Sehenswürdigkeiten vorschlägt. Oder nehmen Sie an einer Stadtführung teil, die dort angeboten werden. Doch Vorsicht! Es könnte Ihnen so ergehen, wie unserer Stadtführerin, einer gebürtigen Finnin. Sie hatte Tartu nur für ein Wochenende besucht. Heute bezeichnet sie die Stadt als „ihre große Liebe" und Heimat.
Auf dem Rathausplatz (Raekoja plats), am Fuß des neoklassizistischen Rathauses, erfreut der herrliche Brunnen mit dem küssenden Liebespaar seine Besucher.

Schöne Restaurants und Cafés tun ein Übriges, damit die Gäste und Einheimischen sich wohl fühlen. Doch warten einige interessante Baudenkmäler auf Sie. Beim Rathaus rechts ab gelangt man zur Universität, wo man erstaunlich häufig die deutsche Sprache hört und weiter zur **St. Johannis Kirche**. Ihre Geschichte geht auf das Jahr 1323 zurück.

Berühmt ist das gotische Gotteshaus für seine über 1.000 erhaltenen Terrakottafiguren, welche die Außen- und Innenwände verzieren. Nach Behebung der Kriegsschäden, finanziert mit Unterstützung der Bürger von Tartu sowie anderer Hansestädte konnte die Kirche am 29.6.2005 wieder geweiht werden. Für die Einwohner - gläubig oder nicht - ist sie deshalb nicht nur ein Gotteshaus. Sie steht auch für die wieder erlangte Freiheit und Unabhängigkeit.

Überragt wird die Altstadt vom Domberg, auf dem sich die imposante Ruine der dreischiffigen Basilika aus dem 13. Jh. befindet. Sie ist schon im Livländischen Krieg zerstört worden. Im 19. Jh. wurde der Chor als Unibibliothek wieder hergerichtet. Heute beherbergt er das Geschichtsmuseum der Universität. Die Türme dienen als Aussichtsplattform.

Über die Engelsbrücke - der Name geht auf den früheren Englischen Garten zurück - geht man zur ehemaligen Bastion oberhalb des Pulverkellers, in dem heute ein Bierrestaurant seine Gäste mit eigenem Bier und deftigen Speisen verwöhnt. Und man gelangt zu weiteren Universitätsgebäuden, unter anderem dem Anatomium mit der medizinischen Sammlung. Nebenan verbindet übrigens die Teufelsbrücke (dem russischen Zaren gewidmet) die Hügel. Mit einem Schmunzeln erfahren wir, dass die *Engels*brücke als Symbol für den freien Westen und die *Teufels*brücke für die russische Unterdrückung stehe - ein Beleg für das nicht unbedingt innige Verhältnis zum ehemaligen Bruderstaat.

Eine weitere Bastion der ehemaligen Festung eröffnet einen herrlichen Blick auf die Altstadt, in die wir von hier aus über einen schmalen Pfad wieder hinabsteigen.

Die Stadt bietet, wie schon erwähnt, noch einiges, das Sie in Ruhe selbst entdecken und genießen können. Wir haben uns zum Beispiel für eine vorzügliche Schokoladentorte im für seine süßen Spezialitäten bekannten Café Pierre am Rathausplatz entschieden, von wo man übrigens sogar Pralinen nach Belgien exportiert - und das heißt etwas, oder?

Abstecher in den Südosten Estlands

Haben Sie weniger Zeit und möchten zügig vorwärts kommen, fahren Sie auf der A2 Bis **Võru**, wo wir uns wieder treffen werden.

Sollten Sie noch Lust und Zeit haben, können Sie auf der Weiterfahrt das Agrarmuseum im Vorort **Ülenurme** besuchen, dessen Parkplatz auch als Stellplatzalternative dient (**GPS :** N58° 19' 01.8" E26° 43' 15.5").

Dort starten wir Richtung Südosten und fahren auf der Straße 45 durch eine dünn besiedelte, aber schöne Landschaft. Immer wieder sind alte Gutshöfe ausgeschildert, von denen das ausgeschilderte **Gut Moos-**

te besonders zu erwähnen ist. Später lohnt sich ein Halt in **Räpina**, um Einkäufe zu erledigen, die lutherische Kirche zu besichtigen (Bild) oder den Badeplatz zu nutzen (**GPS 266:** N58° 05' 58.9" E27° 27' 27.5"/im Ort /Võhandu). Nach weiteren 18 km gelangen wir an die Abzweigung Richtung **Värska**, einem Ort im äußersten Südosten des Landes. Warum führen wir Sie hier ans Ende der Welt? Grund ist das ethnografische Museum mit Stellplatzmöglichkeit, aber auch der eine oder andere schöne Platz in der herrlichen Natur.

(267) WOMO-Stellplatz: Värska - Seto talumuuseum

GPS: N57° 56' 34.4" E27° 38' 59.0" (kein Straßenn.). **max. WOMOs:** 1-2.
Ausstattung/Lage: Das Museum verfügt über zwei Parkplätze - einer asphaltiert, einer geschottert, bei den beiden Eingängen zum Gelände. Am ersten Parkplatz zudem die Gaststätte.
Zufahrt: In Värska bei der Einmündung gegenüber der Tourist-Information rechts abbiegen und noch exakt 2 km weiterfahren.

Das ethnografische Museum (Seto talumuuseum)

Es ist ein kleines, aber feines ethnografisches Museum, in dem nicht nur Gegenstände aus dem Leben früherer Tage ausgestellt sind. In der Hauptsaison (Juni-Mitte August) sowie an Wochenenden bzw. auf Bestellung wird ein umfassendes folkloristisches Programm geboten, von Tanzaufführungen bis zu typischen Handarbeiten und Handwerk der Volksgruppe der Setomaa, welche durch die Grenzziehung zwischen Russland und Estland getrennt wurde. Besonders hervorzuheben sind die Gesänge der Setomaa, die durch Kehlkopflaute sehr eigen klingen. Beim Eingang des Museums kleine urige Gaststätte (Bild). Nach Einkehr kann dort wegen einer Übernachtung im WOMO nachgefragt werden.

Wir fahren nun ein Stück retour, um im Ort links abzubiegen und uns später wieder links Richtung Põlva zu halten. Nach 10 km folgt ein Bahnübergang. Machen Sie langsam - wir haben schöne Bade- und Wanderparkplätze für Sie parat:

(268) WOMO-Wanderparkplatz: Teufelspfad

GPS: N57° 57' 25.6" E27° 24' 23.2" (kein Straßenn.). **max. WOMOs:** 1.
Ausstattung/Lage: Kleine, geschotterte Parkfläche am Rand des Schotterweges, der von der Bahnlinie aus südwärts führt, Mülleimer, Trockentoilette und Infotafel über den Naturpfad zu den Meteoritenkratern Kuradihaud (Teufelsgrab), Porguhaud (Höllengrab) und Hondihaud (Gespenstergrab)/außerorts.
Zufahrt: Von Värska Richtung Põlva fahren. Direkt nach der Überquerung der Bahnlinie links ab, dann 1 km weiter fahren bis zum Parkplatz.

WOMO-Wandertipp: Teufelspfad

Vom Parkplatz aus startet man auf Holzbohlen zum großen Meteoritenkrater. Der Beginn des Pfades ist durch einige Skulpturen des gehörnten Gesellen mit Pferdefuß und Schwanz unterhaltsam gestaltet. Eine Legende sagt, dass man auf dem Weg zu den Kratern das Wort T..... nicht in den Mund nehmen dürfe. Sonst werde man zum Gehilfen des Chefs der Unterwelt... Leider lässt die Markierung etwas zu wünschen übrig. So beschränken wir uns auf den größten Krater und wandern noch etwas ins Moorgebiet, bevor ein Regenguss unsere Tour beendet. Doch sicher haben Sie mehr Glück.

Sie haben eher Lust auf einen gemütlichen Badetag oder ein kräftiges Picknick an einer Grillstelle? Auch kein Problem - wir haben zwei Alternativen zur Auswahl für Sie:

(269) WOMO-Badeplatz: Valgjärv (weißer See)

GPS: N57° 56' 32.6" E27° 20' 56.1" (kein Straßenn.). **max. WOMOs:** 1-2.
Ausstattung/Lage: Asphaltierter Parkplatz, wenige Schritte vom Picknick-/Grillplatz und dem Zugang zum See entfernt. Trockentoilette, Mülltonne/außerorts.
Zufahrt: An der Straße Värska-Põlva, im Weiler Vändramaa, nach links ausgeschildert. Dann 3,5 km Schotterstraße bis zu einer Gabelung fahren, dort links halten (ausgeschildert Piknikukoht).
Sonstiges: Der See zeichnet sich durch besonders klares, reines Wasser aus, angeblich das beste und sauberste Wasser Estlands. Die Sicht soll oft sogar bis 8 m in die Tiefe reichen.

(270) WOMO-Badeplatz: Mustjärv (schwarzer See)

GPS: N57° 56' 04.2" E27° 20' 38.2" (kein Straßenn.). **max. WOMOs:** 1-2.
Ausstattung/Lage: Geschotterter Parkplatz bei einem großen Picknick-/Grillplatz mit mehreren, teils überdachten Picknickbänken, Biwakhütten und Holzvorrat für die Feuerstellen. Zugang zum See. Trockentoilette, Mülltonne/außerorts.
Zufahrt: An der Straße Värska-Põlva im Weiler Vändramaa nach links ausgeschildert . Dann bis zur o. g. Gabelung fahren, dort rechts halten und dann links ab (Schild: Mustjärve Picknikukoht).

Der Schwarze See wird in einem Prospekt als „Cola-See“ bezeichnet, weil sein Wasser schwarz sei wie die dunkle Limonade. Mit schlechter Wasserqualität hat das aber nichts zu tun hat, denn das Wasser ist vom benachbarten Hochmoor eingefärbt, in das man bei der beschriebenen Gabelung auf einem Holzbohlenweg wandern kann (2,5 km ein Weg - Ausschilderung „Päikeseloojangu“ von der Zufahrt zu den Picknickplätzen/Badeplätzen mit einem kleinen Holzschild markiert).

Nun geht es weiter Richtung Põlva. 4 km nach der Einmündung biegen wir links ab und fahren bis **Võru**. Dort fahren wir mitten in die Stadt, um einzukaufen und zu tanken. Vor allem aber möchten wir auf ein Nebensträßchen wechseln, das uns zum höchsten Berg des Baltikum führt.

Halten Sie sich in **Võru** zunächst auf der Straße 67 Richtung Valga, biegen aber beim Bahnübergang links ab Richtung Luhamaa und Haanja. Die Landschaft wird hügeliger und bewaldet. Nach 11 km fährt man durch Haanja und erreicht bald die 300 m hohe Passhöhe (!), um wortwörtlich den Höhepunkt des Baltikum zu erstürmen und auf dem Stellplatz zu bleiben.

(271) WOMO-Picknickplatz: Suur Munamägi

GPS: N57° 42' 54.5" E27° 03' 19.7" (kein Straßenn.). **max. WOMOs:** 1-2.
Ausstattung/Lage: Parkplatz am Fuß des höchsten Gipfels des Baltikums. Picknickbank, Grillstelle, Trockentoilette, Mülleimer / außerorts.
Zufahrt: Kurz vor der Passhöhe links neben der Straße.
Sie können auch auf den Parkplatz beim Café ausweichen (in der Hauptsaison Einkehr möglich).
Sonstiges: Spaziergang entweder auf betoniertem Weg/Treppe zum 318 m hohen Gipfel oder vom Parkplatz aus auf steilem Wanderpfad. Vom Gipfel kann man laut Prospekt die Wolken berühren, zumindest wenn man gegen eine geringe Eintrittsgebühr den Aussichtsturm besteigt (bzw. mit dem Aufzug hinaufschwebt). Der Ausblick ist überwältigend, eine Windrose informiert darüber, was man wo sieht.

Nun geht unsere Reise durchs Baltikum fast zu Ende. Sind Sie knapp mit der Zeit, fahren Sie nach Süden. Es liegt noch eine herrlich kurvige Berg- und Talstrecke vor Ihnen. Sie durchfahren wohlklingende Dörfer wie **Villa**, sind aber nicht in Italien, auch wenn die Landschaft durchaus toskanatauglich wäre. Nach gut 10 km ist die Autobahn A2 und bald danach die Grenze nach Lettland erreicht. Die A2 bringt Sie Richtung Rīga und von dort in die Fährorte, wobei Sie unterwegs nochmals im Gauja Nationalpark Station machen können. Vielleicht macht Sie auch noch unser Abstecher nach **Alūksne** an, um zuletzt einen schönen Badetag zu genießen?

(272) WOMO-Campingplatz: Kodavere

GPS: N57° 26' 13.1" E27° 06' 23.4" (Ezermalas iela). **Öffnung.:** Mai-Mitte Sept.
Ausstattung/Lage: Campingwiese See, schön angelegt mit Zugang zum Strand. Sauna, Trockentoilette, Sanitärausstattung mit Weststandard bei unserer Recherche im Bau. Ver-/Entsorgungsstation.
Zufahrt: An der östlichen Seite des Sees ausgeschildert - leider leicht zu übersehen, da nur von Alūksne kommend zu erkennen (teilweise schlechte Schotterstraße!).

Haben Sie sich für Alūksne entschieden, sollten Sie sich die Zeit nehmen um das Städtchen mit dem sehenswerten Schloss und einem einzigartigen Bibelmuseum anzuschauen. Haben Sie etwas mehr Zeit, folgen Sie uns nördlich des Suur Munamägi westwärts nach **Rõuge**, um zu bleiben oder zu wandern.

(273) WOMO-Stellplatz: Ööbikuru linnamägi

GPS: N 57° 43' 42.3" E 26° 56' 18.6" (kein Straßenname) **max. WOMOs:** 2-3.
Ausstattung/Lage: Großer Schotterplatz Mülleimer, Blockhaus mit Toilette, Infotafel zu Wanderungen und Aussichtsturm / Ortsrand.
Zufahrt: An der Ortsdurchfahrt nicht übersehbar.

Wir fahren an der Kirche vorbei und folgen der Ausschilderung nach **Võru**, bis wir auf die 67 gelangen und uns Richtung Valga orientieren. Es folgt ein Sprung von gut 50 km auf guten Straßen durch eine schöne Landschaft. Wenn Sie möchten, können Sie mit **Schloss Sangaste** die Kopie von Windsor Castle besichtigen (**GPS:** N57° 54' 07.0" E26° 17' 00.2"). Oder Sie beschließen Ihre Reise wie wir auf dem Campingplatz in **Iigaste** zu beenden:

(274) WOMO-Campingplatz-Tipp: Iigaste - Kalda talu

GPS: N 57° 49' 48.8" E26° 16' 43.5" (kein Straßenn.). **offen:** Ganzjährig.
Ausstattung/Lage: Toilette/Dusche, Sauna, Stromanschluss, Müllentsorgung. Parkplatz und V/E (wenn ohne Tolettenchemie) für WOMOs. Inhaber ist Deutscher, der seit 1994 in Estland lebt und mit viel Liebe und Einsatz den Platz errichtete.

Zufahrt: Von Sangaste auf der 72 bis Laatre, dort links ab nach Süden bis Iigaste, dort der Ausschilderung folgen.

Nun können Sie sich über 72 und später über die A3 nach Süden bis Valga aufmachen. Weiter geht es dann über Valmiera Richtung Rīga. Welchen Weg Sie zu einem Fährhafen oder Richtung Polen nehmen, unsere Tourenvorschläge bieten Ihnen in jedem Fall genug Stellplätze für unterwegs, ebenso wie WOMO-Band 61 (Nord-Polen).

Uns bleibt, Ihnen gute Fahrt zu wünschen, kommen Sie gut heim und behalten Sie das Baltikum in guter Erinnerung!

TIPPS von A - Z (alle Angaben ohne Gewähr!)

Die folgenden Tipps und Informationen haben wir gewissenhaft zusammengetragen. Dennoch können wir - wie bei allen Angaben im Buch - keine Gewähr für die Richtigkeit und Vollständigkeit übernehmen, denn naturgemäß „altern" auch diese Tipps. Dennoch werden sie Ihnen sicher eine wertvolle Hilfe bei der Reise und deren Vorbereitung sein.

Abwasserentsorgung

In Litauen, Lettland und Estland ist die auf Wohnmobiltourismus zugeschnittene Infrastruktur bei weitem noch nicht so fortgeschritten wie in anderen Reiseländern. Seien Sie sich bewusst, dass häufig eine Ver- und Entsorgungsmöglichkeit fehlt und das anderweitige Ablassen des Grauwassers nicht immer vermeidbar sein dürfte. Wenn Sie eine Ver- und Entsorgungsstationen suchen, dann werden Sie unserer Erfahrung nach meist auf den (noch) wenigen nach westlichem Standard ausgestatteten Campingplätzen fündig. Sie liegen meist in oder nahe den Touristenhochburgen und sind in den Verzeichnissen aufgeführt, die Sie vom Baltischen Fremdenverkehrsamt erhalten. Ansprechende Plätze an unseren Tourstrecken haben wir in den Tourtexten aufgeführt.
Wohin also im Zweifel mit dem Inhalt des Abwassertanks? **Keinesfalls** sollten Sie die WOMO-Sippe in Verruf bringen, weil das Spülwasser über die Parkfläche läuft und dem Nachbarn Zeugnis hinterlässt, was noch kurz zuvor an Resten auf dem Teller blieb. Der dauerhaft offene Absperrhahn des Grauwassertanks oder der „Eimer ohne Boden" sind **tabu**! Es wäre eine absolute Sauerei, das Abwasser einfach so auf den Asphalt trielen zu lassen, denn es läuft den Nachbarn dann direkt vor die Füße.
Mit etwas Glück finden Sie eine Kläranlage, wo Sie das Wasser loswerden. Wenn es aber gar nicht vermeidbar ist, sollten Sie das Wasser „diskret" auf Brachland oder wenigstens in einem Straßengraben ablassen, nach Möglichkeit in ein tiefes Loch, das Sie zuvor ausgehoben haben. Den Rest regelt Mutter Natur mit ihren Bodenbakterien - **wenn Sie keine (weitgehend unnütze) Chemie in den Abwassertank gegeben haben**. Übrigens verwenden wir aus diesem Grunde ein Outdoor Spül-/Wasch-/Duschgel. Das klappt prima. Es kann vielseitig verwendet werden und wird von Bodenbakterien abgebaut. Vermeiden Sie aber das Ablassen in fließende oder stehende Gewässer. Dort gibt es die fleißigen Bodenbakterien nicht und die chemischen Bestandteile der Dusch-/Wasch-/Spülmittel (selbst unserer Outdoor-Seife) richten unnötigen Schaden an.
Generell sollten Sie einen fest installierten, ausreichend großen Abwassertank im oder am Fahrzeug haben (pro Person mindestens 10-20 Liter). Die Ablaufleitung rangiert man über den Gully der Entsorgungsstelle. Da diese oft nicht über einen Gully verfügen, sollten Sie einen Schlauch (mind. 1-2 m Länge) haben, um das Abwasser in den Ausguss der Entsorgungsstelle ablassen zu können.
Oder Sie behelfen sich, wie bei kleineren WOMOs häufige Praxis, mit einem zum Abwasserkanister umfunktionierten Faltkanister, der ans Abflussrohr angehängt und bei Bedarf zur Abwasserstation gebracht wird bzw. mit einem Eimer (aber bitte mit Boden!). Haben Sie eine herausnehmbare Abwasserkassette auch fürs „Grauwasser", haben Sie da kein Problem.
Auf die Leerung der Camping-Toilette gehen wir unter „Toiletten" ein.

Auto fahren in den Baltischen Staaten

Die Straßen im Baltikum sind hinsichtlich Kapazität und Straßenbelag meist mit den Verkehrswegen in der Heimat vergleichbar. Doch finden Sie auch unbefestigte, enge Nebenstrecken mit Schotterbelag.
Wesentlich dünner ist der Schilderwald - man muss manchmal einen ge-

wissen Orientierungssinn beweisen. Jedoch entsprechen die vorhandenen Verkehrszeichen der gewohnten europäischen Norm, wobei wir ein paar Besonderheiten entdeckt haben, beispielsweise beim Belagwechsel oder das aus Skandinavien bekannte Elchwarnschild. Die Warnung vor Zwergen in Tērvete war ja noch als Scherz erkennbar. Auf den ersten Blick exotisch, aber durchaus sinnvoll, mutet dagegen das Schild bei einem Seniorenheim in der Nähe von Haapsalu an.

Straßenzustand
Die Haupt- und Verbindungsstraßen sind meist gut ausgebaut. Als Autobahn bezeichnete Fernstraßen sind aber nicht immer mit den in der Heimat gewohnten 4- oder 6-spurigen Betonpisten zu vergleichen. In weniger verkehrsreichen Gegenden sind sie eher einer von zu Hause gewohnten Bundesstraße vergleichbar. Es gibt (selbst auf 4-spurigen Strecken!) Wendestellen oder die Möglichkeit, links abzubiegen. Das kreuzungsfreie Ein- und Ausfahren ist also nicht immer gesichert. Das ist bei starkem Verkehr kritisch und erfordert Ihre erhöhte Aufmerksamkeit!
Auch kann da und dort eine Bushaltestelle oder ein Traktor zur Gefahrenstelle werden - Fußgänger und (wenn auch ganz selten) ein Pferdefuhrwerk können schon mal auf der Autobahn zu sehen sein. Daher ist es äußerst wichtig, umsichtig und unter Einhaltung des Tempolimits zu fahren!

Schotterstraßen/Nebenstrecken
Je nach Fahrzeugtyp sollte man die Auswahl dieser **Nebenstrecken** kritisch prüfen. In unseren Tourenvorschlägen sind kritische Passagen deutlich hervorgehoben. Man kann sich mit angepasster Fahrweise darauf einstellen, indem Schotterstraßen zügig, aber vorausschauend befahren werden. Achten Sie auf immer wieder vorkommende Schlaglöcher und „Waschbretter" und halten Sie Abstand zum Vordermann. Bei Gegenverkehr nehmen sie das **Tempo herunter und fahren möglichst weit rechts**, damit Steinschlag vermieden werden kann. Das gilt besonders, wenn LKWs entgegen kommen oder man überholt wird. Der WOMO-Aufbau wird es Ihnen danken, wenn Sie Steinschläge vermeiden können.

Busverbindungen
Die baltischen Länder bieten ein gutes und vor allem sehr preisgünstiges Netz an Buslinien. Im WOMO-Urlaub dürfte das in der Nähe der Ballungsgebiete der Hauptstädte von Interesse sein, wenn der Bus (manchmal auch die Bahn) eine gute Alternative zur Fahrt in die Innenstädte ist.

Abblendlicht
Generell ist ganzjährig während der Fahrt das Abblendlicht einzuschalten.

Alkohol im Straßenverkehr
Dies bedeutet eigentlich keiner weiteren Erläuterung! Es ist immer besser, ohne Alkohol zu fahren. Gesetzlich sind in Estland 0,0 Promille, in Lettland 0,5 Promille und in Litauen 0,4 Promille als Höchstgrenze zugelassen.

Ampelregelung
Die Farbfolge der Ampeln ist Grün - Blinkendes Grün - Gelb - Rot. Das blinkende Grün entspricht unserem „Gelb" und heißt Anhalten.

Kraftstoff/Tanken
Das Tankstellennetz ist gut ausgebaut. Längere Strecken ohne Tankstelle gibt es kaum. Doch Vor dem Befahren der dünn besiedelten Landstriche und Inseln sollte geschaut werden, es nicht auf den letzten Liter ankommen zu lassen. Tanken Sie lieber auch mal nur eine halbe Füllung auf, um nicht irgendwo in der Einsamkeit wegen Spritmangel hängen zu bleiben.
Es gibt im Baltikum noch bleihaltigen Kraftstoff (rote Zapfpistole). Das ist wichtig für die Benziner. Bleifrei Super heißt 95E (Super Plus 98E), das aus grünen Zapfpistolen sprudelt, wobei das E für bleifreien Sprit steht.

Bei Dieselkraftstoff ist es einfacher - er wird mit D bezeichnet oder ganz einfach mit „Diesel“ und kommt aus schwarzen Zapfpistolen.
Alle von uns angesteuerten Tankstellen akzeptierten die gängigen Kreditkarten, die Maestro-Karte (früher: Eurocheque-Karte) und natürlich Bares. Außerhalb der Öffnungszeiten steht manchmal, meist in Städten, ein Tankautomat zur Verfügung, der die Nutzung der Maestro- oder Kreditkarte (mit PIN) oder Banknoten erfordert. Freuen dürften Sie sich bei all dem, dass die Kraftstoffpreise deutlich günstiger als zu Hause sind.

Fahrzeug

Für Wohnmobile gibt es nichts Wesentliches zu beachten, was nicht auch in der Heimat beachtet werden muss. Es genügt, den **(EU-)Führerschein** und die **KFZ-Papiere** mitzuführen. Die **Grüne Versicherungskarte** wird empfohlen. Achten Sie darauf, dass die **Baltischen Staaten ausdrücklich aufgeführt sind** (im Zweifel bei Ihrer Versicherung nachfragen). Es empfiehlt sich zudem der **Abschluss eines Schutzbriefes**, damit im Fall der Fälle, den wir nicht erhoffen, kein großes Problem aus der Panne wird. Telefonieren im Auto ist nur mit einer Freisprechanlage erlaubt.
Kleinere Schäden am Fahrzeug können häufig vor Ort repariert werden. Es gibt ein dichtes Netz von Fachwerkstätten der gängigen Marken.
Für Steinschlagschäden hilft eine **Ersatzwindschutzscheibe** aus dem Zubehörhandel für ein paar Euro.
Ein Luftdruckmesser ist sinnvoll, um die Reifen beobachten zu können. Wenigstens **1-2 l Motorenöl** zum Nachfüllen bei Bedarf machen auch Sinn, ebenso wie eine Abschleppstange/-seil und Bordwerkzeug.

Parken

Es ist meist kein Problem, einen auch für WOMOs geeigneten Parkplatz zu finden. Wobei natürlich die ganz Großen auch hier (wie überall) Einschränkungen in Kauf nehmen müssen. Jeder Meter über die 6m-Klasse hinaus macht die Parkplatzsuche schwieriger, oft unmöglich. Aber das wissen Sie vermutlich selbst. In Ballungsgebieten finden Sie meist in Zentrumsnähe bewachte Parkplätze, die wie folgt bezeichnet sind:
EST: valvega autoparkla
LV: apsargāta aut stāvvieta
LT: saugoma automobilių oder stovėjumo aikštelė

Tempolimit

Innerorts gilt in allen drei Ländern ein Tempolimit von 50 km/h, außerorts 90 km/h und auf Autobahnen/Schnellstraßen (erkennbar an grünen Verkehrstafeln) 110 km/h. Das gilt für alle, die mit bis zu 3,5 t unterwegs sind. Für WOMOs > 3,5 t wird es etwas komplizierter:
In **Lettland** reduziert sich das Autobahntempo auf 90 km/h.
In **Estland** ist auf der Autobahn bei 80 km/h Schluss, auf Landstraßen bei 70 km/h.
Und in **Litauen** können Sie (bis 7,5 t) auf der Autobahn so schnell wie die PKW fahren - 110 km/h, auf der Landstraße dagegen müssen Sie sich (und Ihr WOMO > 3,5 t) auf 70 km/h bremsen.

Sicherheitsgurt

Ist Pflicht. (Bei Kindern bis 12 Jahre zusätzlich ein zugelassenes Rückhaltesystem/Kindersitz, möglichst auf dem Rücksitz).

Baden und Wassersport

An den Seen im Binnenland wie an den Stränden der Ostsee gibt es zahlreiche öffentliche Badestrände, sogar an den vermeintlich durch Privatgrundstücke „belegten“ Ufern. Die Strände sind meist durch ein Schild oder Piktogramm gekennzeichnet und verfügen über gut erreichbare Parkplätze, manchmal verbunden mit Picknick- und Zeltplätzen.
In touristisch gut erschlossenen Orten (in den Ballungsgebieten der Haupt-

städte und an den Küsten) gibt es darüber hinaus Frei- und Hallenschwimmbäder, die meist von Mai bis August geöffnet sind, Hallenbäder naturgemäß eher im Winterhalbjahr. Die Eintrittspreise sind günstiger als zu Hause und wir finden in der Regel gepflegte und schöne Badestätten vor.
Darüber hinaus haben wir einige Heilbadeorte besucht, wo ein Rundum-Wohlfühltag eingelegt werden kann, zumal das günstiger ist als zu Hause. An Seen und Flüssen finden Paddelbegeisterte außerdem zahlreich die Gelegenheit, Ihrem Hobby nachzugehen.

Campingplätze

Es gibt einige, aber noch nicht allzu viele Campingplätze mit westlichem Standard. Meist ist die Sommer-/Hauptsaison der Campingplätze kürzer als zu Hause, sodass sie meist nur von ca. April/Mai bis August/September geöffnet sind, nur wenige ganzjährig.
Zahlreich fanden wir Plätze mit sehr einfachem Standard vor, die teils mit Dusche/WC oder einfachen Zusatzausstattungen verbessert wurden. Das Preisniveau ist für fast alle Plätze deutlich geringer, als wir es aus Mitteleuropa gewohnt sind. Kalkulieren Sie ca. 5-10 EUR pro WOMO und Nacht, in Ballungsgebieten etwas mehr bis zum Doppelten.

Es gibt zudem eine große Zahl „alter" Campingplätze/Zeltplätze, die teils kostenfrei genutzt werden können. Sie bieten meist nur Minimalausstattung mit Trockentoilette sowie Picknick- und Grillstellen, manchmal noch einen Pumpbrunnen (dessen Wasserqualität nicht immer einwandfrei ist). Diese Plätze bezeichnen wir im Text als Picknickplätze. In manchen Naturparks wird eine (geringe) Gebühr fürs Parken kassiert. Die Ausschilderung ist oft das abgebildete Schild.

Informationsadressen:
Litauen: The Lithuanian Camping Association (Slėnio gatvė 1,Trakai/Lithuania) - info@camping.lt - www.camping.lt
Estland: www.all-estonia-camping.com
Lettland Latvijas kenpingu asociācija (Alkšņu iela 30, LV-2008 Jūrmala) www.camping.lv

Diplomatische Vertretungen

Botschaft der Bundesrepublik Deutschland

In Estland:
Toom-kuninga 11
EE-15048 Tallinn
Tel. +372/62 75 300
www.germany.ee

In Lettland
Raiņa bulv. 13
LV-1050 Rīga
Tel. +371/722 9096
www.deutschebotschaft-riga.lv

In Litauen
Sierakausko gatvė 24-8
LT-2600 Vilnius
Tel. +370/5 216 3627
www.deutschebotschaft.wilna.lt

Botschaft der baltischen Staaten in Deutschland

Botschaft Estlands
Hildebrandstr. 5
10785 Berlin
Tel. +49/30/254 60600
www.estemb.de

Botschaft Lettlands
Reinerzstr. 40-41
14913 Berlin
Tel. +49/30/826 00222
www.botschaft-lettland.de

Botschaft Litauens
Charitestr. 9
10117 Berlin
Tel. +49/30/890 6810
www.botschaft-litauen.de

Schweizerische Botschaften
Botschaft der Schweiz in Finnland
(zuständig auch für Estland)
Uudenmaankatu / Nylandsgatan 16A
SF - 00120 Helsinki
Tel. +358 9 622 9500
Fax +358 9 622 95050
www.eda.admin.ch/helsinki_emb/e/home.html

Generalkonsulat der Schweiz
Tuvi 12-28
EE - 10119 Tallinn
Tel.: +3726 313 041
Fax +3726 314 092

Lettland **(auch für Litauen zuständig)**
Elizabetes iela 2
LV-1340 Riga
Tel. 00371 67 33 83 51 / 52 / 53
Fax 00371 67 33 83 54
eMail: rig.vertretung@eda.admin.ch
http://www.eda.admin.ch/riga

Botschaften der Republik Österreich

Estland
Vambola 6, 5. Stock,
EE-10114 Tallinn
Telefon: (+372) 627 87 40 (Amt)
Telefax: (+372) 631 43 65
E-Mail: tallinn-ob@bmeia.gv.at
Internet: www.austrianembassy.ee

Lettland
Elizabetes iela 15-4
LV-1010 Riga
Telefon: 8+37/1) 721 61 25 (Amt)
Telefax: (+37/1) 721 61 26
riga-ob@bmeia.gv.at
www.aussenministerium.at/riga

Litauen
Gaono 6
LT-01131 Vilnius
Telefon: (+370/5) 266 05 80 (Amt)
Telefax: (+370/5) 279 13 63
E-Mail: wilna-ob@bmeia.gv.at
www.aussenministerium.at/wilna

Fahrrad fahren

Die baltischen Staaten sind ein prima Ziel für Fahrrad-Fans! Durch die flachen, oft völlig ebenen, im Landesinneren teils auch hügeligen Landschaften ist das Fahrrad ein ideales Verkehrsmittel, um viel von Land und Leuten bei gemäßigter Geschwindigkeit zu erleben. Nebenstrecken sind häufig gut mit dem Fahrrad zu befahren, da es nur eine geringe Verkehrsdichte gibt. An den Küsten sind häufig auch spezielle Küstenradwege angelegt.
In unseren Reiseliteraturhinweisen geben wir noch Tipps für spezielle Bücher. Die Fremdenverkehrsämter geben darüber hinaus häufig Panoramakarten mit Tourenvorschlägen heraus.

Fotografieren/Filmen

Die baltischen Länder bieten vielfältige Landschaften mit einer prächtigen, fast unberührten Natur. Die alten Städte geben ebenfalls unzählige Motive für schöne Fotos her.
Deshalb sollten Sie sich von zu Hause genügend Filme bzw. Speicherkarten für die Digitalfotografie mitnehmen. Oder Sie sollten die Möglichkeit haben, Bilddateien auf den Laptop oder andere geeignete Speichermedien zu laden, um auf dem Kameraspeicher Platz zu schaffen
Tipp: Fotogeschäfte bieten diesen Service fast durchweg an. In den größeren Städten finden Sie gut sortierte Fotogeschäfte. Jedoch sind die Preise nicht günstiger als zu Hause und das Angebot eher etwas dünner. Wir haben für Analogaufnahmen (Dias) Filme mit ISO 100/21° mitgenommen. Für die Tierbeobachtung und bei schlechtem Wetter empfiehlt es sich

aber auch, wenigstens ein paar Rollen mit ISO 200/24° oder mehr dabei zu haben. Die Entscheidung, ob Dias oder Papierbilder das Richtige sind, müssen Sie selbst treffen. Ein Polfilter lässt die Farben noch brillanter werden.

Freie Übernachtung/Sicherheit

Es gibt, wie bereits unter „Campingplätze" erwähnt, in den drei Ländern zahlreiche einfache Zelt- und Picknickplätze. Dort ist es gängig, zu zelten oder mit Wohnwagen und Wohnmobil zu stehen. In den National- und Naturparks ist das „wilde Camping" nur an diesen ausgewiesenen Plätzen zulässig. Außerhalb wird in der Praxis auch auf geeigneten öffentlichen Parkplätzen ***eine*** freie Übernachtung toleriert. Häufig finden sich auf den Picknickplätzen **Trockentoiletten**, die Sie zur Schonung der Kapazität der eigenen WOMO-Toilette auch benutzen sollten, denn die Entsorgungsmöglichkeiten derselben sind begrenzt. Selbstverständlich dürfte sein, Abfälle nicht liegen zu lassen. Bitte nehmen Sie diese wieder mit und entsorgen Sie den Abfall in die aufgestellten Mülltonnen. Herumliegender Müll ist nicht nur für uns Menschen unansehnlich und unhygienisch. **Für Wildtiere ist er eine tödliche Gefahr!**

Ein unter Reisenden viel diskutiertes Thema sind die in den baltischen Staaten oft auf diesen freien Stellplätzen/Picknickplätzen stattfindenden lautstarken Feste, besonders an Wochenenden im Sommer. Da und dort kann es einem auch einmal etwas unwohl sein, wenn der Lautstärke- und Alkoholpegel steigt. Dies kann schon mal ein Widerspruch zum Naturerlebnis sein. Beachten Sie aber, dass Sie Gäste in den Ländern sind, nicht umgekehrt. Es hat im Baltikum Tradition, auch ausgelassen in der Natur, speziell auf diesen Picknickplätzen zu feiern. Wir erwähnten bereits in unserem Tourtext, wie man es uns erklärte, dass man nämlich die jahrzehntelange Unterdrückung und Bevormundung einfach satt habe und nicht alles und jedes zu reglementieren versuche.

Im Zweifel sollten Sie einfach etwas abseits stehen. Ein Lächeln oder nachbarschaftlicher Gruß (vielleicht das Mitfeiern?) helfen weiter, als Einheimischen sagen zu wollen, wie sie sich zu verhalten haben. So haben wir uns nie stark gestört, belästigt, geschweige denn bedroht gefühlt und können auch nicht von wirklichen Problemen sprechen. Im Gegenteil - wir wurden schon spontan zum Grillen eingeladen und verbrachten einen herrlich lustigen Abend mit den Leuten.

Mit Blick auf Ihre **Sicherheit** ist es an der Zeit, mit überholten Klischees aufzuräumen. Selbstverständlich sollten Sie die grundlegenden Sicherheitsvorkehrungen ergreifen, wie in anderen Ländern auch. Dann sind Sie **im Baltikum genauso sicher, wie anderswo**. Wenn Ihnen Negatives zu Ohren kommt, sind es unserer Erfahrung nach absolute Ausnahmen. Und wie überall sonst, gibt es auch im Baltikum in Ballungsräumen verstärkt die Tendenz zur Kleinkriminalität. Doch haben wir uns insgesamt an keiner Stelle unwohler oder unsicherer gefühlt, als in anderen Reiseländern auch.

Frischwasser

Oberstes Gebot ist angesichts der nicht überall guten Wasserqualität, dem WOMO-Frischwassertank ein Entkeimungsmittel auf Chlorbasis (Desinfektion) mit Silberionen (zur längeren Haltbarkeit) beizugeben.

Wir gehen in den Touren darauf ein, wenn wir einen Brunnen, einen Wasserhahn oder ähnliches entdeckt haben. Erwarten Sie aber kein Angebot, wie Sie es von zu Hause gewohnt sind. Die Nachfrage an der Tankstelle

führt eher selten zum Ziel. Die Leute trinken auch dort nur Mineralwasser, das im Supermarkt in 5-Liter-Petflaschen gekauft wurde. Wasserhähne sind häufig nicht vorhanden. Doch sind wir selbst - auch bei mehreren wochenlangen Reisen - durchweg ohne diese Flaschen aus dem Supermarkt hingekommen. Wir haben nur eine Flasche als „Notreserve" gekauft und ansonsten jede sich uns bietende Gelegenheit genutzt, Frischwasser aufzufüllen. Meist nahmen wir eine „Sichtprobe" und verwendeten die schon erwähnten Wasserentkeimungsmittel.
Oft hilft übrigens die Frage beim Personal einer Gaststätte, bei einem Bauernhof etc. und bei Tourist-Informationsbüros weiter. Das ist allemal besser, als auf eine Ver-/Entsorgungsstation zu hoffen. Eine freundliche Nachfrage kostet bei den hilfsbereiten Gastgebern nichts - und das Wasser (meistens) auch nicht, selbst wenn es uns auf einem Bauernhof mühevoll mit dem Eimer aus dem Tiefbrunnen geschöpft wurde (... wobei eine Aufmerksamkeit in solchen Fällen auch nicht schadet, ja angebracht ist).

Gasversorgung

Hier sind diejenigen mit einem Gastank oder Gastankflasche klar im Vorteil - nahezu jede Tankstelle in den baltischen Staaten ist auch eine Gastankstelle. Fürs Flaschengas sieht das „dank" europäischer Gesetze inzwischen anders aus. War es noch vor kurzer Zeit einfach, die deutschen (bzw. Flaschen anderer Länder) mittels Flaschenfüllset an Tankstellen füllen zu lassen, beschränkt sich das inzwischen auch hier auf ein paar wenige Stellen mit offizieller Zulassung als Flaschenfüllstation.
Deshalb sollten Sie sparsam mit dem Brennstoff umgehen. Doch brauchen Sie keine Ungemach zu befürchten, wenn der Gasvorrat zur Neige geht. Die Gastankstellen, aber auch die (allerdings wenigen) Campinghändler wissen in aller Regel Bescheid, wo die nächste offizielle Füllstation ist. Zwei Adressen, bei denen wir diesbezüglich erfolgreich waren (nur als Beispiele für die problemlose Gasversorgung), geben wir Ihnen gerne:
Gasfüllstation - Gamos AS, Tallin, Betooni 3, **Position:** N59°25'27.0" E24°51' 16.0", Zufahrt: Richtung Narva (E20), durch die Peterburi tee. Nach Überquerung der J. Smuuli tee die nächste Straße rechts ab. Befüllung der heimischen Gasflaschen an Wochentagen/tagsüber.
In Lettland übernimmt den Service **Latvijas Propāna gāze SIA**. Die Füllstation, die wir nutzten, findet sich in LV-1007 Rìga, Zilā 20 Mo-Fr 10-17 Uhr (GPS: N57° 01' 18.1" E24° 05' 02.2"); weitere Füllstationen finden Sie nach Auskunft der Firma in LV-3414 Liepāja (Grizupes 3, Tel. 63422007), in LV-4201 Valmiera (Cempu 12,Tel. 64223666) und in LV-3602 Ventspils (Kustes dambis 33, Tel. 63661942).

Gesundheit/Ärztliche Versorgung/Apotheken

Sie haben keine Auslandskrankenversicherung? Dann beeilen Sie sich, eine abzuschließen, damit Sie nicht auf Ihren Kosten sitzen bleiben. Zudem sollten Sie natürlich die Auslandskrankenversicherungskarte Ihrer Krankenkasse haben. Bewahren Sie Belege einer Arztbehandlung für die spätere Abrechnung auf.
Dringend empfohlen wird vor der Reise die Impfung gegen FSME, um die schlimmste Folge eines Zeckenbisses vermeiden zu können.

Haustiere

Ihre Vierbeiner dürfen mit Ihnen ins Baltikum einreisen, wenn der Europäische Heimtierpass, ein internationaler Impfpass mit den gültigen Impfungen (Tollwut mind. 30 Tage, max. 1 Jahr alt) und das tierärztliche Gesundheitszeugnis (max. 30 Tage alt) vorgewiesen wird.

Für andere Tiere fragen Sie am besten im Vorfeld den Tourismusverband, die Botschaft oder Ihren Tierarzt.

WICHTIG: Leider wird den Vierbeinern oft der Zutritt zu Stränden, Parks und Campingplätzen verwehrt. Auch wenn das die Einheimischen wenig schert und vor allem die streunenden Stadthunde gerade dort mit großer Genugtuung ihr Häufchen fallen lassen, sollten Sie Fingerspitzengefühl walten lassen. Nehmen Sie immer einen Beutel mit, um den Hundekot mitnehmen und entsorgen zu können. Das ist ohnehin sinnvoll, hilft aber im Zweifelsfall auch mal weiter, damit ein „Offizieller" ein Auge zudrückt und 'Fifi' gewähren lässt.

Kleidung

Im Sommer gehören leichte Sommerkleider ins Gepäck, aber auch Regenkleider, Pullover, warme Socken, angesichts steifer Seebrise auch Handschuhe, Mütze und gutes Schuhwerk. Denn in den nördlichen Gefilden kann es schon mal kühl werden, wenn das Wetter umschlägt oder man am Abend draußen vor dem WOMO den Abend genießt. Da der baltische Sommer ausgesprochen schön sein kann (wenn **Sie** reisen sowieso!), gehören Sonnenschutz (Mütze, Sonnencreme) und ein Mückenschutzmittel dazu. Badesachen sind natürlich immer angesagt - an der Ostsee der herrlichen Sandstrände und im Binnenland der zahlreichen, schönen Seen wegen.

Klima/Wetter/Reisezeit

Das Baltikum ist vom kontinentalen Klima mit maritimen Einflüssen geprägt. Das bedeutet, dass der Sommer sehr heiß und beständig schön werden kann. Temperaturen um oder deutlich über 30° C sind nichts Besonderes. Wenn das Wetter umschlägt, kann es aber auch schon mal empfindlich kühl werden - die arktischen Breiten sind halt näher als zu Hause.

Das Klima wird von den Reisenden meist sehr angenehm empfunden - warmen Sommertagen folgen in der Regel angenehm kühle Nächte.

Lebensmittel/Getränke

Wir können in bestens sortierten Supermärkten einkaufen wie zu Hause. Die Preise sind nach wie vor deutlich niedriger als zu Hause. Das gilt vor allem für heimische Produkte. Ähnlich viel bezahlen Sie für Produkte, die aus den westlichen Ländern ins Baltikum geliefert werden.

Die Qualität der Waren ist durchweg gut. Es besteht also keine Notwendigkeit, zu Hause größere Mengen an Lebensmitteln zu bunkern. Sie erhalten alles (wirklich alles!) vor Ort. Na ja - eine Ausnahme vielleicht: Das gute Tröpfchen Wein sollten Weinliebhaber vielleicht von daheim mitnehmen, denn da ist das Angebot nicht überall so üppig.

Literatur/Landkarten

Unser WOMO-Reiseführer kann und will Ihnen keine vollständige Information über jeden Winkel des Baltikums geben. Vielmehr verstehen wir dieses Buch als Orientierung aus unserer Praxis für Ihren Urlaub mit dem WOMO. Für Ihre Reise empfehlen wir Ihnen, gezielt durch geeignete Literatur bzw. Landkarten je nach Ihren Vorlieben zu ergänzen. Wir haben mit folgenden Büchern sehr gute Erfahrungen gemacht:

- Ein rundes Angebot, bestehend aus je einem Reiseführer, dem Kauderwelsch-Sprechführer und einer Landkarte für alle drei Länder (1:325.000) sowie ein Gesamtblatt (1:600.000) bietet der Reise Know How Verlag. Die Karten bestechen durch ihr „unkaputtbares" Papier.
- Baedecker Baltikum, evtl. die jeweiligen Ausgaben der Marco Polo Reihe
- Michael Müller Verlag - Baltische Länder
- Der WOMO-Verlag bietet für den besseren Überblick auf den Straßen die Karte „Baltic States" aus dem Verlag freytag & berndt an.

- Für Fahrradfreunde gibt es drei Bände „Litauen/Lettland/Estland per Rad".
- Die regionalen Fremdenverkehrsämter geben zudem Tourenvorschläge heraus, die Sie sich jeweils vor Ort/nach Bedarf holen sollten.
- Wanderliteratur aus den gängigen Reiseverlagen ist leider (noch) nicht verfügbar. Hier sollten Sie sich an die Fremdenverkehrsämter halten.
- Je nach Anreiseroute sollten Sie sich auch das jeweilige WOMO-Buch zulegen, von denen wir besonders auf Band 61 (Nord-Polen) und 41 (Finnland) hinweisen, die an die Touren durchs Baltikum anschließen.

Netzspannung - Stromanschluss auf Campingplätzen

Wie in Europa üblich beträgt die Netzspannung 230 V/50 Hz. Die Euronormstecker klappen immer, Schuko-Stecker häufig auch . Einen Stromanschluss können Sie allerdings nicht auf allen Campingplätzen erwarten. Und wenn, dann sollten Sie ein mindestens 10-15 m langes Kabel dabei haben. Dort finden Sie meist Schuko-Stecker vor, manchmal auch die üblichen 3-poligen Anschlussstecker, die wir von zu Hause kennen.

Notruf und Pannenhilfe (Quelle: ADAC, Stand 2009)

Notruf (Polizei/Rettungsdienst/Feuerwehr):
Estland: Feuerwehr/Rettungsdienst 112, Polizei 110,
Lettland Feuerwehr 01, Polizei 02, Ambulanz 03, vom Mobilnetz 112
Litauen: Hier gilt für alle drei Kategorien einheitlich der Notruf 112

Reisevorbereitung

Am wichtigsten erscheint uns, rechtzeitig über die beste Anreiseroute nachzudenken. Fällt die Wahl auf eine Fährverbindung, ist frühzeitiges Buchen angesagt, seit insbesondere Polen eine LKW-Maut eingeführt hat und daher die Fährpassagen attraktiver geworden sind.
Zahlreiche gute Tipps für die Reisepraxis erhalten Sie darüber hinaus vom Baltischen Fremdenverkehrsamt. Am einfachsten klicken Sie ins Internet: www.gobaltic.de oder www.baltikuminfo.de - eMail: info@baltikuminfo.de Tel. 030 / 89 00 90 91 (Fax -92) Postadresse: Katharinenstr. 19-20, 10711 Berlin-Wilmersdorf

Tourist-Informationen

Gute Auskünfte und Prospekte zu den jeweiligen Regionen erhält man in Tourist-Informationen vor Ort. Gerne hilft man dort bei der Vermittlung geführter Wanderungen, Reittouren etc. oder berät ausführlich, welche Unternehmungen in der jeweiligen Region auf eigene Faust möglich sind (Wandern, Besichtigungen, sonstige Informationen). Außerdem werden Wander- oder Straßenkarten sowie Postkarten, oft auch Souvenirs angeboten. In unseren Tourtexten verweisen wir häufig auf die Möglichkeit, wie Sie mit den jeweiligen Büros telefonisch, per Fax oder eMail in Verbindung treten können. Die zitierten Web-Sites sind darüber hinaus zu empfehlen.
Regionale Internetadressen:
Estland: www.visitestonia.com, www.tourism.tallinn.ee
Lettland: www.latviatourism.lv, www.rigatourism.com
Litauen: www.travel.lt, www.turizmas.vilnius.lt

Vorbereitung des Fahrzeugs

Vergessen Sie nicht, Ihr Auto vor Reiseantritt zum Urlaubscheck in Ihre Werkstatt zu bringen.

Restaurants

Essen gehen ist im Baltikum angesichts deutlich günstigerer Lebenshaltungskosten für Touristen preiswert. Man erhält - selbst in den Hauptstädten - ein gutes, kräftiges Essen im mittleren Preissegment für unter EUR 10,00 (nach oben natürlich keine Grenzen). Auf dem Land ist es noch günstiger. Das gilt auch für die Getränke. Da können Sie guten Gewissens die WOMO-Küche mal kalt lassen und einem der Restauranttipps folgen. Noch preiswerter, qualitativ aber durchaus ansprechend, sind Selbstbedienungstheken in großen Supermärkten, wo man oft preiswerte, aber frisch zubereitete Speisen für 3 bis 5 EUR oder noch günstiger zum Mitnehmen erhält.

Spezialitäten des Landes

Die Küche kann im Baltikum wohl am treffendsten mit bodenständig, deftig und kräftig beschrieben werden. Vergessen Sie eher mal das, was Sie unter Diät verstehen - man ist ja im Urlaub. Das heißt aber auch, dass die jeweils angebotenen Speisen in Restaurants saisonal unterschiedlich aussehen können - je nach dem, was der Markt eben gerade hergibt.

Häufig, ja fast obligatorisch, sind Kartoffeln in allen denkbaren Varianten von den wohl überall angebotenen Pommes Frites über Salz -und Bratkartoffeln bis zum Gratin.

Schweinefleisch steht oben auf der Karte - in Küstennähe und an den Seen aber selbstverständlich auch ein breites Angebot an Fisch. Ob mit oder ohne Gemüse (häufig Kraut, Karotten etc.) - ein Schlag Sauerrahm darf meist nicht fehlen.

Sehr positiv haben wir das gute, haltbare und kräftige Roggenschwarzbrot in Erinnerung, das in Lettland gerne mit Kümmel gewürzt ist.

In Litauen empfehlen wir die Cepelinai (Bild) - Kartoffelklöße mit Hackfleischfüllung in Form eines Zeppelins.

In Lettland und Estland reicht man gerne Pirogen mit verschiedenen Füllungen aus Fleisch, Fisch oder Gemüse.

Das beliebteste Getränk? Bier - und das schmeckt durchweg richtig gut!

Trinkgeld

Es ist üblich, den guten Service durch ein angemessenes Trinkgeld zu honorieren. Die Praxis ist vergleichbar mit Deutschland.

Sehenswürdigkeiten/Museen

Museen sind Dienstag bis Sonntag ca. 9-18.00 Uhr geöffnet. Montag ist normalerweise Ruhetag, oft wird über Mittag geschlossen. Ausnahmen sind in den Hauptorten des Tourismus die größeren Einrichtungen, wo während der Haupturlaubszeit (Juni-August) oft täglich geöffnet wird.

Sprache, Verständigung

Alle drei Staaten haben ihre eigene Sprache, die uns deutschsprachigen Gästen sicher sehr fremd vorkommen. Es mag Sie aber beruhigen, wenn wir unsere Erfahrung mitteilen, wonach wir meist problemlos mit unseren Englischkenntnissen, häufig auch mit Deutsch durchkamen.

Telefonieren/Internet/Information/Internet/Presse

Die internationalen Vorwahlen lauten für **Litauen** 00370, Lettland 00371 und für Estland 00372. Die Ortsvorwahl beginnt (wie in Deutschland) mit einer „0", die bei Verwendung der Auslandsvorwahl weggelassen wird. Dann folgen die Anschlussnummer und die Durchwahl.

Vorwahl für Ihren Anruf nach Hause: Nach Deutschland 0049 (Schweiz 0041 und Österreich 0043) - die „0" der Vorwahl ist dann wegzulassen.

In Telefonzellen (häufig in Tourist-Informationsbüros und Postämtern) werden Telefonkarten akzeptiert, in Städten manchmal die gängigen Kreditkarten. Münzautomaten sind selten. Gängig ist das Telefonieren mit dem „Handy" mit GSM-Netz. So können Sie Ihr D1/D2- oder E-Netz-Handy auch im Baltikum verwenden - mit entsprechenden Gebühren natürlich.

Immer häufiger finden sich Internet-Cafés und sog „WiFi-Zonen", wo Sie gegen eine moderate Gebühr oder kostenlos (WiFi) im Netz surfen können. Dafür erhalten Sie - selbst in den Hauptstädten, kaum deutsche Zeitungen. Auf Lektüre der Tageszeitung sollten Sie sich nach dem Urlaub freuen.

Toiletten/Entsorgung von Toilettenabwasser

Die Toilettenentleerung ist noch schwieriger als beim 'Grauwasser', das im Normalfall ja weder hygienisch noch chemisch bedenklich ist. WOMO-Piloten sind häufig davon verwöhnt, der Kassette eine Chemikalie beizugeben, die unangenehme Gerüche vermeiden soll. Das erledigt die Chemie auch erfolgreich, indem sie alle Bakterien abtötet, die für den natürlichen Zersetzungsprozess nötig sind. Und wo es keinen Zersetzungsprozess gibt, gibt es auch die daraus resultierenden Gerüche nicht. So weit, so gut!
Nachteil dabei: Auch in der Kläranlage und im Boden, wo die Bakterien gebraucht werden, leisten die Chemikalien ganze Arbeit.
Nun gibt es, wie schon gesagt, jedoch kein enges Netz an Ver- und Entsorgungsstationen im Baltikum. Wie also umweltgerecht entsorgen? Sie werden für die Entleerung Ihrer Toilette häufiger mal auf Campingplätze zurückgreifen müssen.
Alternativ können Sie zur Not Ihren Klappspaten zücken und ein wenigstens 50 cm tiefes Loch graben, in das Sie den Toiletteninhalt kippen. Oder Sie nutzen fürs Entleeren der WC-Kassette eine Trockentoilette. Dort nämlich geschieht nichts anderes, als dass alles in einem tiefen Loch landet, das von Zeit zu Zeit entleert wird bzw. dessen Inhalt sich natürlich zersetzt.
ABER EIN WICHTIGER EINWAND IST ZU BEACHTEN: Keinesfalls darf eine Campingtoilette, die mit WC-Chemikalien versehen ist, auf diese Weise entleert werden. Denn die Zusätze würden die fleißigen Bodentierchen töten - und die natürliche Zersetzung verhindern, womit die Trockentoilette unbrauchbar wird.
Eine Sauerei wäre es auch, einfach „um die Ecke" den Inhalt oberflächlich zu entleeren, womöglich direkt neben dem Parkplatz. Tabu ist auch das Entleeren in ein Gewässer! Selbst das Entleeren in einen Gully am Straßenrand müssen Sie sich zwei Mal überlegen - die meisten Kanalrohre landen nämlich auf dem direkten Weg im nächsten Bach, weshalb der Inhalt Ihrer Kassette Ihnen beim Baden am nächsten Tag nochmals begegnen könnte...
Praxistipp: Eine gute Wahl ist es, sich vor dem Urlaub eine **„SOG-Anlage"** einzubauen. Es handelt sich um ein kleines Gebläse, das die Zersetzungsgase aus Ihrer WC-Kassette beim Öffnen der WC-Klappe aus der Kassette nach draußen befördert. Ihr Campinghändler hat das Gerät vorrätig und kann es mit wenig Aufwand einbauen. Die Investition lohnt sich angesichts des gesparten Geldes für die WC-Chemikalien schnell!
Fazit: Normalerweise sollten Sie ohne Chemie hinkommen. Oft tut es auch etwas Schmierseife oder ein Löffel Essigessenz. Ganz wichtig ist vor allem das regelmäßige, möglichst tägliche Entleeren der Kassette. Warten Sie nie, bis die Füllstandanzeige „rot" zeigt. Weitere Tipps hierzu und zu vielen anderen Fragen der WOMO-Praxis finden Sie übrigens im **Allgemeinen Wohnmobilhandbuch des WOMO-Verlages**.

Währung und sonstige Zahlungsmittel

Unsere Reiseländer haben jeweils eine eigene Währung: Estland die Estnische Krone, Lettland den Lettischen Lats und die Litauer zahlen mit Litas. Hauptsächlich in den Hauptstädten wird da und dort auch Euro akzeptiert. Nahezu überall können Sie auch Kleinbeträge mit Kreditkarten bezahlen. Die Wechselkurse sollten Sie vor Reiseantritt in Erfahrung bringen, z. B. über die Website des Baltischen Fremdenverkehrsamtes. Seien Sie beim Bargeld sparsam - Sicherheitsgründe gehen vor Bequemlichkeit und einen etwas günstigeren Wechselkurs. Wir haben immer nur einen Mindestbestand an Barem bei uns und zahlen meist mit Kreditkarten. In den Einkaufszentren findet sich oft eine Bank zum Wechseln oder ein Geldautomat.

Wanderungen

Wandern ist hier vielleicht eher und treffender mit Spazierengehen zu beschreiben. Häufig finden sich interessante Pfade, oft in einsame Moore, endlose Märchenwälder oder entlang der Küsten.
Viele Tipps haben wir kurz beschrieben, ausführlicher sind jeweils die Infos der Fremdenverkehrsämter. Schweißtreibende Anstiege sind die Ausnahme, weil Mutter Natur hier einfach die Berge vergessen hat. Das heißt aber nicht, dass Sie das Wandern aus den Urlaubsplänen streichen sollten - im Gegenteil. Die schweren Bergstiefel können Sie allerdings getrost zu Hause lassen. Leichte Wanderschuhe sind die bessere Wahl.

WUPS - Der WOMO-Urlaubs-Partner-Service

Regelmäßig vor der Urlaubszeit liest man in Zeitungen und Zeitschriften Suchannoncen der Wohnmobilfamilien, die sich nicht gerne allein auf eine weite Tour wagen möchten.
Ob die Annoncen Erfolg haben werden? Wir wünschen es Ihnen.
Was aber sind die Beweggründe für die Partnersuche auf (Ferien-)Zeit? Sie können sich diese selbst zusammenreimen, denn Sie hatten vielleicht auch schon mal diese Idee. Da ist die lange Fahrt mit ihren Tücken, bei der man sich gegenseitig helfen kann. Übernachtungen in einsamer Umgebung - mit einem Partner wäre einem wohler! Gemeinsame Unternehmungen machen viel mehr Spaß, den Grill wirft man abwechselnd an (oder nimmt nur einen mit). Einkäufe und Wasserholen - macht man gemeinsam oder abwechselnd, aber nur mit einem Wagen. Abends hat man den passenden Gesprächspartner und - ganz wichtig - Kinder haben ihre Spielgefährten! Die Liste der Vorteile einer gemeinsamen Reise ließe sich beliebig verlängern. Deshalb wundert es uns nicht, dass viele WOMO-Leser darum gebeten hatten, hier etwas zu unternehmen.
Was im WOMO-Verlag schließlich ausgebrütet wurde, lässt sich am einfachsten so umschreiben: Durch **WUPS** soll jedem Interessenten ohne finanziellen Aufwand eine geeignete Urlaubspartnerfamilie vermittelt werden. Das passende Medium dafür ist das Internet.
In unserem Internet-Forum unter **http://wups.womo.de** können sie sich kostenlos mit allen wichtigen Daten wie Urlaubsziel, Reisezeit, Alter (auch der mitreisenden Kinder), eMail-Adresse und Lieblingsaktivitäten eintragen. Es liegt nun an Ihnen, die passenden Urlaubspartnerschaften zu schließen. Wir wünschen Ihnen viel Erfolg dabei!

Zeitzone

Im Baltikum gilt Osteuropäische Zeit (entspricht Mitteleuropäische (Sommer-)Zeit + 1 Stunde!) Die Umstellung auf Sommer- bzw. Winterzeit entspricht jeweils der Praxis in Deutschland bzw. in Österreich.

Zoll- und Einreisebestimmungen

Das Schengen-Abkommen macht die Einreiseformalitäten wesentlich einfacher. Dennoch gilt es, ein paar Regeln zu beachten. Zur Einreise benötigt man als EU-Bürger ab 16 Jahren einen gültigen Personalausweis oder Reisepass, Kinder einen gültigen Kinderausweis mit Lichtbild. Kontrolliert wurden bei uns grundsätzlich auch die Fahrzeugpapiere/KFZ-Schein.
Auf die Einreise mit Haustieren gingen wir bereits ein. Die Einfuhr von Lebensmitteln etc. innerhalb der EU-Länder ist so problemlos, dass wir guten Gewissens auf Auskünfte der Botschaften hinweisen können. Diese halten (auch im Internet) Information über die wichtigsten Einfuhrbestimmungen parat.

Gute Reise!
Mit dem Wohnmobil ins Baltikum!

Packliste (ohne Gewähr!)

Papiere

- Pässe/Personal-/Kinderausweis .... O
- Führerscheine .... O
- Grüne Versicherungskarte .... O
- KFZ-Schein .... O
- Brust-/Geldbeutel .... O
- Umrechnungstabellen .... O
- Bargeld .... O
- Kreditkarte .... O
- Maestro-(ec-)Karte .... O
- Reiseschecks .... O
- Impfbücher .... O
- Krankenkassenkarte .... O
- Auslandskrankenkarte .... O
- Zusatzversicherung
- - Krankheit .... O
- - KFZ-Schutzbrief .... O
- Fotokopien aller Papiere .... O
- Tel.-Nr. für Kartensperre bei Verlust (bei der Hausbank erfragen)
- .... O
- .... O
- .... O
- .... O

Wohnmobilhaushalt

- Bettdecken/Kissen/Laken .... O
- Wecker .... O
- Einkaufstasche .... O
- Kaffeekanne .... O
- Filtertüten .... O
- Filterpapier .... O
- Teekanne .... O
- Geschirr .... O
- Gläser .... O
- Vesperbrettchen .... O
- Brotmesser .... O
- Gemüseschäler .... O
- Töpfe .... O
- Schnellkochtopf .... O
- Topflappen .... O
- Butterdose/Plastikdose m. Deckel .... O
- Thermoskannen .... O
- Eierbehälter .... O
- Küchenpapier/Alufolie .... O
- Nähzeug/Schere .... O
- Klebstoff/Klebeband .... O
- Wäscheleine/Klammer .... O
- Waschpulver .... O
- Plastikschüssel .... O
- Abtreter .... O
- Schuhputzzeug .... O
- Kabel(-trommel) .... O
- Verbindungskabel CEE-Schuko .... O
- Stecker (Ausland) .... O
- Doppelstecker .... O
- Gasflaschen (voll???) .... O
- Handfeger/Kehrschaufel .... O
- Putzlappen .... O
- Klappspaten .... O
- Hammer/Nägel/Axt .... O
- Zündhölzer/Feuerzeug .... O
- Gasanzünder .... O
- Taschenlampen .... O
- Kerzen .... O
- Zusatzlampen (Gas, Petroleum) O
- Ersatzbirnen 12V/220V .... O
- Ersatzsicherungen (alle Geräte) ... O
- Ersatzwasserpumpe .... O
- 5 m passender Wasserschlauch O
- Feuerlöscher .... O
- Moskitonetz .... O
- Toilette/Klopapier .... O
- Toilettenchemikalien .... O
  (oder besser nicht?)
- Dosen-/Flaschenöffner .... O
- Korkenzieher .... O
- Spülmittel/-bürste .... O
- Scheuerpulver .... O
- Geschirrtücher .... O
- Leim/Klebstoff .... O
- 5 m Schnur .... O
- 5 m Schwachstromkabel 2adrig O
- Wasserschlauch mit Passstück für versch. Wasserhähne/Trichter ..... O
- Wasserentkeimungsmittel .... O
- Müllbeutel .... O
- Kurzzeitwecker .... O
- Ordner/Locher/Hefter .... O
- Regenschirm .... O
- Sonstiges
- .... O
- .... O
- .... O
- .... O

Reiseapotheke

- Mittel gegen Reisekrankheit .... O
- Creme/Gel für Insektenstiche ..... O
- Hustenmittel .... O
- Schnupfenmittel .... O
- Fieberzäpfchen .... O
- Kohletabletten .... O
- Durchfallmittel .... O
- Schmerzmittel .... O
- Verstopfungsmittel .... O
- Nasen-/Ohrentropfen .... O
- Halsschmerztabletten .... O

Wunddesinfektionsmittel .... O
Sprühpflaster .... O
Elastikbinden .... O
Salbe gegen Prellungen .... O
Fieberthermometer .... O
Pinzette .... O
Autoverbandkasten .... O
Magentropfen/-pastillen .... O
Erkältungsmittel .... O
Erkältungsbalsam .... O
Bettflasche .... O
Persönliche Medikamente
.... O
.... O
.... O

Autozubehör
Allgemeines Wohnmobil-Handbuch ... O
Bedienungsanleitung .... O
Bordbuch/Wörterbücher .... O
Reiseführer/Campingführer .... O
Straßenkarten/Autoatlas .... O
Auffahrkeile/Stützblöcke .... O
Wasserwaage .... O
D-Schild (bzw. A/CH) .... O
Kundendienst erledigt? .... O
Ersatzteilset (v. d. Werkstatt?) ... O
Pannenausrüstung .... O
Reservekanister .... O
1-2 l Reserveöl .... O
Reserverad (Luftdruck i. O.?) .... O
Wagenheber .... O
Bretter zum Unterlegen .... O
Abschleppstange .... O
Abschleppseil (zusätzlich!) .... O
Luftpumpe .... O
Warndreieck .... O
Arbeitshandschuhe .... O
Werkzeugkoffer .... O
Kundendienststellenverzeichnis O
Ersatzwindschutzscheibe .... O
Rostlöser (Caramba o. ä.) .... O
Gepäckspinne/-spanner .... O
Geißfuß .... O
Haltegurt .... O
Starthilfekabel .... O
Reifendruckprüfer .... O
Schneeketten .... O
WOMO-Knackerschreck .... O
.... O
.... O

Kleidung
Unterwäsche .... O
Socken/Strümpfe .... O
Hemden/Blusen .... O
Schuhe/Sandalen .... O
Hausschuhe .... O
T-Shirts/Shorts .... O
Hosen/Jeans .... O
Kleider/Röcke .... O
Pullover/Jacken .... O
Anorak .... O
Winterjacke .... O
Regenjacken/-hosen .... O
Sonnenhüte .... O
Nachthemden/Schlafanzüge .... O
Bikini/Badeanzug .... O
Badehose .... O
Gummistiefel .... O
Wanderstiefel .... O
Sonnenbrille .... O
Ersatzbrille .... O
Schwimmbrille .... O
Handschuhe .... O
Mützen .... O
Schals .... O
.... O
.... O
.... O
.... O

Campingartikel
Stühle .... O
Tisch .... O
Liegematten .... O
Zelt/Häringe/Leinen .... O
Isomatten .... O
Schlafsäcke .... O
Grill .... O
Gas oder Holzkohle dazu .... O
Grillbesteck .... O
WOMO-Pfannenknecht .... O
Feldflasche .... O
Taschenmesser .... O
Angelzeug (desinfiziert?!?!) .... O
SOS-Kettchen (vor allem Kinder) O
Fleecedecke .... O
.... O
.... O

Unterhaltung
KW-Radio/Weltempfänger .... O
Fernseher .... O
SAT-Antenne .... O
Schreibzeug .... O
Adressbuch .... O
Handarbeitszeug .... O
Kinderspielzeug .... O
Malutensilien .... O
Bücher .... O
Spiele .... O
Cassettenrecorder/Cassetten ... O
CD-Player/CDs .... O

Wundsalbe/Brandsalbe .... O
Wasser-/Fußball usw. .... O
Frisbee/Indiaka usw. .... O
Sandspielzeug .... O
Schwimmflügel .... O
Fotoapparat .... O
Filme (bzw. Speicherkarte/n) ..... O
Fototasche .... O
Videokamera/-cassetten .... O
Ersatzbatterien für alle Geräte ... O
Ladegerät für 12V .... O
Rucksäcke .... O
Kartentasche .... O
Wanderkarten .... O
Fernglas .... O
Kompass .... O
Wanderstöcke .... O
Höhenmesser .... O
Mobiltelefon .... O
Ladegerät dazu .... O

Lebensmittel
(Zollbestimmungen beachten)
Getränke .... O
Milchpulver .... O
Limonadenpulver .... O
Teepulver .... O
Wurstkonserven .... O
Konserven .... O
Fertiggerichte/Beutelsuppen ...... O
Tee/Kaffee/Kakao .... O
Müsli .... O
Butter/Margarine .... O
Haltbares Brot .... O
Reis/Nudeln/Grieß .... O
Kartoffelbrei .... O
Mehl .... O
Babykost .... O
Puddingpulver .... O
Süßigkeiten .... O
Marmelade/Brotaufstrich .... O
Bratfett/Öl/Essig .... O
Gewürze .... O
Zucker/Süßstoff .... O
Zwieback .... O
Salzstangen .... O
.... O
.... O
.... O

Toilettenartikel
Handtücher .... O
Badetücher .... O
Waschlappen .... O
Morgenmantel .... O
Geschirrtücher .... O
Papier-/Stofftaschentücher .... O

Kämme/Bürsten .... O
Haarfestiger/Lockenwickler usw. O
12V-Akku- oder Nassrasierer .... O
Maniküreset .... O
Empfängnisverhütungsmittel ...... O
Windeln/Babykosmetik .... O
Seife/Duschgel .... O
Tubenwaschmittel .... O
Sonnencreme/-öl .... O
Fettstift (Labello o. ä.) .... O
Zahnbürste/-pasta .... O
Mückenabwehr (Autan o. ä.) ..... O
Einmalhandschuhe .... O
Föhn .... O
Tampons/Binden .... O
.... O
.... O
.... O

Noch zu Hause erledigen:
Sind Nachbarn informiert wegen
- Post/Briefkasten leeren .... O
- Blumen gießen .... O
- Haustier versorgt? .... O
- Müllabfuhr .... O
- nach der Wohnung schauen ... O

Haben wir den Nachbarn
Schlüssel gegeben? .... O
Info gegeben, wie wir
erreichbar sind? .... O
(KFZ-Kennzeichen, Tel.-Nr. usw.)

Mülleimer leeren .... O
Zeitung abbestellen .... O
Offene Rechnungen bezahlt? .... O
Kühlschrank abgestellt? .... O
Antennenstecker gezogen? ...... O
Spül-/Waschm. Wasser aus? .... O
Stromverbraucher ausgestellt? .. O
.... O
.... O

Sonstiges
Rollläden geschlossen? .... O
Fenster geschlossen? .... O
Kellertür veschlossen? .... O
Haustür verschlossen? .... O
.... O
.... O
.... O
.... O
.... O
.... O
.... O
.... O
(Keine Gewähr für Vollständigkeit!)

Stichwortverzeichnis

Stichwortverzeichnis

Info-Blatt für das WOMO-Buch: Baltikum '10

(ausgefüllt erhalte ich 10% Info-Honorar auf Buchbestellungen direkt beim Verlag)

Lokalität: Seite: Datum:
(Stellplatz, Campingplatz, Wandertour, Gaststätte, usw.)
unverändert gesperrt/geschlossen folgende Änderungen:

Lokalität: Seite: Datum:
(Stellplatz, Campingplatz, Wandertour, Gaststätte, usw.)
unverändert gesperrt/geschlossen folgende Änderungen:

Lokalität: Seite: Datum:
(Stellplatz, Campingplatz, Wandertour, Gaststätte, usw.)
unverändert gesperrt/geschlossen folgende Änderungen:

Lokalität: Seite: Datum:
(Stellplatz, Campingplatz, Wandertour, Gaststätte, usw.)
unverändert gesperrt/geschlossen folgende Änderungen:

Lokalität: Seite: Datum:
(Stellplatz, Campingplatz, Wandertour, Gaststätte, usw.)
unverändert gesperrt/geschlossen folgende Änderungen:

Lokalität: Seite: Datum:
(Stellplatz, Campingplatz, Wandertour, Gaststätte, usw.)
unverändert gesperrt/geschlossen folgende Änderungen:

Meine Adresse und Tel.-Nummer:
(nur komplett ausgefüllte Infoblätter können berücksichtigt werden)

Info-Blatt für das WOMO-Buch: Baltikum '10

(ausgefüllt erhalte ich 10% Info-Honorar auf Buchbestellungen direkt beim Verlag)

Lokalität: Seite: Datum:
(Stellplatz, Campingplatz, Wandertour, Gaststätte, usw.)

unverändert gesperrt/geschlossen folgende Änderungen:

Lokalität: Seite: Datum:
(Stellplatz, Campingplatz, Wandertour, Gaststätte, usw.)

unverändert gesperrt/geschlossen folgende Änderungen:

Lokalität: Seite: Datum:
(Stellplatz, Campingplatz, Wandertour, Gaststätte, usw.)

unverändert gesperrt/geschlossen folgende Änderungen:

Lokalität: Seite: Datum:
(Stellplatz, Campingplatz, Wandertour, Gaststätte, usw.)

unverändert gesperrt/geschlossen folgende Änderungen:

Lokalität: Seite: Datum:
(Stellplatz, Campingplatz, Wandertour, Gaststätte, usw.)

unverändert gesperrt/geschlossen folgende Änderungen:

Lokalität: Seite: Datum:
(Stellplatz, Campingplatz, Wandertour, Gaststätte, usw.)

unverändert gesperrt/geschlossen folgende Änderungen:

Meine sonstigen Tipps und Verbesserungswünsche:

Wir bestellen zur sofortigen Lieferung (Alle Preise in € [D]. Preisänderungen vorbehalten):

- ❑ Wohnmobil Handbuch .... 19,90 €
- ❑ Wohnmobil Kochbuch .... 12,90 €
- ❑ Multimedia im Wohnmobil .... 9,90 €
- ❑ Heitere WOMO-Geschichten ...... 6,90 €
- ❑ Gordische Lüge – WOMO-Krimi . 9,90 €
- ❑ WOMO-Aufkleber "WOMO-fan" .. 2,90 €
- ❑ WOMO-Pfannenknecht .... 49,90 €
- ❑ WOMO-Knackerschreck .... 44,90 €

Fahrzeugmarke:______________

WOMO-Reiseführer: Mit dem WOMO ins/durch/nach....

- ❑ Allgäu .... 17,90 €
- ❑ Baltikum (Est-/Lettland/Litauen) 18,90 €
- ❑ Bayern (Nord-Ost) .... 19,90 €
- ❑ Belgien & Luxemburg .... 17,90 €
- ❑ Bretagne .... 17,90 €
- ❑ Burgund .... 17,90 €
- ❑ Dänemark .... 17,90 €
- ❑ Elsaß .... 17,90 €
- ❑ England .... 17,90 €
- ❑ Finnland .... 18,90 €
- ❑ Franz. Atlantikküste (Nordhälfte) ... 17,90 €
- ❑ Franz. Atlantikküste (Südhälfte) ..... 17,90 €
- ❑ Griechenland .... 17,90 €
- ❑ Hunsrück/Mosel/Eifel .... 19,90 €
- ❑ Irland .... 18,90 €
- ❑ Island .... 17,90 €
- ❑ Korsika .... 17,90 €
- ❑ Kreta .... 14,90 €
- ❑ Kroatien (Dalmatien) .... 17,90 €
- ❑ Languedoc/Roussillon .... 17,90 €
- ❑ Loire-Tal/Paris .... 17,90 €
- ❑ Marokko .... 17,90 €
- ❑ Normandie .... 17,90 €
- ❑ Norwegen (Nord) .... 17,90 €
- ❑ Norwegen (Süd) .... 17,90 €
- ❑ Österreich (Ost) .... 19,90 €
- ❑ Österreich (West) .... 17,90 €
- ❑ Peloponnes .... 17,90 €
- ❑ Pfalz .... 17,90 €
- ❑ Piemont/Ligurien .... 19,90 €
- ❑ Polen (Norden/Masuren) .... 17,90 €
- ❑ Portugal .... 17,90 €
- ❑ Provence & Côte d'Azur (Osthälfte) . 17,90 €
- ❑ Provence & Côte d'Azur (Westhälfte) 17,90 €
- ❑ Pyrenäen .... 17,90 €
- ❑ Sardinien .... 17,90 €
- ❑ Schottland .... 17,90 €
- ❑ Schwabenländle .... 17,90 €
- ❑ Schwarzwald .... 17,90 €
- ❑ Schweiz (Zentral & Ost) .... 17,90 €
- ❑ Schweiz (West) .... 17,90 €
- ❑ Schweden (Nord) .... 17,90 €
- ❑ Schweden (Süd) .... 17,90 €
- ❑ Sizilien .... 17,90 €
- ❑ Slowenien .... 17,90 €
- ❑ Spanien (Nord/Atlantik) .... 17,90 €
- ❑ Spanien (Ost/Katalonien) .... 17,90 €
- ❑ Spanien (Südost/Murcia) .... 17,90 €
- ❑ Spanien (Süd/Andalusien) .... 17,90 €
- ❑ Süd-Italien (Osthälfte) .... 17,90 €
- ❑ Süd-Italien (Westhälfte) .... 17,90 €
- ❑ Süd-Tirol .... 17,90 €
- ❑ Thüringen .... 19,90 €
- ❑ Toskana & Elba .... 19,90 €
- ❑ Trentino/Gardasee .... 17,90 €
- ❑ Tschechien .... 17,90 €
- ❑ Türkei (West) .... 18,90 €
- ❑ Umbrien & Marken mit Adria ...... 17,90 €
- ❑ Ungarn .... 17,90 €

.... und jährlich werden's mehr!